MANIFESTO COMUNISTA

Karl Marx
1818-1883

Friedrich Engels
1820-1895

Karl Marx e Friedrich Engels

MANIFESTO COMUNISTA

Organização e introdução
Osvaldo Coggiola

Tradução do *Manifesto Comunista*
Álvaro Pina e Ivana Jinkings

Assistência editorial
Ana Lotufo, Daniela Jinkings e Elisa Andrade Buzzo

Revisão
Alice Kobayashi, Flamarion Maués
e Priscila Úrsula dos Santos

Capa
Antonio Kehl
sobre desenho de Maringoni

Editoração eletrônica
Flavio Valverde Garotti

Coordenação de produção
Livia Campos

CIP-BRASIL. CATALOGAÇÃO-NA-FONTE
SINDICATO NACIONAL DOS EDITORES DE LIVROS, RJ

M355m

Marx, Karl, 1818-1883
Manifesto Comunista / Karl Marx e Friedrich Engels ; organização e introdução Osvaldo Coggiola ; [tradução do Manifesto Álvaro Pina e Ivana Jinkings]. - 1.ed. revista - São Paulo : Boitempo, 2010.
il. - (Coleção Marx-Engels)

Tradução de: Manifest der Kommunistischen Partei
Apêndices
ISBN 978-85-85934-23-1

1. Comunismo. 2. Socialismo. I. Engels, Friedrich, 1820-1895. II. Coggiola, Osvaldo. III. Título. IV. Série.

10-2157. CDD: 335.422
CDU: 330.85
019093

Agradecemos a valiosa colaboração de Francisco Melo (edições Avante!),
Alexandre Antunes Pereira e Floriano da Costa Durão,
que se empenharam particularmente na edição deste Manifesto.

1ª edição: março de 1998;
1ª edição revista: junho de 2010;
1ª edição revisada: janeiro de 2016

BOITEMPO
Jinkings Editores Associados Ltda.
Rua Pereira Leite, 373
05442-000 São Paulo SP
Tel.: (11) 3875-7250 / 3875-7285
editor@boitempoeditorial.com.br | www.boitempoeditorial.com.br
www.blogdaboitempo.com.br | www.facebook.com/boitempo
www.twitter.com/editoraboitempo | www.youtube.com/tvboitempo

SUMÁRIO

NOTA DA EDIÇÃO

ESTA TRADUÇÃO do *Manifesto do Partido Comunista* foi feita por Álvaro Pina, a partir da edição alemã de 1890 (prefaciada e anotada por Friedrich Engels), para as edições Avante! (Lisboa). A tradução portuguesa foi publicada pela primeira vez em 1975, com introdução e notas de Vasco Magalhães-Vilhena, e revista e complementada em 1997, por José Barata-Moura.

Para esta edição, além de alguns ajustes ortográficos promovidos por Luciana Crespo, fizemos um cotejamento minucioso com a versão inglesa de Samuel Moore, revisada, prefaciada e anotada por Engels (Harmondsworth, Penguin, 1967); com a tradução francesa de E. Bottigelli (Paris, Aubier-Montaigne, 1971); e com a italiana de Antonio Labriola (Milão, Avanti!, 1960). Confrontamos ainda o texto com duas edições brasileiras: a de 1986 (São Paulo, Novos Rumos; introdução de Edgard Carone) e a de 1988 (Petrópolis, Vozes; tradução de Marco Aurélio Nogueira e Leandro Konder). O que ora lhes apresentamos é, ao final de tudo isso, uma versão nova do *Manifesto Comunista* de Marx e Engels.

Para as notas de rodapé (em número reduzido, uma vez que não era nossa intenção fazer uma edição crítica), utilizamos como fontes as mesmas edições já citadas, em especial as portuguesas dirigidas por Magalhães-Vilhena e Barata-Moura, e o livro *Le Manifeste Communiste de Marx et Engels. Histoire et bibliographie*, de Bert Andréas (Milão, Feltrinelli, 1963).

As notas indicadas com números são de Marx e/ou Engels; as indicadas com asterisco, da edição brasileira. Acréscimos e explicações estão indicados com colchetes.

Ivana Jinkings

150 ANOS DO *MANIFESTO COMUNISTA*

Osvaldo Coggiola

O *MANIFESTO do Partido Comunista* foi publicado pela primeira vez no final de fevereiro ou início de março de 1848, em Londres. Segundo Bert Andreas, é provável que o próprio Marx tenha levado os originais de Bruxelas, sua residência de exílio, para Londres, na última semana de fevereiro de 1848. A urgência foi ditada pela explosão (dia 22) da "revolução de fevereiro" na França. O *Manifesto* tinha sido encomendado a Marx, entre três e quatro meses antes, pela Liga dos Comunistas.

O Manifesto *e 1848*

Quando o *Manifesto* foi encomendado, em novembro de 1847, todos acreditavam que a Europa estava às vésperas de uma revolução. Apesar do sentimento geral de urgência, Marx, aparentemente despreocupado, demorou para entregar o documento. No final de janeiro, a direção da Liga dos Comunistas, sediada em Londres, enviou a Marx uma carta impaciente: "O Comitê Central, por meio desta, autoriza o Comitê do Distrito de Bruxelas a comunicar ao cidadão Marx que caso o *Manifesto do Partido Comunista,* que ele se propôs a redigir no último Congresso, não chegue a Londres antes do dia 1º de fevereiro, tomar-se-ão medidas contra ele. Na eventualidade do cidadão Marx não escrever o *Manifesto,* o Comitê Central pede que os documentos a ele confiados pelo Congresso sejam devolvidos imediatamente.

A carta estava assinada por Bauer, Schapper e Moll, três operários alemães, exilados em Londres, que eram então dirigentes da Liga. O *Manifesto* coincidiu com o início da esperada revolução. Ela estourou na Suíça, espalhou-se rapidamente para Itália e França, depois para Renânia, Prússia e, em seguida, para Áustria e Hungria.

Na verdade, o levante revolucionário europeu de 1848 era largamente esperado. Como afirma Eric J. Hobsbawm: "A catástrofe de 1846-1848 foi universal e a disposição de ânimo das massas, sempre dependente do nível de vida, tensa e apaixonada. Um cataclismo econômico europeu coincidiu com a visível erosão dos antigos regimes. Um levante camponês na Galícia em 1846; a eleição de um papa 'liberal' no mesmo ano; uma guerra civil entre radicais e católicos na Suíça no final de 1847, ganha pelos radicais; uma das constantes insurreições autonomistas sicilianas em Palermo no início de 1848 (...) Tudo isso não era pó e vento, mas os primeiros rugidos da tempestade. Todos sabiam disso. Dificilmente uma revolução foi mais universalmente prognosticada, mesmo sem se determinar em que país e data teria início. Todo um continente aguardava, pronto para transmitir as primeiras notícias da revolução, de cidade em cidade, através dos fios do telégrafo elétrico"[1].

A Liga dos Justos e o comunismo

O termo "comunista" merece uma explicação. Na época, o "socialismo" era considerado uma doutrina burguesa, identificada com os vários esquemas reformistas experimentais e utópicos dos ideólogos pequeno-burgueses. Os comunistas eram aqueles que estavam claramente a favor da derrubada revolucionária da ordem existente e do estabelecimento de uma sociedade igualitária. O comunismo dessa época originara-se de uma dissidência de extrema esquerda do jacobinismo francês, representado por Gracchus Babeuf e Filippo Buonarroti.

A Liga dos Justos era composta por trabalhadores, principalmente artesãos alemães exilados, alocados em Londres, Bruxelas e Paris, e em algumas partes da Alemanha. Não se tratava de proletários modernos trabalhando em grandes fábricas mecanizadas. No entanto, eles foram atraídos pelas concepções de Marx e Engels acerca da natureza da sociedade capitalista moderna. A Liga dos Justos trazia em sua bandeira o *slogan* "Todos os homens são irmãos!". Quando abraçou as concepções de Marx e tornou-se a Liga dos Comunistas, adotou o chamado do *Manifesto*: "Proletários de todos os países, uni-vos!"

A velha Liga dos Justos oferecia a particularidade de, como federação, ser secreta, mesmo que as suas seções (da França, Alemanha, Bélgica, e a Asso-

[1] Eric J. Hobsbawm. Las Revoluciones Burguesas. Madri, Guadarrama, 1971, p. 544. (Publicado no Brasil pela editora Paz e terra, com o título A era das Revoluções.)

ciação de Operários Alemães, grupo formado por Schapper e com sede em Londres) fossem legais e atuassem à luz do dia.

No seio da Associação de Operários Alemães, haveriam de enfrentar-se as duas concepções, pois um de seus membros mais influentes, Wilhelm Weitling (que era então o chefe espiritual da Liga dos Justos, e que não tardou em ser afastado da Associação), admitia apenas uma forma de propaganda, aquela das sociedades clandestinas de conspiradores, enquanto Marx exigia que se pusesse fim à propaganda secreta e que se transformassem as limitadas agitações subterrâneas em um vasto e visível movimento de massas.

De acordo com Emilio Frugoni: "Por causa do Congresso de Viena surgiu todo esse florescimento de sociedades secretas, que minavam o solo da vida política e social do continente europeu. Na França, como já dissemos, as associações blanquistas eram uma forma de 'carbonarismo'. A 'Liga dos Justos' surgiu da 'Liga dos Exilados'. Estes eram intelectuais emigrados de diversas nações. Alguns artesãos que haviam ingressado nessa 'Liga dos Exilados' acabaram separando-se dos intelectuais e formando a 'Liga dos Justos'. Composta quase exclusivamente por operários, ela logo se tornou socialista, tendência que se desenvolveu por completo com o golpe de força ensaiado pelos blanquistas em 1839, no qual tomaram parte alguns membros da Liga"[2].

Marx e a Liga

Na verdade, a Liga se fez "comunista": de acordo com David Riazanov, tratava-se do "socialismo revolucionário, o *comunismo,* que a burguesia batizou com o nome de *blanquismo,* derivado de Auguste Blanqui"[3], que foi o líder do frustrado levante de maio de 1839. Marx em Paris (onde ficou do final de 1843 até 5 de fevereiro de 1845, quando foi expulso por sua colaboração com o *Vorwärts* e partiu para Bruxelas) manteve-se à margem das sociedades secretas. Não aderiu à Liga dos Justos, apesar de frequentar as suas reuniões na rua Vincennes, segundo um informe da polícia prussiana, e apesar da estima que tinha pelos artesãos comunistas, como homens e lutadores. "Entre eles", escreveu em 1844, "a fraternidade não é uma palavra

---

[2] Emilio Frugoni. *Fundamentos del Socialismo.* Buenos Aires, Americalee, 1947, v. I, p. 127.

[3] D. I. Riazanov. *Manifiesto del Partido Comunista. Notas de D. I. Riazanov.* México, Cultura Popular, 1978, p. 135.

vazia, mas uma realidade, e toda a nobreza da humanidade irradia desses homens endurecidos pelo trabalho", em quem Marx admirava "o gosto pelo estudo, a sede de conhecimentos, a energia moral, a necessidade de desenvolvimento". Convidado pela Liga dos Justos a aderir a ela, Marx filiou-se só no início de 1847. Foram estabelecidos novos estatutos, cujo primeiro artigo dizia: "O fim da Liga é a derrubada da burguesia, o reino do proletariado, a supressão da antiga sociedade burguesa fundada no antagonismo de classes e o estabelecimento de uma nova sociedade sem classes e sem propriedade privada".

A Liga foi reorganizada para tornar-se democrática, depois que Marx e Engels exigiram que se suprimisse dela tudo aquilo que favorecesse a "superstição autoritária". Colocou-se um fim a todo tipo de conspiração, que requeria métodos ditatoriais da direção, e a atividade da Liga concentrou-se na propaganda pública, pelo menos quando isso fosse possível. O Congresso aprovou a publicação de uma revista, cujo único número apareceu em setembro de 1847, com o título de *Revista Comunista*. Nesse número é adotado, substituindo o antigo lema da Liga: "Todos os homens são irmãos", aquele indicado por Engels seguindo sugestão de Marx, e que seria o grito de guerra com que se haveria de encerrar o *Manifesto*: "Proletários de todos os países, uni-vos". Assim se chegava ao fim do processo evolutivo que havia conduzido a Liga desde o comunismo idealista dos artesãos alemães ou o comunismo "filosófico e sentimental" de Weitling; desde "a mescla de socialismo ou comunismo franco-inglês e de filosofia alemã que constituía a doutrina secreta da Liga", segundo as palavras do próprio Marx, a "uma observação científica da estrutura econômica da sociedade burguesa, único fundamento teórico sólido" para substituir a aspiração de realizar "um sistema utópico qualquer, por uma participação consciente no processo histórico da revolução social que se cumpria sob os nossos narizes".

Conspiração e comunismo

Já desde bem antes da sua adesão à Liga, Marx e Engels eram conhecidos como comunistas, como bem revela este informe da polícia alemã, de 14 de fevereiro de 1846: "Três chefes comunistas alemães, entre os quais se encontra Karl Marx, estão preparando a edição de oito volumes sobre o comunismo, sua doutrina, suas conexões, sua situação na França e na Inglaterra. Os outros dois colaboradores são Engels e [Moses] Hess, conhecidos comunistas, tendo o primeiro deles chegado à Alemanha vindo da Suíça. A obra será publicada na gráfica do *Der Deutsche Steuermann* de Paris"[4].

A passagem das "sociedades secretas" para as sociedades operárias comunistas foi um complexo processo histórico. Segundo Bert Andreas: "A Liga dos Justos devia alguns traços de sua organização secreta [como o conceito de comunismo] às sociedades secretas neobabeufistas, com as quais as comunas da Liga em Paris tinham estreitas relações. Os membros da Liga estavam obrigados a difundir os princípios, fazer novos recrutamentos, fundar associações oficiais de operários e artesãos (...) Foi somente nos grandes centros da Liga, em Paris e Londres, e mais tarde em Genebra, que as comunas tiveram uma existência e uma atividade contínuas, apoiando-se sempre em associações operárias paralelas".

A mudança teve o seu epicentro na Inglaterra, onde o desenvolvimento industrial era mais avançado e a atividade da classe operária, mais aberta. A Convenção Geral das Classes Operárias da Grã-Bretanha, primeiro parlamento operário, convocado no início de 1839 pelos cartistas, havia discutido publicamente durante meses a organização da greve geral como meio de conquista do poder. O horizonte político dos Justos de Londres foi ampliado consideravelmente. O mesmo Andreas sustenta que "existia aí uma classe operária nascida da fábrica, que fazia valer suas reivindicações por meio do poderoso movimento cartista; havia liberdade de reunião e de associação; havia, além dos numerosos operários e artesãos de todos os países europeus, exilados políticos franceses, alemães, italianos e poloneses de todas as opiniões. [A Liga tinha] apesar do elemento germânico ser fortemente preponderante, um caráter internacional".

Simultaneamente, um segundo processo, essencial, tinha lugar: "Enquanto a antiga desconfiança em relação aos 'intelectuais' começava a desaparecer entre os operários e seus representantes, e 'o proletariado ia buscar suas armas intelectuais na filosofia', os filósofos descobriam nos operários, nesses 'bárbaros' de nossa sociedade civilizada, o 'elemento prático da emancipação do homem'. Depois da rebelião dos tecelões da Silésia, em junho de 1844, Marx declarava no *Vorwärts* que a Alemanha não poderia 'encontrar o elemento ativo de sua liberação, senão no proletariado'"[5].

---

[4] Hans M. Enzensberger. *Conversaciones con Marx y Engels*. Barcelona, Anagrama, 1974, v. I, p. 62.

[5] Bert Andreas. *La Liga de los Comunistas*. México, Cultura Popular, 1977, p. 15-24.

A influência do cartismo

Levando-se em conta essa história, torna-se compreensível o fragmento do *Manifesto* consagrado à "atitude dos comunistas diante dos outros partidos operários": "Ela era ditada pelo estado do movimento operário na época, particularmente na Inglaterra. Os cartistas que haviam ingressado na Liga o fizeram com a condição de que pudessem manter sua ligação com o partido. O seu intuito era organizar uma espécie de núcleo comunista no cartismo, para ali expandir o programa e os objetivos dos comunistas"[6].

A influência do movimento cartista foi, portanto, decisiva para o surgimento do "comunismo operário". O cartismo, por sua vez, testemunha o impetuoso surgimento da classe operária no cenário social europeu. Já fazia tempo que esta enorme força social, em pleno processo de formação, não se limitava ao plano defensivo ou à atividade puramente sindical, mas também se projetava na ação política. Em janeiro de 1792, oito homens criaram a *London Corresponding Society*, que se organizou em grupos de trinta membros, baseada em uma contribuição financeira acessível aos operários. No final desse ano, a sociedade contava já com três mil membros. Seus objetivos: sufrágio universal, igualdade de representação, Parlamento honesto, fim dos abusos contra os cidadãos humildes, fim das pensões outorgadas pelo Parlamento aos membros das classes dirigentes, menor jornada de trabalho, diminuição dos impostos e entrega das terras comunais aos camponeses. Na mesma época, o livro de Tom Paine, *Os Direitos do Homem*, defendia a Revolução Francesa e a Independência americana, atacando a monarquia inglesa em favor do republicanismo. Publicado em inglês, céltico e gaélico, vendeu cerca de duzentos mil exemplares na Grã-Bretanha e se transformou no "manual universal do movimento operário".

Em 1795, os dirigentes da sociedade foram presos e esta começou a decair. Mas ela foi, sem dúvida, o antecedente da primeira grande organização política operária, o cartismo inglês, assim chamado por basear-se na Carta do Povo, proclamada em 1838. A reforma eleitoral de 1832, arrancada pela burguesia industrial à monarquia, elevou o contingente eleitoral de quatrocentos mil para oitocentos mil membros: ela satisfazia os interesses da burguesia, doravante dona do poder político, mas não do operariado, pois sobrevivia o voto qualificado (ligado à propriedade). Em

[6] David Riazanov. *Marx et Engels*. Paris, Anthropos, 1970, p. 79.

1836 os operários condenados em revoltas anteriores foram indultados e começaram a regressar à Inglaterra.

Nesse clima, a Carta é proclamada e organizada em 1838: voto universal e secreto, abolição da qualificação (voto por nível de renda), pagamento aos membros do Parlamento (permitindo o ingresso nele de trabalhadores), nivelação dos distritos eleitorais, parlamentos anuais (controle mais efetivo e revogabilidade dos representantes). Com base neste programa democrático, o cartismo organizou manifestações de massas, e até uma greve geral em 1842, que abarcou mais de cinquenta mil operários e inaugurou a prática dos "piquetes móveis", depois mundialmente difundida. Em 1847, a última onda de atividade cartista conquistou a jornada de dez horas: a primeira vitória histórica da classe operária foi produto de um movimento claramente político.

Por volta de 1848, o movimento cartista já estava esfacelado e derrotado. No entanto, a sua importância histórica pode ser medida pelo fato de ter lançado e de ter dado uma base de massas a duas reivindicações centrais do operariado, que teriam influência decisiva na estruturação contemporânea da sociedade inglesa, e das sociedades capitalistas em geral: a) a redução da jornada de trabalho; b) o sufrágio universal e secreto.

Reformismo e utopismo

O cartismo antecipou os debates posteriores do movimento operário, ao cindir-se em duas alas: 1) a ala partidária da força moral, confiante numa aliança com setores da burguesia e na pressão moral da justeza das suas reivindicações, que os levaria à vitória; esta ala baseava sua ação no sul da Inglaterra, onde predominavam os velhos trabalhos artesanais; 2) a ala partidária da força física, responsável pela organização das greves e convencida de que só a ação direta dos operários os levaria ao triunfo; sua base de recrutamento era o norte industrial, especialmente os operários de Manchester, núcleo da revolução industrial e do proletariado fabril moderno. A Carta antecipou debates ulteriores sobre reformismo e revolução.

Segundo Wolfgang Abendroth, neste período "os trabalhadores se consideravam parte das camadas populares da nação, e ficaram presos a essa ideologia. A sua privação de direitos só podia ser eliminada exigindo para todos os cidadãos o mesmo direito em determinar a atividade do poder político, de modo que não se abusasse do Estado em proveito de uns poucos. Reclamaram para si próprios os direitos de liberdade correspondentes ao *direito natural*. Mas não foram capazes de colocar exigências diferentes do pensamento dos democratas burgueses radicais"[7]. Na prática, porém, foram bem além disso.

O desenvolvimento social e *político* da classe operária criou as bases sociais para a superação do "socialismo" até então existente, tanto na França (Saint-Simon, Fourier) como na Inglaterra (Owen). O termo "utopistas", aplicado a estes três visionários, foi assim explicado por Engels: "Se os utopistas foram utopistas, é porque, numa época em que a produção capitalista estava ainda tão pouco desenvolvida, eles não podiam ser outra coisa. Se foram obrigados a tirar das suas próprias cabeças os elementos de uma nova sociedade, é porque, de uma maneira geral, estes elementos não eram ainda bem visíveis na velha sociedade; se limitaram-se a apelar à razão para lançarem os fundamentos de seu novo edifício, é porque não podiam, ainda, apelar à História contemporânea".

Na própria França, o socialismo não baseado na luta de classes teve a sua continuação com o trabalhador artesanal sapateiro Pierre-Joseph Proudhon, que em *A Organização do Crédito* afirmava: "O que precisamos, o que reivindico em nome dos trabalhadores, é a reciprocidade, a igualdade na troca, a organização do crédito". O crédito gratuito era a solução do problema social: com ele, os trabalhadores "comprariam" a sua liberdade do capitalista. "A propriedade é um roubo", tinha afirmado Proudhon, contra o capitalismo, propondo o sistema mutualista, baseado na gratuidade do crédito. Mas fracassaram suas tentativas de organizar um Banco dos Trabalhadores (pela lógica concorrência dos bancos capitalistas). Como diz George Lichteim, "não se tratava de um sistema socialista, por carecer de planejamento central, e menos ainda era comunitário. O que era? Talvez apenas a peculiar visão de Proudhon sobre o socialismo". Apesar de criticá-lo, Marx viu em Proudhon, um sapateiro, a demonstração da capacidade de pensamento independente da classe operária.

Outro francês, Louis Blanc, por sua vez, propunha que o Estado remediasse o problema social. Em *A Organização do Trabalho*, criticava a economia individual, sustentando que a economia coletiva (a fábrica) acabaria por se impor. "O Estado Popular deve regular a produção". Para isso, criaria Oficinas Nacionais mistas (privadas e estatais), a fim de que todos pudessem ter trabalho. "A concorrência levará à transformação social pacífica", afirmava, rejeitando explicitamente todo ato de violência revolucionária. E completava:

[7] Wolfgang Abendroth. *Historia Social del Movimiento Obrero Europeo*. Barcelona, Laia, 1978, p. 45.

"A revolução social pode ser atingida, talvez com maior facilidade, por meio da colaboração entre os operários e a burguesia". Para isto, um instrumento: o sufrágio universal (Estado Popular). Foi com referência a estes dois últimos que Marx (em *Miséria da Filosofia,* de 1847) afirmou que "o ideal corretivo que gostariam de aplicar ao mundo não é senão o reflexo do mundo atual. É totalmente impossível reconstituir a sociedade sobre a base de uma sombra embelezada da mesma. Na medida em que a sombra vira corpo, percebe-se que o corpo, longe de ser o sonho imaginado, é apenas o corpo da sociedade atual".

De acordo com Jean-Christian Petitfils, "nem a reforma eleitoral nem o desenvolvimento do movimento cartista interessaram a Robert Owen, para quem o sufrágio universal era uma simples 'mania popular'. Na França, as oposições dinásticas e as aspirações republicanas da oposição deixaram Saint-Simon e Fourier indiferentes. Ambos saíram das provas da Revolução de 1789 bastante decepcionados, para não dizer mais, sem grandes simpatias pelos jacobinos ou pelos babeufistas".

O *"partido comunista verdadeiramente atuante"*

Paralelamente aos grandes construtores de sistemas sociais, outra tendência se desenvolveu, diretamente ligada aos movimentos populares. Foi a tendência radical das revoluções democráticas, caracterizada pelas suas propostas igualitárias, que foram paulatinamente designadas pelo termo "comunismo".

Engels rastreou as origens dessa tendência nos primeiros grandes levantes contra a aristocracia, "na época da Reforma e das guerras camponesas na Alemanha, a tendência dos anabatistas e de Thomas Münzer; na grande revolução inglesa, os *levellers;* e, na grande Revolução Francesa, Babeuf. E esses levantes revolucionários de uma classe incipiente são acompanhados, por sua vez, pelas correspondentes manifestações teóricas: nos séculos XVI e XVII, surgem as descrições utópicas de um regime ideal de sociedade; no século XVIII, teorias já declaradamente comunistas, como as de Morelly e Mably. A reivindicação da igualdade não se limitava aos direitos políticos, mas também às condições sociais de vida de cada indivíduo. Já não se tinha em mira abolir apenas os privilégios de classe, mas acabar com as próprias diferenças de classe".

Karl Marx viu nesta tendência "o partido comunista verdadeiramente atuante". Nos seus *Princípios de Comunismo,* anteriores ao *Manifesto,* Engels respondeu assim à pergunta "o que é comunismo?": "É um sistema segundo o qual a terra deve ser um bem comum dos homens. Cada um deve trabalhar e produzir de acordo com as suas capacidades, e gozar e consumir de acordo com as suas forças". Diferenciando-o claramente do socialismo, "que deve seu nome à palavra latina *socialis*. Ocupa-se da organização da sociedade e das relações entre os homens. Mas não estabelece nenhum sistema novo: sua ocupação principal é consertar o velho edifício, esconder as suas fissuras, obra do tempo. No máximo, como os fourieristas, pretendem construir um sistema novo acima dos velhos e podres alicerces do chamado capitalismo".

No momento mais radical da revolução inglesa do século XVII, uma maioria parlamentar chegou a apoiar os *levellers* ("igualitários" ou "niveladores"), os quais procuravam levar as ideias democráticas à sua conclusão lógica, atacando todos os privilégios e proclamando a terra como uma herança natural dos homens. Os *levellers* se concentravam na reforma política: o socialismo implícito da sua doutrina ainda se exprimia em linguagem religiosa. Seus continuadores radicais foram os *diggers* ("cavadores"), muito mais precisos em relação à sociedade que desejavam estabelecer e que, totalmente descrentes de uma ação política de tipo normal, só acreditavam na ação direta. Mas a revolução inglesa foi vitoriosa como revolução burguesa, conciliando-se finalmente com a monarquia e eliminando as suas alas radicais.

O período mais radical da Revolução Francesa também foi concluído com a derrota de sua direção (os jacobinos, donos do poder entre 1792 e 1794), mas estes também tiveram os seus continuadores radicais, na chamada Conspiração dos Iguais, encabeçada em 1796 por Gracchus Babeuf. Como o próprio nome indica, esta fração propôs um programa de propriedade comunal, para aprofundar a revolução, uma espécie de socialismo agrário (a indústria ainda estava escassamente desenvolvida). E foi menos uma conspiração do que uma continuação das insurreições contra a reação antijacobina — o *Thermidor* — instalada no poder, as revoltas de Germinal e Prairial. Segundo Daniel Guérin, Babeuf e seus amigos entraram em contato com os sobreviventes dessas insurreições, aprovando seus projetos de poder popular e criticando a fraqueza dessas tentativas, a sua desorganização. Os Iguais constituíram uma organização centralizada, cujo programa criticava "a lei bárbara ditada pelo capital", "que faz mover uma multidão de braços, sem que aqueles que os movem recolham daí os frutos". Segundo Guérin, no seu clássico *Bourgeois et Bras-Nus*, o aperfeiçoamento do maquinismo e o progresso técnico estavam na base do coletivismo dos Iguais, cuja proposta política "chegou ao limiar da democracia direta, de tipo comunal e de conselhos" (dirigentes eleitos diretamente pela base e permanentemente revogáveis).

A tradição comunista

Os Iguais foram derrotados, seus dirigentes presos ou — como o próprio Babeuf — guilhotinados. No processo foram acusados de jacobinos e terroristas. Mas criaram uma tradição, que sobreviveu em poesias e cantos, e num programa em que se lia: "Um povo sem propriedade e sem os vícios e os crimes a que ela dá origem não teria necessidade do grande número de leis sob o qual penam as sociedades civilizadas da Europa".

Não se tratava de maquinações de grupos à margem da corrente histórica. A luta contra o monopólio da propriedade tinha sido proclamada pela própria Constituição jacobina de 1793 (embora nunca levada à prática). Aquela elevou a igualdade ao nível dos direitos naturais imprescritíveis e deixou de qualificar a propriedade de "direito inviolável e sagrado". Por outro lado, fora da França, "além dos intelectuais revolucionários, foram sobretudo os representantes da nascente classe operária os que lutaram pelos objetivos da Revolução Francesa: a solidariedade internacional pela democracia e os direitos do homem. A oposição à coalizão das potências europeias contra a Revolução Francesa teve sua base social na Inglaterra, nos oficiais artesãos e nos operários"[8].

A tradição e o programa igualitarista (crescentemente denominado *comunista*) da Revolução Francesa foram transmitidos diretamente ao movimento operário por um sobrevivente dos Iguais, Felipe Buonarroti, descendente do escultor italiano Michelangelo Buonarroti, que escreveu um livro: *História da Conspiração dos Iguais*. Em *Democracia e Socialismo*, Arthur Rosenberg informa que "após 1830, o livro de Buonarroti era muito conhecido entre os operários. Pertencia à literatura popular junto com os discursos de Robespierre e os artigos de Marat" (líderes jacobino-radicais da Revolução Francesa).

Assim, como notou Eric J. Hobsbawm, na década de 1840, "a história europeia assumiu uma nova dimensão: o problema social, ou melhor, a revolução social em potência encontrava expressão típica no fenômeno do proletariado. Sobre a base de uma classe operária que crescia e se mobilizava, era agora possível uma nova e mais significativa fusão da experiência e das teorias jacobino-revolucionárias-comunistas, com as socialistas-associacionistas". Na França, o jornal democrático *Le National* atacava, em 1847, os "comunistas". Outro jornal democrático, *La Réforme*, lhe respondia: "As propostas econômicas dos comunistas estão mais próximas de nós do que as do *Le National*,

---

[8] Idem, p. 39.

porque lhes reconhecemos o direito à discussão e porque as doutrinas que vêm dos próprios operários são sempre dignas de atenção". O "comunismo", portanto, era identificado com o proletariado, como surgido dentro dessa classe, e como sua expressão teórico-doutrinária.

Num paralelo notável, poucos anos antes, Marx, como editor da *Rheinische Zeitung* ("Gazeta Renana"), polemizou contra um jornal alemão (o *Augsburger*) que também atacava o comunismo: "Ele respondeu em síntese: vocês não têm o direito de atacar o comunismo. Não conheço o comunismo, mas se ele assumiu a defesa dos oprimidos não pode ser condenado sem mais. Antes de condená-lo, é preciso ter um conhecimento exato e completo dessa corrente. Quando saiu da *Rheinische Zeitung*, Marx não era ainda um comunista, mas já era um homem interessado no comunismo como tendência e como filosofia especial"[9]. As etapas da passagem de Marx do democratismo radical ao comunismo, em meados da década de 1840, encontram-se registradas nos *Anais Franco-Alemães*, editados por Marx em comum com seu amigo Arnold Ruge.

Democracia e comunismo

Na Inglaterra, no final da década de 1840, o movimento cartista dividiu-se: os seus membros intelectuais e de classe média se agruparam na Associação Nacional para a Reforma Parlamentar e Financeira; os seus membros operários, por sua vez, apoiaram a Associação Nacional da Carta (dirigida por Ernest Jones e George Harney) e a Liga Nacional da Reforma (dirigida por Bronterre O'Brien), ambas de programa socialista. Harney e Jones mantinham estreito contato com os exilados operários e artesãos alemães, junto aos quais Marx e Engels gozavam de ampla influência.

---

[9] David Riazanov. *Op. cit.*, p. 37. A resposta concreta de Marx foi: "A*Gazeta Renana* (*Rheinische Zeitung*), que não pode sequer atribuir uma realidade teórica às ideias comunistas em sua atual forma, e muito menos desejar ou considerar possível a sua realização prática, submeterá essas ideias a uma crítica severa. Se o *Augsburger* quisesse e pudesse produzir mais do que frases escorregadias, ele perceberia que escritos como os de Leroux, Considérant, e sobretudo o trabalho penetrante de Proudhon, só podem ser criticados depois de longa e profundamente estudados, e não por meio de noções passageiras e superficiais... Devido a esse desacordo, temos que considerar com toda seriedade esses trabalhos teóricos. Estamos firmemente convencidos de que o verdadeiro problema reside não no esforço prático, mas na explicação teórica das ideias comunistas. Tentativas práticas perigosas, mesmo que realizadas em larga escala, podem ser derrubadas de um só golpe, mas as ideias conquistadas pela inteligência, incorporadas em nossa perspectiva, forjadas em nossa consciência, são amarras das quais não nos livramos sem partir nossos corações; são *demônios que superamos apenas quando a eles nos submetemos*" (grifo nosso).

No festival operário comemorativo da proclamação da República Francesa de 1792, celebrado em Londres em 1845, o manifesto declarou que "os democratas de todos os países desejam que a igualdade à qual aspirou a Revolução Francesa renasça na França e se estenda a toda a Europa". No seu informe a respeito desse festival, Engels escrevia que "atualmente *a democracia é o comunismo*. A democracia se transformou em princípio proletário, princípio de massas" (grifo nosso). Dois anos depois, em 1847, como já foi dito, a Liga dos Justos, que tinha organizado o festival junto aos cartistas ingleses e outros exilados, encarregou a Marx e Engels a redação de seu programa, que se transformaria no *Manifesto Comunista*, o que levou à mudança no nome da Liga.

A assimilação entre "democracia"e "comunismo" era própria da época, e seria superada pela defesa da *ditadura do proletariado* — conceito erroneamente atribuído a Blanqui — que Marx vai realizar depois das revoluções de 1848, como balanço das derrotas dessas revoluções (o folheto de Marx *As Lutas de Classes na França 1848-1850* registra essa passagem teórico-programática). Mas ainda em julho de 1846, Marx e Engels dirigiram, de Bruxelas, em nome de um grupo de emigrados alemães, uma declaração de apoio e de adesão ao líder cartista inglês O'Connor, publicada na folha cartista *The Northern Star*, e assinada "pelos *comunistas democráticos* alemães de Bruxelas, o Comitê: Engels, Ph. Gigot, Marx" (grifo nosso).

David Riazanov força o texto e a História ao afirmar que, quando o *Manifesto* assimila a "constituição do proletariado como classe dominante" à "conquista da democracia", Marx "se refere a uma democracia proletária, oposta à democracia burguesa"[10]. Isto não é verdade: em meados da década de 1840, a "democracia" era o movimento geral de luta contra o *status quo* monárquico-aristocrático prevalecente. Além disso, Marx e Engels não foram, antes de serem comunistas, democratas vulgares. Eles "proporcionavam pela primeira vez ao movimento democrático uma compreensão real e completa de seu tempo. As ideias atrasadas e infantis sobre o desenvolvimento econômico-social do mundo, a que estavam apegados os líderes democráticos de todos os países antes de 1848", lhes eram alheias. Marx e Engels foram, portanto, "os primeiros democratas que se libertaram completamente dessas ilusões e do gosto pelas experiências abstratas. Compreendiam seu tempo porque se apropriaram de tudo o que os pensadores da burguesia tinham a dizer de sua própria classe. Os economistas ingleses e os filósofos alemães haviam

[10] David Riazanov. *Manifiesto...*, ed. cit., p. 136.

compreendido perfeitamente a essência da sociedade burguesa moderna. Marx e Engels, ao colocarem as doutrinas de Ricardo e de Hegel a serviço da revolução democrática, descobriam os fundamentos teóricos dos quais careciam Louis Blanc, O'Connor e Mazzini"[11]. Mas, isto fazendo, Marx e Engels viram-se na obrigação de superar esse fundamento teórico, isto é, a filosofia clássica alemã e a economia política inglesa, elaborando uma síntese teórico-prática que deu um novo fundamento científico ao já existente comunismo.

Historicidade da democracia

O caráter ilusório da democracia burguesa já fora denunciado por Jean-Jacques Rousseau no século XVIII: "O povo inglês pensa ser livre, porém engana-se totalmente. É livre somente durante a eleição dos membros do Parlamento: depois que estes são eleitos é escravo, não é nada. A soberania não pode ser representada: consiste essencialmente na vontade geral e a vontade não se representa. É ela mesma ou é outra coisa: não há meio-termo".

O *Manifesto* colocou positivamente a superação da natureza não democrática do Estado constitucional: "[...] a primeira fase da revolução operária é o *advento do proletariado como classe dominante, a conquista da democracia*". Democracia e domínio político da burguesia são incompatíveis, não existe "Estado democrático sob hegemonia burguesa" — e hipoteticamente sob hegemonia proletária — mas ditadura burguesa sob formas democráticas. A "conquista da democracia" exige, portanto, uma *revolução*, cujo primeiro passo é, como em toda revolução, a destruição da máquina repressiva que é a essência do antigo regime de exploração, sem o que a democracia não passa de uma fachada da ditadura da classe exploradora.

Democracia e comunismo não são idênticos: o proletariado no poder só começa a efetuar a passagem para a sociedade comunista por meio da supressão da propriedade privada burguesa e da progressiva socialização dos meios de produção. "A democracia tem como consequência inevitável o domínio político do proletariado, e esse domínio é a primeira premissa de todas as medidas comunistas", escreveu Engels em outubro de 1847.

Com a sociedade comunista (de cada qual segundo as suas capacidades, a cada qual segundo as suas necessidades) criam-se as bases para a superação da alienação política (representação mediada pela burocracia estatal), da separação entre a sociedade política e a civil. Mas, nas palavras do *Manifesto*, com a

[11] Arthur Rosenberg. *Democracia e Socialismo*. São Paulo, Global, 1986, p. 89-91.

supressão do fundamento dessa cisão — a propriedade privada burguesa — *desaparece o Estado Político* e, portanto, a *democracia,* forma mais desenvolvida desse Estado: "Uma vez desaparecidos os antagonismos de classe no curso do desenvolvimento, e sendo concentrada toda a produção propriamente falando nas mãos dos indivíduos associados, *o poder público perderá o seu caráter político* [...] Em lugar da antiga sociedade burguesa, com suas classes e antagonismos de classe, surge uma associação onde o livre desenvolvimento de cada um é a condição do livre desenvolvimento de todos" (grifo nosso).

No *Manifesto,* Marx e Engels combateram antecipadamente a ilusão dos revolucionários de 1848, para quem na base das diferenças e antagonismos de classe encontrava-se a desigualdade política. Consequentes com isso, quando o governo revolucionário decretou o sufrágio universal... declararam também abolidas as classes da sociedade! (Tal declaração encontra-se *ipsis litteris* na proclamação do governo provisório francês surgido da "revolução de fevereiro" de 1848.)

A ideia da universalidade atemporal de uma forma política (a democracia), apresentada como própria de Marx, nada tem a ver com este. Certamente, Marx e Engels não desprezavam a luta pelo sufrágio universal, ainda que sob domínio burguês, da mesma maneira que não desprezavam a luta por aumentos salariais ou pela redução da jornada de trabalho em nome da abolição do trabalho assalariado. O primeiro partido operário independente, o movimento cartista inglês, tinha surgido justamente da luta pela extensão do direito do sufrágio.

O que Marx e Engels faziam era pôr em relevo o caráter *revolucionário* dessa luta, a qual, por modestas que fossem as suas reivindicações iniciais, conduzia *necessariamente* a um enfrentamento decisivo entre a burguesia e o proletariado. Por isso Marx qualificou a obtenção da jornada de dez horas na Inglaterra, em 1847, como "a primeira vitória da economia política do proletariado". Na França, em 1848, a luta pela república acabou pondo frente a frente a burguesia e a classe operária. A simples reivindicação do direito ao trabalho originou a Comissão de Luxemburgo — que não passou de alguns intentos de cooperativização —, mas a sua existência bastou para que Marx afirmasse que "a esta criação dos operários de Paris cabe o mérito de ter revelado do alto de uma tribuna europeia o segredo da revolução do século XIX: *a emancipação do proletariado*"[12].

---

[12] Karl Marx. As Lutas de Classes na França. In: *Textos*. São Paulo, Edições Sociais, 1977, vol. 3, p. 120.

Comunismo e revolução

Até as revoluções de 1848, os comunistas, já uma tendência independente, consideravam-se, junto à "democracia", do mesmo lado da barricada (no mesmo movimento) contra a reação feudal e monárquica. "[...] os comunistas trabalham pela união e entendimento dos partidos democráticos de todos os países", diz o *Manifesto*. A democracia revolucionária (a "Montanha" na França, os *Fraternal Democrats* na Inglaterra) ainda colocava revolucionariamente as suas reivindicações, no sentido da luta das massas contra a aristocracia e de um governo independente das massas populares, sem diluí-las numa democracia formal, que só aspira à extensão do direito do sufrágio.

O desenvolvimento revolucionário do proletariado, porém, levou a burguesia a aliar-se à reação, ao preço inclusive de suas minguadas aspirações democráticas. O liberalismo burguês traiu a revolução, e a democracia radical (a Montanha) foi uma caricatura do jacobinismo de 1792-1794. A meio caminho entre o proletariado e a burguesia — a sua velha base social, as massas pobres de *sans-culottes*, tinha se cindido, do seu seio já surgira um proletariado socialmente diferenciado —, teve um papel lamentável na revolução. Com a derrota desta "estava liquidada a democracia revolucionária, tal como a modelara a Revolução Francesa. Ledru-Rollin, declamando inconscientemente entre as classes, e Raveaux, levaram ao túmulo o que tinha sido fundado por Robespierre e Saint-Just"[13]. No seu lugar surgiu a "democracia pura" (pequeno-burguesa) da qual Marx disse, em 1850, na *Circular à Liga dos Comunistas*, que "este partido democrático é mais perigoso para os operários do que foi o partido liberal", pois, tal como constatou Engels em 1884, só poderia ser um recurso extremo da burguesia contra a revolução proletária ("[Ela] pode ter, no momento da revolução, importância como a mais extrema tendência da burguesia, forma sob a qual já se apresentou na [Assembleia] de Frankfurt [em 1848-1849] e que pode converter-se na última tábua de salvação de toda a economia burguesa e mesmo da feudal. *Nesse momento, toda a massa reacionária se coloca por trás dela e a fortalece. Tudo o que é reacionário comporta-se então como democrático.* Nosso único inimigo, no dia da crise e no dia seguinte, é essa reação total, que se agrupa em torno da democracia pura").

A derrota do operariado e a crise da democracia revolucionária tinham também um conteúdo positivo: "A derrota dos insurretos de junho pre-

[13] Arthur Rosenberg. *Op. cit.*, p. 108.

parara e aplanara o terreno sobre o qual a república burguesa podia ser fundada e edificada, mas demonstrava ao mesmo tempo que, na Europa, as questões em foco não eram apenas a República ou a Monarquia. Revelara que a república burguesa significava o despotismo ilimitado de uma classe sobre as outras"[14]. Assim, ia se esclarecendo o caminho político para o advento do proletariado como classe dominante: "O proletariado vai se agrupando cada vez mais em torno do *socialismo revolucionário*, do *comunismo* [que é] a declaração de *permanência da revolução*, da *ditadura do proletariado*, como ponto de transição necessário para a supressão das diferenças de classe em geral, para a supressão de todas as relações de produção em que repousam tais diferenças, de todas as relações sociais que correspondem a estas relações de produção, para a subversão de todas as ideias que resultam dessas relações sociais"[15].

Na luta pelas liberdades democráticas (de organização sindical e política) o proletariado defende o seu direito a organizar-se contra o capital, o seu direito à vida. Situando-se à frente dessa luta, os comunistas não o fazem em nome de um ideal democrático "universal", por cima das classes, que seria comum ao proletariado e à burguesia. Na luta pela defesa e ampliação da democracia política contra a reação burguesa, a classe operária age com seus próprios métodos (ação direta, greve geral), preparando as condições para a derrubada da burguesia. Nessas condições, "o sufrágio universal é o índice que permite medir a maturidade da classe operária. *No Estado atual, não pode, nem poderá jamais, ir além disso, mas é o suficiente.* No dia em que o termômetro do sufrágio universal registrar para os trabalhadores o ponto de ebulição, eles saberão — tanto quanto os capitalistas — o que lhes resta a fazer"[16].

No seu escrito de outubro de 1937, *Noventa Anos do Manifesto Comunista*, Leon Trótski resgatou a interpretação revolucionária do *Manifesto*, contra a sua deformação democratizante: "O proletariado não pode conquistar o poder dentro do sistema legal estabelecido pela burguesia. 'Os comunistas [...] proclamam abertamente que seus objetivos só podem ser alcançados pela derrubada violenta de toda a ordem social existente'. O reformismo procurou explicar este postulado do *Manifesto* com base na imaturidade

---

[14] Karl Marx. O Dezoito Brumário de Luís Bonaparte. In: *Textos. Op. cit.*, vol. 3, p. 220.

[15] Karl Marx. As Lutas de Classes na França. In: *Textos. Op. cit.*, vol. 3, p. 121.

[16] Friedrich Engels. *Origem da Família, da Propriedade Privada e do Estado.* Rio de Janeiro, Vitória, 1964, p. 138.

do movimento operário nessa época, e no desenvolvimento inadequado da democracia. O destino das 'democracias' italiana, alemã, e de um grande número de outras, prova que a 'imaturidade' é o traço que distingue as ideias dos próprios reformistas".

As origens do Manifesto

O grande antecedente do *Manifesto Comunista* são os *Princípios do Comunismo*, redigidos por Engels por encomenda da Liga dos Justos, sob a forma de perguntas e respostas (catecismo), nos quais o comunismo é definido como "a aprendizagem das condições de libertação do proletariado"[17]. Assim como o *Manifesto*, os *Princípios* contêm um "programa de ação" (na verdade, um verdadeiro programa transicional) em doze pontos, e define claramente que a revolução proletária não "será feita num só país", já que "a grande indústria, criando o mercado mundial, aproximou já tão estreitamente uns dos outros os povos da Terra, que cada povo depende estreitamente do que acontece com os outros [...] a revolução social não será uma revolução puramente nacional. Produzir-se-á ao mesmo tempo em todos os países civilizados". Engels foi o precursor do antistalinismo...

Foi o próprio Engels quem sugeriu a substituição dos *Princípios* pelo *Manifesto*, que poderia conter os elementos históricos que o "catecismo" não continha. De acordo com Franz Mehring, a forma dos *Princípios* "teria, em todo caso, contribuído para torná-lo acessível a todos, e não o contrário. Teria sido mais apropriado às necessidades de agitação do momento do que o *Manifesto* que o substituiu; quanto ao desenvolvimento das ideias, os dois documentos coincidem inteiramente. No entanto, Engels, mostrando até que ponto era escrupuloso, sacrificaria de saída as 25 perguntas e respostas por uma exposição histórica: o *Manifesto*, no qual o comunismo se anunciaria como um fenômeno histórico universal, deveria — como dizia o historiador grego [Tucídides] — ser uma obra durável e não um panfleto para ser esquecido tão rapidamente quanto lido". O *Manifesto*, posterior, "não contém uma única ideia que Marx e Engels já não tivessem exposto anteriormente. Ele não revelava nada; ele apenas concentrava a nova concepção do mundo de seus autores em um espelho cujo vidro não poderia ser mais transparente, nem o quadro mais circunscrito. A julgar

[17] Cf. Friedrich Engels. *Princípios do Comunismo e Outros Textos*. São Paulo, Mandacaru, 1990.

pelo estilo, a forma definitiva do *Manifesto* deve-se principalmente a Marx, enquanto Engels, como demonstra o seu projeto, conhecia com a mesma clareza as ideias que foram expostas, merecendo plenamente o título de coautor"[18].

O próprio Engels reconheceu, posteriormente, a paternidade de Marx sobre as "ideias fundamentais" do *Manifesto*. Engels, no entanto, havia tido um papel muito mais ativo do que Marx na Liga, o que fez nascer uma suposta divisão de trabalho entre um Engels "prático" e um Marx "teórico", esquecendo o importante trabalho de organização feito por Marx nos três anos precedentes. Riazanov protestou contra essa lenda: "Os historiadores não levaram em consideração todo esse trabalho de organização de Marx quando fizeram dele um pensador de biblioteca. Não perceberam o papel de Marx como organizador, perdendo assim um dos ângulos mais interessantes de sua fisionomia. Sem conhecer o papel que Marx (e eu digo Marx, e não Engels) exerceu entre 1846-47 como dirigente e inspirador de todo esse trabalho de organização, fica impossível compreender o grande papel que ele exerceu em seguida como organizador, entre 1848-49, na época da I Internacional"[19]. O exagero de Riazanov – quanto ao papel de Engels, não ao de Marx – é um excesso polêmico contra a social-democracia que, no período em que foi escrita a obra de Riazanov, fazia apelo ao "reformismo" – inexistente – de Engels, contra o revolucionarismo bolchevique.

O Manifesto *e a dialética*

O ponto de partida *histórico-universal total* e, simultaneamente, *classista*, já contido nos *Princípios* e desenvolvido no *Manifesto*, permitiu a Marx e Engels superar a filosofia da qual eram ambos tributários (o hegelianismo) na questão-chave do *Estado*, que Hegel ainda via sob uma forma abstrata e, ao mesmo tempo, localista (alemã): "Uma multidão de seres humanos somente pode ser chamada Estado se estiver unida para a defesa comum da totalidade (*Gesamtheit*) de (aquilo que é) sua propriedade [...] Para que uma multidão constitua um Estado é necessário que organize uma defesa e uma autoridade política comum"[20].

---

[18] Franz Mehring. *Vie de Karl Marx*. Paris, Pie, 1984, p. 662-663.

[19] David Riazanov. *Marx et Engels*, ed. cit., p. 72.

[20] G. W. F. Hegel. *La Constitución de Alemania*. Madri, Aguilar, 1972, p. 22-23.

Para Marx e Engels, o Estado nasce dos antagonismos de classe e, na era burguesa, ele é, de acordo com o *Manifesto*, o "comitê administrativo dos interesses comuns da burguesia". Esta afirmação nada tem de circunstancial, como se pretendeu posteriormente, e resulta do posicionamento metodológico mais profundo do *Manifesto*, ou seja, do marxismo.

O mais notável, porém, é que o *Manifesto* não é só uma novidade com relação à concepção "linear" dos pensadores histórico-sociais do século XVIII, mas também com relação à concepção semelhante defendida por pensadores do século XX, os mesmos que consideram Marx como "um pensador do século XIX", cujas concepções só se vinculariam à realidade histórica de sua época.

Compara-se, assim, a precisa e viva análise do *Manifesto* acerca da ruptura *qualitativa* imposta pela era do capital na História universal, suas raízes diferenciadas dos modos de produção precedentes, abrindo o período da História *mundial* propriamente dita, com as concepções de um Immanuel Wallerstein acerca do "capitalismo histórico", para quem o capital sempre existiu, sendo o capitalismo o "sistema" em que "o capital veio a ser usado (investido) de forma muito específica". O "capitalismo histórico" significaria "a mercantilização generalizada dos processos... que anteriormente haviam percorrido vias que não as de um mercado"[21]. Um retrocesso de um século e meio com relação à superação da produção mercantil pela produção capitalista, e à concepção dialética da História (que inclui as *rupturas históricas*) já expostas no *Manifesto*.

O *Manifesto* reconhece seus antecedentes, além do já citado de Engels (os *Princípios*), em toda a obra teórica precedente de Marx. Maximilien Rubel já disse que foi em Paris que Marx escreveu "para os *Anais Franco-Alemães*, um primeiro manifesto revolucionário, que já foi chamado de 'o germe d'*O Manifesto Comunista*': *Zur Kritik der Hegelschen Rechtsphilosophie-Einleitung*. Nesse ensaio ele se refere pela primeira vez ao 'proletariado' como 'classe', e fala da 'formação' (*Bildung*) da classe operária. Esses dois conceitos já haviam sido associados concretamente em um documento publicado em Paris quatro meses antes de sua chegada: em *L'Union Ouvrière* de Flora Tristan"[22].

Em 1843, a grande organizadora operária francesa, Flora Tristan, fazia um chamado: "Venho propor a união geral dos operários e operárias, de todo o

[21] Immanuel Wallerstein. *O Capitalismo Histórico*. São Paulo, Brasiliense, 1985, p. 10-14.

[22] Maximilien Rubel. *Karl Marx. Ensayo de Biografia Intelectual*. Buenos Aires, Paidós, 1970, p. 77.

reino, sem distinção de ofícios. Esta união teria por objetivo *construir a classe operária* e construir estabelecimentos (Palácios da União Operária) distribuídos por toda a França. Seriam aí educadas crianças dos dois sexos, dos 6 aos 18 anos, e seriam também recebidos os operários doentes, os feridos e os velhos. Há na França cinco milhões de operários e dois milhões de operárias". Na sua *Crítica da Filosofia do Direito de Hegel*, Marx criticava no filósofo alemão que reclamasse "não só o 'espírito do Estado', mas também o 'espírito da autoridade', o espírito burocrático", chegando a criticar "a inconsequência surda e o 'espírito da autoridade' de Hegel, [que] chegam a ser verdadeiramente *repugnantes*" (grifo de Marx)[23].

O "espectro que ronda a Europa"

No mesmo momento em que Marx chegava a essas conclusões, o comunismo se tornava uma força política na Alemanha e na Europa (o "espectro" de que fala o *Manifesto* na sua frase inicial). De acordo com David McLellan, o socialismo e o comunismo (os termos eram usados aleatoriamente na Alemanha nessa época) tinham existido como doutrina na Alemanha desde pelo menos o início da década de 1830, mas foi em 1842 que eles atraíram a atenção geral pela primeira vez. Isso se deu em parte por intermédio de Moses Hess, que converteu tanto Engels como Bakunin ao comunismo e publicou anonimamente propaganda comunista na *Rheinische Zeitung*, e em parte graças ao livro de Lorenz von Stein, *Sozialismus und Kommunismus des heutigen Frankreichs* (Socialismo e Comunismo na França Contemporânea). Este consistia numa investigação da difusão do socialismo francês entre os operários alemães imigrantes em Paris[24]. Em carta de Engels a Marx, de 22 de fevereiro de 1845, aquele relata a situação em Elberfeld: "Nossa propaganda realiza um progresso extraordinário. As pessoas só falam do comunismo e todo dia recrutamos novos partidários. No vale do Wupper o comunismo já é uma realidade — melhor dito, é virtualmente uma força. Você não pode imaginar como é favorável a situação. As pessoas mais ignorantes, mais preguiçosas e mais filisteias, que há pouco não se interessavam por nada, estão praticamente gabando-se de seu comunismo. Não sei quanto tempo isso irá durar. A polícia enfrenta verdadeiras dificuldades e não sabe o que fazer".

---

[23] Karl Marx. *Crítica de la Filosofía del Estado de Hegel*. México, Grijalbo, 1968, p. 154-155.

[24] David Mc Lellan. *Marx before Marxism*. Londres, Penguin Books, 1972, p. 125.

O que Marx e Engels traziam ao comunismo já existente era uma capacidade de formular seus objetivos, baseada numa síntese de conhecimentos que nenhum de seus teóricos pregressos (principalmente franceses e ingleses) possuía, por diversos motivos: "Antes de 1848 a única práxis sobre a qual Marx podia refletir era a dos jacobinos e seus sucessores entre as seitas radicais de Paris; por outro lado, a sua economia (e a de Engels) era já a dos socialistas ricardianos e owenistas da Grã-Bretanha. Mas o arsenal de instrumentos conceituais com que contribuiu para o conhecimento dos fatos compreendia um elemento que nem o racionalismo francês nem o empirismo britânico podiam prover; a filosofia da História de Hegel e a visão de que a totalidade do mundo forma um conjunto ordenado que o intelecto pode compreender e dominar"[25].

Em 1860, em *Herr Vogt*, Marx expôs o caminho teórico que o levaria à redação do *Manifesto* como programa para a Liga dos Justos (ou dos Comunistas), percorrido na década de 1840: "Publicamos ao mesmo tempo uma série de folhetos impressos ou litografados. Submetemos a uma crítica impiedosa a mistura de socialismo ou comunismo anglo-francês e de filosofia alemã, que constituía na época a doutrina secreta da Liga; estabelecemos que apenas o estudo científico da estrutura econômica da sociedade burguesa podia proporcionar uma sólida base teórica; e expusemos, por último, em forma popular, que não se tratava de colocar em vigor um sistema utópico, mas de intervir, com conhecimento de causa, no processo de transformação histórica que se efetuava na sociedade". Em *A Sagrada Família*, de 1845, Marx já tinha claro que se tratava de dotar de um programa a um movimento já existente, e consciente de seus objetivos: "Não há necessidade de explicar aqui que uma grande parte do proletariado inglês e francês já está *consciente* de sua tarefa histórica e trabalha constantemente para desenvolver essa consciência com total clareza".

O objetivo *político* do *Manifesto*, portanto, é dotar de um programa a um partido cujos contornos estão ainda pouco definidos: "O 'partido comunista' de que fala o *Manifesto* é um partido internacional, cujos embriões são a Liga dos Comunistas e os *Fraternal Democrats*, isto é, de um lado, uma organização composta sobretudo por alemães, mas dispersa por toda a Europa e, de outro, uma organização concentrada em Londres, mas

---

[25] George Lichteim. *El Marxismo — Un Estudio Histórico y Crítico*. Barcelona, Anagrama, 1971, p. 55.

composta de representantes exilados de grupos operários e comunistas de vários países do continente"[26].

O Manifesto *e a revolução*

O *Manifesto*, em 1848, foi portanto o arremate de uma obra teórica política e organizativa cujos diversos aspectos são inseparáveis ou, como disse Fernando Claudín, "análises da conjuntura pré-revolucionária, formação da Liga dos Comunistas, elaboração teórica, estão estreitamente entrelaçadas na atividade de Marx e Engels durante o ano de 1847 e janeiro-fevereiro de 1848, sendo que o seu resultado político-organizacional no segundo congresso da Liga e sua grande síntese teórico-política foi o *Manifesto*"[27].

O centro do *Manifesto*, porém, é a elaboração de um programa para a revolução vindoura, na qual Jean Jaurès foi o primeiro em ver "uma teoria da revolução proletária que coincide com aquela que mais tarde será chamada de *revolução permanente*"[28]. O socialista argentino Juan B. Justo criticou a "dialética" de Marx, culpada, segundo ele, por tê-lo feito antever, no *Manifesto*, revoluções proletárias no horizonte de 1848[29]. Para Karl Korsch, o prognóstico de Marx sobre 1848 ficou preso à visão dos revolucionários do passado, ao contrapor o programa da revolução social à concreta revolução democrática que se desenvolvia: "A sociedade burguesa nascida da revolução, em sua sóbria realidade, acabou por contradizer em grande medida tanto as elevadas ideias, que de seus resultados haviam formado seus participantes e espectadores entusiastas, quanto o heroísmo, o sacrifício, os horrores, a guerra civil e as matanças populares que havia necessitado para vir ao mundo"[30].

No entanto, embora a explosão *política* de 1848 fosse previsível, como dissemos acima, o seu alcance *social* estava longe de ser evidente antes de

---

[26] Michaël Löwy. *La Teoria de la Revolución en el Joven Marx*. Buenos Aires, Siglo XXI, 1972, p. 225. Sobre o trabalho político-literário de Marx no período, ver: Karl Obermann. Aux origines de la "Neue Rheinische Zeitung", *Le Mouvement Social* nº 77, Paris, outubro-dezembro 1971.

[27] Fernando Claudín. Marx, Engels y la Revolución de 1848. Madri, Siglo XXI, 1975, p. 2.

[28] Cf. Aimé Patri. Jean Jaurès et le Marxisme. In: Jean Jaurès. *Le Manifeste Communiste de Marx et Engels*. Paris, Spartacus, 1948.

[29] Cf. Osvaldo Coggiola. Juan B. Justo y la Cuestión Nacional. *En Defensa del Marxismo*, nº 12, Buenos Aires, maio 1996.

[30] Karl Korsch. Marx y la Revolución de 1848. In: *Sobre la Teoria y la Práctica de los Marxistas*. Salamanca, Ágora, 1979, p. 262-263.

seu acontecimento: "A crise econômica que precedeu o 1848 — e sem a qual os movimentos insurrecionais não poderiam ter alcançado naquele ano uma amplitude muito superior àquela das conspirações tramadas ao longo das décadas precedentes, por sociedades secretas ou grupos de conspiradores, e inclusive aquela das banais 'emoções' populares — teve provavelmente um caráter excessivamente clássico, 'normal', para provocar uma peculiar inquietude em todos aqueles que fisicamente não foram vítimas dela"[31].

Coube a Marx, justamente, o mérito de ter sido o único a prever a amplitude social dos acontecimentos iminentes, e de formular um programa de acordo com essa perspectiva, que não era vista pela burguesia "liberal" revolucionária, seus ideólogos e chefes políticos: "Os chefes do movimento liberal são professores universitários. Eles são hostis tanto aos plutocratas da França como à aristocracia privilegiada. Eles não se ocupam do povo. Eles acreditam que os problemas deste não dizem respeito ao problema político, que é o único que lhes interessa. Dahlmann afinal não gostaria de ver fechado o acesso à escola para os filhos dos pobres, para manter o nível de mão de obra? O mínimo que podemos dizer é que a burguesia compreendia mal o problema social"[32]. O programa de Marx superava, em virtude disso, a perspectiva de uma revolução puramente burguesa nos países em que a burguesia não tinha ainda ascendido ao poder político: "Contrastando com essas justificativas economicistas de uma inevitável etapa revolucionária burguesa, Marx e Engels também argumentavam a partir de uma perspectiva sociopolítica que anunciava uma concepção explicitamente *permanentista* da revolução. Nesta problemática transicional, a revolução burguesa aparece como pré-condição na medida em que, abolindo a monarquia e o poder da nobreza feudal, o terreno político fica livre para a contraposição direta entre burguesia e proletariado"[33].

O prognóstico do Manifesto

O famoso prognóstico do *Manifesto* ("[...] a Alemanha se encontra às vésperas de uma revolução burguesa, e [...] realizará essa revolução nas condições mais avançadas da civilização europeia e com um proletariado infinitamen-

[31] Guy Palmade. *La Época de la Burguesia*. México, Siglo XXI, 1986, p. 27.

[32] Félix Ponteil. *Les Classes Bourgeoises et l'Avènement de la Démocratie*. Paris, Albin Michel, 1968, p. 157.

[33] Michaël Löwy. *The Politics of Combined and Uneven Development*. Londres, Verso, 1981, p. 6.

te mais desenvolvido que o da Inglaterra no século XVII e o da França no século XVIII e, por conseguinte, a ser o prelúdio imediato de uma revolução proletária") se realizou pela negativa: a revolução alemã não triunfou como revolução proletária mas, por isso mesmo, também abortou como revolução democrática ("burguesa"). No balanço ulterior de Trótski, em 1848, se chegou à pior das situações históricas: o *meio-termo*. A burguesia já não mais *queria* fazer a revolução ("Sua tarefa consistia antes em — e disso ela se dava conta claramente — incluir no velho sistema as garantias necessárias, não para a sua dominação política, mas simplesmente para uma divisão do poder com as forças do passado"), o proletariado ainda não *podia* fazê-la, por insuficiência de desenvolvimento social e político: "Em 1848 necessitava-se de uma classe que fosse capaz de tomar o controle sobre os acontecimentos, prescindindo da burguesia, e inclusive em contradição com ela, uma classe que estivesse disposta não apenas a empurrar a burguesia adiante com toda a sua força, mas inclusive a tirar do caminho, no momento decisivo, o seu cadáver político. Nem a pequena burguesia nem o campesinato eram capazes de fazê-lo [...] O proletariado era demasiadamente débil, encontrava-se sem organização, sem experiência e sem conhecimentos. O desenvolvimento capitalista havia avançado o suficiente para tornar necessária a abolição das velhas condições feudais, mas não o suficiente para permitir que a classe operária — o produto das novas condições de produção — se destacasse como uma força política decisiva"[34].

Segundo o mesmo Trótski, o erro do *Manifesto* "surgiu, por um lado, de uma subestimação das possibilidades futuras latentes no capitalismo e, por outro, de uma sobre-estimação da maturidade revolucionária do proletariado. A revolução de 1848 não se transformou em uma revolução socialista como o *Manifesto* havia calculado, mas permitiu à Alemanha um vasto crescimento posterior de tipo capitalista"[35].

De acordo com Engels, a desgraça da revolução alemã foi ter chegado a reboque da revolução na França, tendo a burguesia manifestado seu pavor em ser superada pela "revolução social" não a partir dos acontecimentos alemães, mas das "jornadas de junho" em Paris ("a primeira jornada política independente da classe operária"). Para além do erro de prognóstico, resta o

[34] Leon Trotsky. *1789-1848-1905, Balance y Perspectivas*. Buenos Aires, El Yunque, 1975, p. 30-32.

[35] Leon Trotsky. Noventa Años del Manifiesto Comunista. In: *Escritos*, t. IX, vol. I, Bogotá, Pluma, 1977, p. 27.

fato de que os eixos metodológicos do *Manifesto* se revelaram corretos: "1º) a ideia de que o desenvolvimento econômico e social (a 'civilização'), seu grau de 'maturação revolucionária', não podem ser medidos nos limites de um só Estado mas em escala internacional (europeia, no século XIX); 2º) a compreensão do fato de que uma revolução burguesa clássica (de tipo inglês ou francês) não se pode repetir na Alemanha em função do peso social e político que ganhou o proletariado no país; 3º) a intuição de que a revolução burguesa e a revolução proletária não são *duas etapas históricas distintas*, mas *dois momentos* de um mesmo processo revolucionário *ininterrupto*"[36]. A ressalva final de Löwy ("a afirmação de uma *prioridade necessária* da revolução burguesa abre a porta para uma interpretação de tipo 'etapista' do texto") não se justifica diante do texto, do desenvolvimento histórico e, sobretudo, diante do balanço feito pelos próprios Marx e Engels.

A sina do Manifesto

As revoluções de 1848 culminaram com a desmobilização proletária: "Foi um ano de desmobilização para o movimento operário em seu conjunto, dominado pelo desânimo. Em abril, a Inglaterra conheceu o fracasso da grande manifestação cartista de Kennington Common, ponto culminante da agitação política e social. Em junho, a fuzilaria da Guarda Nacional coloca, na França, um ponto final na era dos bons sentimentos, surgida na euforia da revolução de fevereiro"[37]. Na própria Alemanha acontece coisa semelhante, de acordo com Engels, não sem deixar estabelecidas as bases do movimento operário futuro: "Com a condenação dos comunistas de Colônia, em 1852, fecham-se as cortinas sobre o primeiro período do movimento independente dos trabalhadores alemães. Trata-se de um período hoje quase esquecido. No entanto, estendeu-se desde 1836 até 1852, e o movimento se refletiu, com a dispersão dos trabalhadores alemães pelo estrangeiro, em quase todos os países civilizados. Isso não é tudo. O atual movimento internacional dos trabalhadores é, no fundo, uma continuação direta desse movimento alemão, que foi *o primeiro movimento operário internacional*, de onde saíram muitos daqueles que na Associação Internacional dos Trabalhadores tiveram um papel de liderança"[38].

---

[36] Michaël Löwy. Revolução Burguesa e Revolução Permanente em Marx e Engels. *Discurso*, nº 9, São Paulo, FFLCH-USP, novembro 1978.

[37] Jean Christian Petitfils. *Os Socialismos Utópicos*. Rio de Janeiro, Zahar, 1978, p. 128.

[38] Friedrich Engels. Introducción. In: Karl Marx. *Revelaciones sobre el Processo de los Comunistas de Colonia*. Buenos Aires, Lautaro, 1946, p. 9.

O *Manifesto Comunista* teve a mesma sorte. No prefácio à edição alemã de 1890, Engels lembra que "foi logo colocado num segundo plano pela reação que se seguiu à derrota dos operários em Paris, em junho de 1848", e que "com o desaparecimento do cenário público do movimento operário, que começara com a revolução de fevereiro, também o *Manifesto* saiu da cena política".

A geo-história do *Manifesto*, no entanto, acompanhou o desenvolvimento político da classe operária. A partir da década de 1870, multiplicaram-se as edições em alemão, no calor do surgimento e desenvolvimento do Partido Social Democrata nesse país. Entre 1880 e 1900, de acordo com Eric Hobsbawm[39], houve uma mudança significativa: a 18 edições do *Manifesto* em alemão corresponderam 31 edições em russo: "Entre a morte de Marx (1883) e a de Engels (1895) ocorreu uma dupla transformação. Em primeiro lugar, o interesse pelas obras de Marx e de Engels intensificou-se com a afirmação do movimento socialista internacional. No curso desses doze anos, segundo B. Andreas, apareceram não menos de 75 edições do *Manifesto*, em quinze línguas. É interessante notar que essas edições traduzidas nas línguas do Império Czarista eram já mais numerosas do que as editadas no original alemão (17 contra 11)"[40].

Era como se o *Manifesto* tivesse ganho vida própria, acompanhando o fio da revolução, e até antecipando-a. Hoje, 150 anos depois, seu texto guarda a beleza e a força que o lançaram à posição de um clássico da literatura universal. Suas proposições, ao mesmo tempo, continuam sendo o principal instrumento para se compreender os impasses do socialismo contemporâneo.

---

[39] Eric J. Hobsbawm. La Difusión del Marxismo entre 1890 y 1905. *Estudios de Historia Social*, nº 8-9, Madri, janeiro-junho 1979, p. 17.

[40] Eric J. Hobsbawm. A Fortuna das Edições de Marx e Engels. In: *História do Marxismo*, Rio de Janeiro, Paz e Terra, 1979, vol. I, p. 425. Cf. também: Dieter Fricke. La cuestión de la organización y propagación del marxismo en el movimiento obrero internacional en la época de transición al imperialismo. *Estudios de Historia Social*, nºs 8-9, Madri, janeiro-junho 1979.

Manifesto Comunista

Manifest

der

Kommunistischen Partei.

Veröffentlicht im Februar 1848.

Proletarier aller Länder vereinigt euch.

London.

Gedruckt in der Office der „Bildungs-Gesellschaft für Arbeiter“

von J. E. Burghard.

46, Liverpool Street, Bishopsgate.

Capa da primeira edição do *Manifesto do Partido Comunista*
publicada em Londres, no final de fevereiro de 1848.

UM ESPECTRO ronda a Europa – o espectro do comunismo. Todas as potências da velha Europa unem-se numa Santa Aliança para conjurá-lo: o papa e o czar, Metternich e Guizot, os radicais da França e os policiais da Alemanha.

Que partido de oposição não foi acusado de comunista por seus adversários no poder? Que partido de oposição, por sua vez, não lançou a seus adversários de direita ou de esquerda a pecha infamante de comunista?

Duas conclusões decorrem desses fatos:

1ª: O comunismo já é reconhecido como força por todas as potências da Europa.

2ª: É tempo de os comunistas exporem, abertamente, ao mundo inteiro, seu modo de ver, seus objetivos e suas tendências, opondo um manifesto do próprio partido à lenda do espectro do comunismo.

Com este fim, reuniram-se, em Londres, comunistas de várias nacionalidades e redigiram o manifesto seguinte, que será publicado em inglês, francês, alemão, italiano, flamengo e dinamarquês*.

---

* Sobre a publicação do *Manifesto* nas línguas mencionadas, ver as indicações dos prefácios e suas respectivas notas.

I
Burgueses e proletários[1]

A história de todas as sociedades até hoje existentes[2] é a história das lutas de classes.

Homem livre e escravo, patrício e plebeu, senhor feudal e servo, mestre de corporação[3] e companheiro, em resumo, opressores e oprimidos, em constante oposição, têm vivido numa guerra ininterrupta, ora franca, ora disfarçada; uma guerra que terminou sempre ou por uma transformação revolucionária da sociedade inteira, ou pela destruição das duas classes em conflito.

Nas mais remotas épocas da História, verificamos, quase por toda parte, uma completa estruturação da sociedade em classes distintas, uma múltipla gradação das posições sociais. Na Roma antiga encontramos patrícios, cavaleiros, plebeus, escravos; na Idade Média, senhores, vassalos, mestres das corporações, aprendizes, companheiros, servos; e, em cada uma dessas classes, outras gradações particulares.

A sociedade burguesa moderna, que brotou das ruínas da sociedade feudal, não aboliu os antagonismos de classe. Não fez mais do que estabelecer novas classes, novas condições de opressão, novas formas de luta em lugar das que existiram no passado.

---

[1] Por burguesia entende-se a classe dos capitalistas modernos, proprietários dos meios de produção social que empregam o trabalho assalariado. Por proletariado, a classe dos assalariados modernos que, não tendo meios próprios de produção, são obrigados a vender sua força de trabalho para sobreviver. (Nota de F. Engels à edição inglesa de 1888.)

[2] Isto é, toda história escrita. A Pré-História, organização social anterior à história escrita, era desconhecida em 1847. Mais tarde, Haxthausen [August von, 1792-1866] descobriu a propriedade comum da terra na Rússia, Maurer [Georg Ludwig von, 1790-1872] mostrou ter sido essa a base social da qual as tribos teutônicas derivaram historicamente e, pouco a pouco, verificou-se que a comunidade rural era a forma primitiva da sociedade, desde a Índia até a Irlanda. A organização interna dessa sociedade comunista primitiva foi desvendada, em sua forma típica, pela descoberta de Morgan [Lewis Henry, 1818-1881] da verdadeira natureza do gens e de sua relação com a tribo. Após a dissolução dessas comunidades primitivas, a sociedade passou a dividir-se em classes distintas. Procurei traçar esse processo de dissolução na obra *Der Ursprung der Familie, des Privatergenthums und des Staats* [*A origem da família, da propriedade privada e do Estado*], 2. ed., Stuttgart, 1866. (Nota de F. Engels à edição inglesa de 1888.)

[3] O mestre de corporação é um membro da guilda, o patrão interno, e não seu dirigente. (Nota de F. Engels à edição inglesa de 1888.)

Entretanto, a nossa época, a época da burguesia, caracteriza-se por ter simplificado os antagonismos de classe. A sociedade divide-se cada vez mais em dois campos opostos, em duas grandes classes em confronto direto: a burguesia e o proletariado.

Dos servos da Idade Média nasceram os moradores dos primeiros burgos; dessa população municipal saíram os primeiros elementos da burguesia.

A descoberta da América e a circum-navegação da África abriram um novo campo de ação à burguesia emergente. Os mercados das Índias Orientais e da China, a colonização da América, o comércio colonial, o incremento dos meios de troca e das mercadorias em geral imprimiram ao comércio, à indústria e à navegação um impulso desconhecido até então; e, por conseguinte, desenvolveram rapidamente o elemento revolucionário da sociedade feudal em decomposição.

A organização feudal da indústria, em que esta era circunscrita a corporações fechadas, já não satisfazia as necessidades que cresciam com a abertura de novos mercados. A manufatura a substituiu. A pequena burguesia industrial suplantou os mestres das corporações; a divisão do trabalho entre as diferentes corporações desapareceu diante da divisão do trabalho dentro da própria oficina.

Todavia, os mercados ampliavam-se cada vez mais, a procura por mercadorias continuava a aumentar. A própria manufatura tornou-se insuficiente; então, o vapor e a maquinaria revolucionaram a produção industrial. A grande indústria moderna suplantou a manufatura; a média burguesia manufatureira cedeu lugar aos milionários da indústria, aos chefes de verdadeiros exércitos industriais, aos burgueses modernos.

A grande indústria criou o mercado mundial, preparado pela descoberta da América. O mercado mundial acelerou enormemente o desenvolvimento do comércio, da navegação, dos meios de comunicação. Esse desenvolvimento reagiu, por sua vez, sobre a expansão da indústria; e, à medida que a indústria, o comércio, a navegação e as vias férreas se desenvolviam, crescia a burguesia, multiplicando seus capitais e colocando num segundo plano todas as classes legadas pela Idade Média.

Vemos, pois, que a própria burguesia moderna é o produto de um longo processo de desenvolvimento, de uma série de transformações nos modos de produção e circulação.

Cada etapa da evolução percorrida pela burguesia foi acompanhada de um progresso político correspondente. Classe oprimida pelo despotismo feudal, associação armada e autônoma na comuna[4], aqui república urbana independente, ali terceiro estado tributário da monarquia; depois, durante o período manufatureiro, contrapeso da nobreza na monarquia feudal ou absoluta, base principal das grandes monarquias, a burguesia, com o estabelecimento da grande indústria e do mercado mundial, conquistou, finalmente, a soberania política exclusiva no Estado representativo moderno. O executivo no Estado moderno não é senão um comitê para gerir os negócios comuns de toda a classe burguesa.

A burguesia desempenhou na História um papel iminentemente revolucionário.

Onde quer que tenha conquistado o poder, a burguesia destruiu as relações feudais, patriarcais e idílicas. Rasgou todos os complexos e variados laços que prendiam o homem feudal a seus "superiores naturais", para deixar subsistir apenas, de homem para homem, o laço do frio interesse, as duras exigências do "pagamento à vista". Afogou os fervores sagrados da exaltação religiosa, do entusiasmo cavalheiresco, do sentimentalismo pequeno-burguês nas águas geladas do cálculo egoísta. Fez da dignidade pessoal um simples valor de troca; substituiu as numerosas liberdades, conquistadas duramente, por uma única liberdade sem escrúpulos: a do comércio. Em uma palavra, em lugar da exploração dissimulada por ilusões religiosas e políticas, a burguesia colocou uma exploração aberta, direta, despudorada e brutal.

A burguesia despojou de sua auréola todas as atividades até então reputadas como dignas e encaradas com piedoso respeito. Fez do médico, do jurista, do sacerdote, do poeta, do sábio seus servidores assalariados.

A burguesia rasgou o véu do sentimentalismo que envolvia as relações de família e reduziu-as a meras relações monetárias.

A burguesia revelou como a brutal manifestação de força na Idade Média, tão admirada pela reação, encontra seu complemento natural na ociosidade mais completa. Foi a primeira a provar o que a atividade humana

[4] "Comuna" era o nome que se dava na França às cidades nascentes, mesmo antes de terem conquistado a autonomia local e os direitos políticos de "terceiro estado". Em geral, a Inglaterra é o exemplo típico do desenvolvimento econômico da burguesia, enquanto a França representa o seu desenvolvimento político. (Nota de F. Engels à edição inglesa de 1888.)
Era assim que os habitantes das cidades da Itália e da França chamavam as suas comunidades urbanas, depois de comprar ou conquistar dos senhores feudais seus primeiros direitos a um governo autônomo. (Nota de F. Engels à edição alemã de 1890.)

pode realizar: criou maravilhas maiores que as pirâmides do Egito, os aquedutos romanos, as catedrais góticas; conduziu expedições que empanaram mesmo as antigas invasões e as Cruzadas.

A burguesia não pode existir sem revolucionar incessantemente os instrumentos de produção, por conseguinte, as relações de produção e, com isso, todas as relações sociais. A conservação inalterada do antigo modo de produção era, pelo contrário, a primeira condição de existência de todas as classes industriais anteriores. Essa subversão contínua da produção, esse abalo constante de todo o sistema social, essa agitação permanente e essa falta de segurança distinguem a época burguesa de todas as precedentes. Dissolvem-se todas as relações sociais antigas e cristalizadas, com seu cortejo de concepções e de ideias secularmente veneradas; as relações que as substituem tornam-se antiquadas antes de se consolidarem. Tudo o que era sólido e estável se desmancha no ar, tudo o que era sagrado é profanado e os homens são finalmente obrigados a encarar sem ilusões a sua posição social e as suas relações com os outros homens.

Impelida pela necessidade de mercados sempre novos, a burguesia invade todo o globo terrestre. Necessita estabelecer-se em toda parte, explorar em toda parte, criar vínculos em toda parte.

Pela exploração do mercado mundial, a burguesia imprime um caráter cosmopolita à produção e ao consumo em todos os países. Para desespero dos reacionários, ela roubou da indústria sua base nacional. As velhas indústrias nacionais foram destruídas e continuam a ser destruídas diariamente. São suplantadas por novas indústrias, cuja introdução se torna uma questão vital para todas as nações civilizadas – indústrias que já não empregam matérias-primas nacionais, mas sim matérias-primas vindas das regiões mais distantes, e cujos produtos se consomem não somente no próprio país, mas em todas as partes do mundo. Ao invés das antigas necessidades, satisfeitas pelos produtos nacionais, surgem novas demandas, que reclamam para sua satisfação os produtos das regiões mais longínquas e de climas os mais diversos. No lugar do antigo isolamento de regiões e nações autossuficientes, desenvolvem-se um intercâmbio universal e uma universal interdependência das nações. E isso se refere tanto à produção material como à produção intelectual. As criações intelectuais de uma nação tornam-se patrimônio comum. A estreiteza e a unilateralidade nacionais tornam-se cada vez mais impossíveis; das numerosas literaturas nacionais e locais nasce uma literatura universal.

Com o rápido aperfeiçoamento dos instrumentos de produção e o constante progresso dos meios de comunicação, a burguesia arrasta para a torrente da civilização todas as nações, até mesmo as mais bárbaras. Os baixos preços de seus produtos são a artilharia pesada que destrói todas as muralhas da China e obriga à capitulação os bárbaros mais tenazmente hostis aos estrangeiros. Sob pena de ruína total, ela obriga todas as nações a adotarem o modo burguês de produção, constrange-as a abraçar a chamada civilização, isto é, a se tornarem burguesas. Em uma palavra, cria um mundo à sua imagem e semelhança.

A burguesia submeteu o campo à cidade. Criou grandes centros urbanos; aumentou prodigiosamente a população das cidades em relação à dos campos e, com isso, arrancou uma grande parte da população do embrutecimento da vida rural. Do mesmo modo que subordinou o campo à cidade, os países bárbaros ou semibárbaros aos países civilizados, subordinou os povos camponeses aos povos burgueses, o Oriente ao Ocidente.

A burguesia suprime cada vez mais a dispersão dos meios de produção, da propriedade e da população. Aglomerou as populações, centralizou os meios de produção e concentrou a propriedade em poucas mãos. A consequência necessária dessas transformações foi a centralização política. Províncias independentes, ligadas apenas por débeis laços federativos, possuindo interesses, leis, governos e tarifas aduaneiras diferentes, foram reunidas em *uma só* nação, com *um só* governo, *uma só* lei, *um só* interesse nacional de classe, *uma só* barreira alfandegária.

A burguesia, em seu domínio de classe de apenas um século, criou forças produtivas mais numerosas e colossais do que todas as gerações passadas em seu conjunto. A subjugação das forças da natureza, as máquinas, a aplicação da química na indústria e na agricultura, a navegação a vapor, as estradas de ferro, o telégrafo elétrico, a exploração de continentes inteiros, a canalização dos rios, populações inteiras brotando da terra como por encanto – que século anterior teria suspeitado que semelhantes forças produtivas estivessem adormecidas no seio do trabalho social?

Vimos, portanto, que os meios de produção e de troca, sobre cuja base se ergue a burguesia, foram gerados no seio da sociedade feudal. Numa certa etapa do desenvolvimento desses meios de produção e de troca, as condições em que a sociedade feudal produzia e trocava – a organização feudal da agricultura e da manufatura, em suma, o regime feudal de propriedade – deixaram de corresponder às forças produtivas em pleno desenvolvimento. Tolhiam a produção em lugar de impulsioná-la.

Transformaram-se em outros tantos grilhões que era preciso despedaçar; e foram despedaçados.

Em seu lugar, surgiu a livre concorrência, com uma organização social e política apropriada, com a supremacia econômica e política da classe burguesa.

Assistimos hoje a um processo semelhante. A sociedade burguesa, com suas relações de produção e de troca, o regime burguês de propriedade, a sociedade burguesa moderna, que conjurou gigantescos meios de produção e de troca, assemelha-se ao feiticeiro que já não pode controlar os poderes infernais que invocou. Há dezenas de anos, a história da indústria e do comércio não é senão a história da revolta das forças produtivas modernas contra as modernas relações de produção, contra as relações de propriedade que condicionam a existência da burguesia e seu domínio. Basta mencionar as crises comerciais que, repetindo-se periodicamente, ameaçam cada vez mais a existência da sociedade burguesa. Cada crise destrói regularmente não só uma grande massa de produtos fabricados, mas também uma grande parte das próprias forças produtivas já criadas. Uma epidemia, que em qualquer outra época teria parecido um paradoxo, desaba sobre a sociedade – a epidemia da superprodução. A sociedade vê-se subitamente reconduzida a um estado de barbárie momentânea; como se a fome ou uma guerra de extermínio houvessem lhe cortado todos os meios de subsistência; o comércio e a indústria parecem aniquilados. E por quê? Porque a sociedade possui civilização em excesso, meios de subsistência em excesso, indústria em excesso, comércio em excesso. As forças produtivas de que dispõe não mais favorecem o desenvolvimento das relações burguesas de propriedade; pelo contrário, tornaram-se poderosas demais para essas condições, passam a ser tolhidas por elas; e, assim que se libertam desses entraves, lançam na desordem a sociedade inteira e ameaçam a existência da propriedade burguesa. O sistema burguês tornou-se demasiado estreito para conter as riquezas criadas em seu seio. E de que maneira consegue a burguesia vencer essas crises? De um lado, pela destruição violenta de grande quantidade de forças produtivas; de outro, pela conquista de novos mercados e pela exploração mais intensa dos antigos. A que leva isso? Ao preparo de crises mais extensas e destruidoras e à diminuição dos meios de evitá-las.

As armas que a burguesia utilizou para abater o feudalismo voltam-se hoje contra a própria burguesia.

A burguesia, porém, não se limitou a forjar as armas que lhe trarão a morte; produziu também os homens que empunharão essas armas – os operários modernos, os *proletários*.

Com o desenvolvimento da burguesia, isto é, do capital, desenvolve-se também o proletariado, a classe dos operários modernos, os quais só vivem enquanto têm trabalho e só têm trabalho enquanto seu trabalho aumenta o capital. Esses operários, constrangidos a vender-se a retalho, são mercadoria, artigo de comércio como qualquer outro; em consequência, estão sujeitos a todas as vicissitudes da concorrência, a todas as flutuações do mercado.

O crescente emprego de máquinas e a divisão do trabalho despojaram a atividade do operário de seu caráter autônomo, tirando-lhe todo o atrativo. O operário torna-se um mero apêndice da máquina e dele só se requer o manejo mais simples, mais monótono, mais fácil de aprender. Desse modo, o custo do operário se reduz, quase exclusivamente, aos meios de subsistência que lhe são necessários para viver e perpetuar sua espécie. Ora, o preço do trabalho, como de toda mercadoria, é igual ao seu custo de produção. Portanto, à medida que aumenta o caráter enfadonho do trabalho, decrescem os salários. Mais ainda, na mesma medida em que aumenta a maquinaria e a divisão do trabalho, sobe também a quantidade de trabalho, quer pelo aumento das horas de trabalho, quer pelo aumento do trabalho exigido num determinado tempo, quer pela aceleração do movimento das máquinas etc.

A indústria moderna transformou a pequena oficina do antigo mestre da corporação patriarcal na grande fábrica do industrial capitalista. Massas de operários, amontoadas na fábrica, são organizadas militarmente. Como soldados rasos da indústria, estão sob a vigilância de uma hierarquia completa de oficiais e suboficiais. Não são apenas servos da classe burguesa, do Estado burguês, mas também, dia a dia, hora a hora, escravos da máquina, do contramestre e, sobretudo, do dono da fábrica. E esse despotismo é tanto mais mesquinho, mais odioso e exasperador quanto maior é a franqueza com que proclama ter no lucro seu objetivo exclusivo.

Quanto menos habilidade e força o trabalho manual exige, isto é, quanto mais a indústria moderna progride, tanto mais o trabalho dos homens é suplantado pelo de mulheres e crianças. As diferenças de idade e de sexo não têm mais importância social para a classe operária. Não há senão instrumentos de trabalho, cujo preço varia segundo a idade e o sexo.

Depois de sofrer a exploração do fabricante e de receber seu salário em dinheiro, o operário torna-se presa de outros membros da burguesia: o senhorio, o varejista, o penhorista etc.

As camadas inferiores da classe média de outrora, os pequenos industriais, pequenos comerciantes, os que vivem de rendas [*rentiers*], artesãos e camponeses, caem nas fileiras do proletariado; uns porque seu pequeno capital não permite empregar os processos da grande indústria e sucumbem na concorrência com os grandes capitalistas; outros porque sua habilidade profissional é depreciada pelos novos métodos de produção. Assim, o proletariado é recrutado em todas as classes da população.

O proletariado passa por diferentes fases de desenvolvimento. Sua luta contra a burguesia começa com sua existência.

No começo, empenham-se na luta operários isolados; mais tarde, operários de uma mesma fábrica; finalmente, operários de um mesmo ramo de indústria, de uma mesma localidade, contra o burguês que os explora diretamente. Dirigem os seus ataques não só contra as relações burguesas de produção, mas também contra os instrumentos de produção; destroem as mercadorias estrangeiras que lhes fazem concorrência, quebram as máquinas, queimam as fábricas e esforçam-se para reconquistar a posição perdida do trabalhador da Idade Média.

Nessa fase, o proletariado constitui massa disseminada por todo o país e dispersa pela concorrência. A coesão maciça dos operários não é ainda o resultado de sua própria união, mas da união da burguesia, que, para atingir seus próprios fins políticos, é levada a pôr em movimento todo o proletariado, o que por enquanto ainda pode fazer. Durante essa fase, os proletários não combatem seus próprios inimigos, mas os inimigos de seus inimigos, os restos da monarquia absoluta, os proprietários de terras, os burgueses não industriais, os pequeno-burgueses. Todo o movimento histórico está desse modo concentrado nas mãos da burguesia e qualquer vitória alcançada nessas condições é uma vitória burguesa.

Mas, com o desenvolvimento da indústria, o proletariado não apenas se multiplica; comprime-se em massas cada vez maiores, sua força cresce e ele adquire maior consciência dela. Os interesses e as condições de existência dos proletários se igualam cada vez mais à medida que a máquina extingue toda diferença de trabalho e quase por toda parte reduz o salário a um nível igualmente baixo. Em virtude da concorrência crescente dos burgueses entre si e devido às crises comerciais que disso resultam, os salários se tornam cada vez mais instáveis; o aperfeiçoamento constante e cada vez mais rápido das máquinas torna a condição de vida do operário cada vez mais precária; os choques individuais entre o operário singular e o burguês singular tomam cada vez mais o caráter de confrontos entre duas classes. Os operários começam a formar coalisões contra os burgueses e atuam em comum na defesa de seus salários; chegam a fundar associações permanentes a fim de se precaver de insurreições eventuais. Aqui e ali a luta irrompe em motim.

De tempos em tempos os operários triunfam, mas é um triunfo efêmero. O verdadeiro resultado de suas lutas não é o êxito imediato, mas a união cada vez mais ampla dos trabalhadores. Essa união é facilitada pelo crescimento dos meios de comunicação criados pela grande indústria e que permitem o contato entre operários de diferentes localidades. Basta, porém, esse contato para concentrar as numerosas lutas locais, que têm o mesmo caráter em toda parte, em uma luta nacional, uma luta de classes. Mas toda luta de classes é uma luta política. E a união que os burgueses da Idade Média, com seus caminhos vicinais, levaram séculos a realizar os proletários modernos realizam em poucos anos por meio das ferrovias.

A organização do proletariado em classe e, portanto, em partido político é incessantemente destruída pela concorrência que fazem entre si os próprios operários. Mas renasce sempre, e cada vez mais forte, mais sólida, mais poderosa. Aproveita-se das divisões internas da burguesia para obrigá-la ao reconhecimento legal de certos interesses da classe operária, como, por exemplo, a lei da jornada de dez horas de trabalho na Inglaterra.

Em geral, os choques que se produzem na velha sociedade favorecem de diversos modos o desenvolvimento do proletariado. A burguesia vive em luta permanente; primeiro, contra a aristocracia; depois, contra as frações da própria burguesia cujos interesses se encontram em conflito com os progressos da indústria; e sempre contra a burguesia dos países estrangeiros. Em todas essas lutas, vê-se forçada a apelar para o proletariado, a recorrer à sua ajuda e dessa forma arrastá-lo para o movimento político. A burguesia fornece aos proletários os elementos de sua própria educação política, isto é, armas contra ela mesma.

Além disso, como já vimos, frações inteiras da classe dominante, em consequência do desenvolvimento da indústria, são lançadas no proletariado, ou pelo menos ameaçadas em suas condições de existência. Também elas trazem ao proletariado numerosos elementos de educação.

Finalmente, nos períodos em que a luta de classes se aproxima da hora decisiva, o processo de dissolução da classe dominante, de toda a velha sociedade, adquire um caráter tão violento e agudo que uma pequena fração da classe dominante se desliga desta, ligando-se à classe revolucionária, à classe que traz nas mãos o futuro. Do mesmo modo que outrora uma parte da nobreza passou para a burguesia, em nossos dias uma parte da burguesia passa para o proletariado, especialmente a parte dos ideólogos burgueses que chegaram à compreensão teórica do movimento histórico em seu conjunto.

De todas as classes que hoje em dia se opõem à burguesia, só o proletariado é uma classe verdadeiramente revolucionária. As outras classes degeneram e perecem com o desenvolvimento da grande indústria; o proletariado, pelo contrário, é seu produto mais autêntico.

As camadas médias - pequenos comerciantes, pequenos fabricantes, artesãos, camponeses - combatem a burguesia porque esta compromete sua existência como camadas médias. Não são, pois, revolucionárias, mas conservadoras; mais ainda, são reacionárias, pois pretendem fazer girar para trás a roda da História. Quando se tornam revolucionárias, isto se dá em consequência de sua iminente passagem para o proletariado; não defendem então seus interesses atuais, mas seus interesses futuros; abandonam seu próprio ponto de vista em favor daquele do proletariado.

O lumpemproletariado, putrefação passiva das camadas mais baixas da velha sociedade, pode, às vezes, ser arrastado ao movimento por uma revolução proletária; todavia, suas condições de vida o predispõem mais a vender-se à reação.

As condições de existência da velha sociedade já estão destruídas nas condições de existência do proletariado. O proletário não tem propriedade; suas relações com a mulher e os filhos já nada têm em comum com as relações familiares burguesas. O trabalho industrial moderno, a subjugação do operário ao capital, tanto na Inglaterra como na França, tanto na América como na Alemanha, despoja o proletário de todo caráter nacional. As leis, a moral e a religião são para ele meros preconceitos burgueses, atrás dos quais se ocultam outros tantos interesses burgueses.

Todas as classes que no passado conquistaram o poder trataram de consolidar a situação adquirida submetendo toda a sociedade às suas condições de apropriação. Os proletários não podem apoderar-se das forças produtivas sociais senão abolindo o modo de apropriação a elas correspondente e, por conseguinte, todo modo de apropriação existente até hoje. Os proletários nada têm de seu a salvaguardar; sua missão é destruir todas as garantias e seguranças da propriedade privada até aqui existentes.

Todos os movimentos históricos têm sido, até hoje, movimentos de minorias ou em proveito de minorias. O movimento proletário é o movimento autônomo da imensa maioria em proveito da imensa maioria. O proletariado, a camada mais baixa da sociedade atual, não pode erguer-se, pôr-se de pé, sem fazer saltar todos os estratos superpostos que constituem a sociedade oficial.

A luta do proletariado contra a burguesia, embora não seja na essência uma luta nacional, reveste-se dessa forma num primeiro momento. É natural que o proletariado de cada país deva, antes de tudo, liquidar a sua própria burguesia.

Esboçando em linhas gerais as fases do desenvolvimento proletário, descrevemos a história da guerra civil mais ou menos oculta na sociedade existente, até a hora em que essa guerra explode numa revolução aberta e o proletariado estabelece sua dominação pela derrubada violenta da burguesia.

Todas as sociedades anteriores, como vimos, se basearam no antagonismo entre classes opressoras e classes oprimidas. Mas para oprimir uma classe é preciso poder garantir-lhe condições tais que lhe permitam pelo menos uma existência servil. O servo, em plena servidão, conseguiu tornar-se membro da comuna, da mesma forma que o pequeno-burguês, sob o jugo do absolutismo feudal, elevou-se à categoria de burguês. O operário moderno, pelo contrário, longe de se elevar com o progresso da indústria, desce cada vez mais, caindo abaixo das condições de sua própria classe. O trabalhador torna-se um indigente, e o pauperismo cresce ainda mais rapidamente do que a população e a riqueza. Fica assim evidente que a burguesia é incapaz de continuar desempenhando o papel de classe dominante e de impor à sociedade, como lei suprema, as condições de existência de sua classe. Não pode exercer o seu domínio porque não pode mais assegurar a existência de seu escravo, mesmo no quadro de sua escravidão, porque é obrigada a deixá-lo afundar numa situação em que deve nutri-lo em lugar de ser nutrida por ele. A sociedade não pode mais existir sob sua dominação, o que quer dizer que a existência da burguesia não é mais compatível com a sociedade.

A condição essencial para a existência e supremacia da classe burguesa é a acumulação da riqueza nas mãos de particulares, a formação e o crescimento do capital; a condição de existência do capital é o trabalho assalariado. Este baseia-se exclusivamente na concorrência dos operários entre si. O progresso da indústria, de que a burguesia é agente passivo e involuntário, substitui o isolamento dos operários, resultante da competição, por sua união revolucionária resultante da associação. Assim, o desenvolvimento da grande indústria retira dos pés da burguesia a própria base sobre a qual ela assentou o seu regime de produção e de apropriação dos produtos. A burguesia produz, sobretudo, seus próprios coveiros. Seu declínio e a vitória do proletariado são igualmente inevitáveis.

II
Proletários e comunistas

Qual a relação dos comunistas com os proletários em geral?

Os comunistas não formam um partido à parte, oposto aos outros partidos operários.

Não têm interesses diferentes dos interesses do proletariado em geral.

Não proclamam princípios particulares, segundo os quais pretendem moldar o movimento operário.

Os comunistas se distinguem dos outros partidos operários somente em dois pontos: 1) nas diversas lutas nacionais dos proletários, destacam e fazem prevalecer os interesses comuns do proletariado, independentemente da nacionalidade; 2) nas diferentes fases de desenvolvimento por que passa a luta entre proletários e burgueses, representam, sempre e em toda parte, os interesses do movimento em seu conjunto.

Na prática, os comunistas constituem a fração mais resoluta dos partidos operários de cada país, a fração que impulsiona as demais; teoricamente, têm sobre o resto do proletariado a vantagem de uma compreensão nítida das condições, do curso e dos fins gerais do movimento proletário.

O objetivo imediato dos comunistas é o mesmo que o de todos os demais partidos proletários: constituição do proletariado em classe, derrubada da supremacia burguesa, conquista do poder político pelo proletariado.

As proposições teóricas dos comunistas não se baseiam, de modo algum, em ideias ou princípios inventados ou descobertos por este ou aquele reformador do mundo.

São apenas a expressão geral das condições efetivas de uma luta de classes que existe, de um movimento histórico que se desenvolve diante dos olhos. A abolição das relações de propriedade que até hoje existiram não é uma característica peculiar e exclusiva do comunismo.

Todas as relações de propriedade têm passado por modificações constantes em consequência das contínuas transformações das condições históricas.

A Revolução Francesa, por exemplo, aboliu a propriedade feudal em proveito da propriedade burguesa.

O que caracteriza o comunismo não é a abolição da propriedade em geral, mas a abolição da propriedade burguesa.

Mas a moderna propriedade privada burguesa é a última e mais perfeita expressão do modo de produção e de apropriação baseado nos antagonismos de classes, na exploração de uns pelos outros.

Nesse sentido, os comunistas podem resumir sua teoria numa única expressão: supressão da propriedade privada.

Nós, comunistas, temos sido censurados por querer abolir a propriedade pessoalmente adquirida, fruto do trabalho do indivíduo – propriedade que dizem ser a base de toda liberdade, de toda atividade, de toda independência individual.

Propriedade pessoal, fruto do trabalho e do mérito! Falais da propriedade do pequeno-burguês, do pequeno-camponês, forma de propriedade anterior à propriedade burguesa? Não precisamos aboli-la, porque o progresso da indústria já a aboliu e continua abolindo-a diariamente. Ou porventura falais da moderna propriedade privada, da propriedade burguesa?

Mas o trabalho do proletário, o trabalho assalariado, cria propriedade para o proletário? De modo algum. Cria o capital, isto é, a propriedade que explora o trabalho assalariado e que só pode aumentar sob a condição de gerar novo trabalho assalariado, para voltar a explorá-lo. Em sua forma atual, a propriedade se move entre dois termos antagônicos: capital e trabalho. Examinemos os termos desse antagonismo.

Ser capitalista significa ocupar não somente uma posição pessoal, mas também uma posição social na produção. O capital é um produto coletivo e só pode ser posto em movimento pelos esforços combinados de muitos membros da sociedade, em última instância pelos esforços combinados de todos os membros da sociedade.

O capital não é, portanto, um poder pessoal: é um poder social.

Assim, quando o capital é transformado em propriedade comum, pertencente a todos os membros da sociedade, não é uma propriedade pessoal que se transforma em propriedade social. O que se transformou foi o caráter social da propriedade. Esta perde seu caráter de classe.

Vejamos agora o trabalho assalariado.

O preço médio que se paga pelo trabalho assalariado é o mínimo de salário, ou seja, a soma dos meios de subsistência necessários para que o operário viva como operário. Por conseguinte, o que o operário recebe com o seu trabalho é o estritamente necessário para a mera conservação e reprodução de sua existência. Não pretendemos de modo algum abolir essa apropriação pessoal dos produtos do trabalho, indispensável à manutenção e à reprodução da vida humana – uma apropriação que não deixa nenhum lucro líquido que confira poder sobre o trabalho alheio. Queremos apenas suprimir o caráter miserável dessa apropriação, que faz com que o operário só viva para aumentar o capital e só viva na medida em que o exigem os interesses da classe dominante.

Na sociedade burguesa o trabalho vivo é sempre um meio de aumentar o trabalho acumulado. Na sociedade comunista o trabalho acumulado é um meio de ampliar, enriquecer e promover a existência dos trabalhadores.

Na sociedade burguesa o passado domina o presente; na sociedade comunista é o presente que domina o passado. Na sociedade burguesa o capital é independente e pessoal, ao passo que o indivíduo que trabalha é dependente e impessoal.

É a supressão dessa situação que a burguesia chama de supressão da individualidade e da liberdade. E com razão. Porque se trata efetivamente de abolir a individualidade burguesa, a independência burguesa, a liberdade burguesa.

Por liberdade, nas atuais relações burguesas de produção, compreende-se a liberdade de comércio, a liberdade de comprar e vender.

Mas, se o tráfico desaparece, desaparecerá também a liberdade de traficar. Toda a fraseologia sobre o livre-comércio, bem como todas as bravatas de nossa burguesia sobre a liberdade, só têm sentido quando se referem ao comércio constrangido e ao burguês oprimido da Idade Média; nenhum sentido têm quando se trata da supressão comunista do tráfico, das relações burguesas de produção e da própria burguesia.

Horrorizai-vos porque queremos suprimir a propriedade privada. Mas em vossa sociedade a propriedade privada está suprimida para nove décimos de seus membros. E é precisamente porque não existe para esses nove décimos que ela existe para vós. Censurai-nos, portanto, por querermos abolir uma forma de propriedade que pressupõe como condição necessária que a imensa maioria da sociedade não possua propriedade.

Numa palavra, censurai-nos por querermos abolir a vossa propriedade. De fato, é isso que queremos.

A partir do momento em que o trabalho não possa mais ser convertido em capital, em dinheiro, em renda da terra – numa palavra, em poder social capaz de ser monopolizado –, isto é, a partir do momento em que a propriedade individual não possa mais se converter em propriedade burguesa, declarais que o indivíduo está suprimido.

Confessais, no entanto, que quando falais do indivíduo quereis referir-vos unicamente ao burguês, ao proprietário burguês. E esse indivíduo, sem dúvida, deve ser suprimido.

O comunismo não priva ninguém do poder de se apropriar de sua parte dos produtos sociais; apenas suprime o poder de subjugar o trabalho de outros por meio dessa apropriação.

Alega-se ainda que com a abolição da propriedade privada toda atividade cessaria, uma inércia geral apoderar-se-ia do mundo.

Se isso fosse verdade, há muito que a sociedade burguesa teria sucumbido à ociosidade, pois os que no regime burguês trabalham não lucram e os que lucram não trabalham. Toda objeção se reduz a esta tautologia: não haverá mais trabalho assalariado quando não existir mais capital.

As objeções feitas ao modo comunista de produção e de apropriação dos produtos materiais foram igualmente ampliadas à produção e à apropriação dos produtos do trabalho intelectual. Assim como o desaparecimento da propriedade de classe equivale, para o burguês, ao desaparecimento de toda produção, o desaparecimento da cultura de classe significa, para ele, o desaparecimento de toda cultura.

A cultura, cuja perda o burguês deplora, é para a imensa maioria dos homens apenas um adestramento que os transforma em máquinas.

Mas não discutais conosco aplicando à abolição da propriedade burguesa o critério de vossas noções burguesas de liberdade, cultura, direito etc. Vossas próprias ideias são produto das relações de produção e de propriedade burguesas, assim como vosso direito não passa da vontade de vossa classe erigida em lei, vontade cujo conteúdo é determinado pelas condições materiais de vossa existência como classe.

Essa concepção interesseira, que vos leva a transformar em leis eternas da natureza e da razão as relações sociais oriundas do vosso modo de produção e de propriedade – relações transitórias que surgem e desaparecem no curso da produção –, é por vós compartilhada com todas as classes dominantes já desaparecidas. O que aceitais para a propriedade antiga, o que aceitais para a propriedade feudal, já não podeis aceitar para a propriedade burguesa.

Supressão da família! Até os mais radicais se indignam com esse propósito infame dos comunistas.

Sobre que fundamento repousa a família atual, a família burguesa? Sobre o capital, sobre o ganho individual. A família, na sua plenitude, só existe para a burguesia, encontrando seu complemento na ausência forçada da família entre os proletários e na prostituição pública.

A família burguesa desvanece-se naturalmente com o desvanecer de seu complemento, e ambos desaparecem com o desaparecimento do capital.

Censurai-nos por querermos abolir a exploração das crianças pelos seus próprios pais? Confessamos esse crime.

Dizeis também que destruímos as relações mais íntimas ao substituirmos a educação doméstica pela educação social.

E vossa educação não é também determinada pela sociedade? Pelas condições sociais em que educais vossos filhos, pela intervenção direta ou indireta da sociedade, por meio de vossas escolas etc.? Os comunistas não inventaram a intromissão da sociedade na educação; apenas procuram modificar seu caráter arrancando a educação da influência da classe dominante.

O palavreado burguês sobre a família e a educação, sobre os doces laços que unem a criança aos pais, torna-se cada vez mais repugnante à medida que a grande indústria destrói todos os laços familiares dos proletários e transforma suas crianças em simples artigos de comércio, em simples instrumentos de trabalho.

"Vós, comunistas, quereis introduzir a comunidade das mulheres!", grita-nos toda a burguesia em coro.

Para o burguês, a mulher nada mais é do que um instrumento de produção. Ouvindo dizer que os instrumentos de produção serão explorados em comum, conclui naturalmente que o destino de propriedade coletiva caberá igualmente às mulheres. Não imagina que se trata precisamente de arrancar a mulher de seu papel de simples instrumento de produção.

De resto, nada é mais ridículo do que a virtuosa indignação dos nossos burgueses em relação à pretensa comunidade oficial das mulheres que seria adotada pelos comunistas. Os comunistas não precisam introduzir a comunidade das mulheres. Ela quase sempre existiu.

Nossos burgueses, não contentes em ter à sua disposição as mulheres e as filhas dos proletários, sem falar da prostituição oficial, têm singular prazer em seduzir as esposas uns dos outros.

O casamento burguês é, na realidade, a comunidade das mulheres casadas. No máximo, poderiam acusar os comunistas de querer substituir uma comunidade de mulheres, hipócrita e dissimulada, por outra que seria franca e oficial. De resto, é evidente que, com a abolição das atuais relações de produção, desaparecerá também a comunidade das mulheres que deriva dessas relações, ou seja, a prostituição oficial e não oficial.

Os comunistas também são acusados de querer abolir a pátria, a nacionalidade.

Os operários não têm pátria. Não se lhes pode tirar aquilo que não possuem. Como, porém, o proletariado tem por objetivo conquistar o poder político e elevar-se a classe dirigente da nação, tornar-se ele próprio nação, ele é, nessa medida, nacional, mas de modo nenhum no sentido burguês da palavra.

Os isolamentos e os antagonismos nacionais entre os povos desaparecem cada vez mais com o desenvolvimento da burguesia, com a liberdade de comércio, com o mercado mundial, com a uniformidade da produção industrial e com as condições de existência a ela correspondentes.

A supremacia do proletariado fará com que desapareçam ainda mais depressa. A ação comum do proletariado, pelo menos nos países civilizados, é uma das primeiras condições para sua emancipação.

À medida que for suprimida a exploração do homem pelo homem, será suprimida a exploração de uma nação por outra.

Quando os antagonismos de classes, no interior das nações, tiverem desaparecido, desaparecerá a hostilidade entre as próprias nações.

As acusações feitas aos comunistas em nome da religião, da filosofia e da ideologia em geral não merecem um exame aprofundado.

Será preciso grande inteligência para compreender que, ao mudarem as relações de vida dos homens, as suas relações sociais, a sua existência social, mudam também as suas representações, as suas concepções e conceitos, numa palavra, muda a sua consciência?

Que demonstra a história das ideias senão que a produção intelectual se transforma com a produção material? As ideias dominantes de uma época sempre foram as ideias da classe dominante.

Quando se fala de ideias que revolucionam uma sociedade inteira, isso quer dizer que no seio da velha sociedade se formaram os elementos de uma sociedade nova e que a dissolução das velhas ideias acompanha a dissolução das antigas condições de existência.

Quando o mundo antigo declinava, as antigas religiões foram vencidas pela religião cristã; quando, no século XVIII, as ideias cristãs cederam lugar às ideias Iluministas, a sociedade feudal travava sua batalha decisiva contra a burguesia então revolucionária. As ideias de liberdade religiosa e de consciência não fizeram mais que proclamar o império da livre concorrência no domínio do conhecimento.

"Mas" - dirão - "as ideias religiosas, morais, filosóficas, políticas, jurídicas etc. modificaram-se no curso do desenvolvimento histórico. A religião, a moral, a filosofia, a política e o direito sobreviveram sempre a essas transformações."

"Além disso, há verdades eternas, como a liberdade, a justiça etc., que são comuns a todos os regimes sociais. Mas o comunismo quer abolir essas verdades eternas, quer abolir a religião e a moral, em lugar de lhes dar uma nova forma, e isso contradiz todos os desenvolvimentos históricos anteriores."

A que se reduz essa acusação? A história de toda a sociedade até nossos dias moveu-se em antagonismos de classes, antagonismos que se têm revestido de formas diferentes nas diferentes épocas.

Mas, qualquer que tenha sido a forma assumida, a exploração de uma parte da sociedade por outra é um fato comum a todos os séculos anteriores. Portanto, não é de espantar que a consciência social de todos os séculos, apesar de toda sua variedade e diversidade, tenha se movido sempre sob certas formas comuns, formas de consciência que só se dissolverão completamente com o desaparecimento total dos antagonismos de classes.

A revolução comunista é a ruptura mais radical com as relações tradicionais de propriedade; não admira, portanto, que no curso de seu desenvolvimento se rompa, do modo mais radical, com as ideias tradicionais.

Mas deixemos de lado as objeções da burguesia ao movimento comunista.

Vimos antes que a primeira fase da revolução operária é a elevação do proletariado a classe dominante, a conquista da democracia.

O proletariado utilizará sua supremacia política para arrancar pouco a pouco todo o capital da burguesia, para centralizar todos os instrumentos de produção nas mãos do Estado, isto é, do proletariado organizado como classe dominante, e para aumentar o mais rapidamente possível o total das forças produtivas.

Isso naturalmente só poderá ser realizado, a princípio, por intervenções despóticas no direito de propriedade e nas relações de produção burguesas, isto é, pela aplicação de medidas que, do ponto de vista econômico, parecerão insuficientes e insustentáveis, mas que no desenrolar do movimento ultrapassarão a si mesmas e serão indispensáveis para transformar radicalmente todo o modo de produção.

Essas medidas, é claro, serão diferentes nos diferentes países.

Nos países mais adiantados, contudo, quase todas as seguintes medidas poderão ser postas em prática:

1. Expropriação da propriedade fundiária e emprego da renda da terra para despesas do Estado.
2. Imposto fortemente progressivo.
3. Abolição do direito de herança.
4. Confisco da propriedade de todos os emigrados e rebeldes.
5. Centralização do crédito nas mãos do Estado por meio de um banco nacional com capital do Estado e com monopólio exclusivo.
6. Centralização de todos os meios de comunicação e transporte nas mãos do Estado.
7. Multiplicação das fábricas nacionais e dos instrumentos de produção, arroteamento das terras incultas e melhoramento das terras cultivadas, segundo um plano geral.
8. Unificação do trabalho obrigatório para todos, organização de exércitos industriais, particularmente para a agricultura.
9. Unificação dos trabalhos agrícola e industrial; abolição gradual da distinção entre a cidade e o campo por meio de uma distribuição mais igualitária da população pelo país.
10. Educação pública e gratuita a todas as crianças; abolição do trabalho das crianças nas fábricas, tal como é praticado hoje. Associação da educação com a produção material etc.

Quando, no curso do desenvolvimento, desaparecerem os antagonismos de classes e toda a produção for concentrada nas mãos dos indivíduos associados, o poder público perderá seu caráter político. O poder político é o poder organizado de uma classe para a opressão de outra. Se o proletariado, em sua luta contra a burguesia, organiza-se forçosamente como classe, se por meio de uma revolução converte-se em classe dominante e como classe dominante destrói violentamente as antigas relações de produção, destrói, junto com essas relações de produção, as condições de existência dos antagonismos entre as classes, destrói as classes em geral e, com isso, sua própria dominação como classe.

Em lugar da antiga sociedade burguesa, com suas classes e antagonismos de classes, surge uma associação na qual o livre desenvolvimento de cada um é a condição para o livre desenvolvimento de todos.

III
Literatura socialista e comunista

1. *O socialismo reacionário*

a) O socialismo feudal

Por sua posição histórica, as aristocracias da França e da Inglaterra viram-se chamadas a lançar libelos contra a sociedade burguesa. Na revolução francesa de julho de 1830, no movimento inglês pela reforma*, tinham sucumbido mais uma vez sob os golpes dessa odiada arrivista. A partir daí não se podia tratar de uma luta política séria; só lhes restava a luta literária. Mas também no domínio literário tornara-se impossível a velha fraseologia da Restauração[5].

Para despertar simpatias, a aristocracia fingiu deixar de lado seus próprios interesses e dirigiu sua acusação contra a burguesia, aparentando defender apenas os interesses da classe operária explorada. Desse modo, entregou-se ao prazer de cantarolar sátiras sobre os novos senhores e de lhes sussurrar ao ouvido profecias sinistras.

Assim surgiu o socialismo feudal: em parte lamento, em parte pasquim; em parte ecos do passado, em parte ameaças ao futuro. Se por vezes a sua crítica amarga, mordaz e espirituosa feriu a burguesia no coração, sua impotência absoluta em compreender a marcha da História moderna terminou sempre produzindo um efeito cômico.

Para atrair o povo, a aristocracia desfraldou como bandeira a sacola do mendigo; mas, assim que o povo acorreu, percebeu que as costas da bandeira estavam ornadas com os velhos brasões feudais e dispersou-se com grandes e irreverentes gargalhadas.

---

* Sob pressão das massas, a Câmara dos Comuns inglesa aprovou em 1831 uma reforma eleitoral que facilitava o acesso da burguesia industrial ao Parlamento.

[5] Não se trata da Restauração Inglesa de 1660-1689, mas da Restauração Francesa de 1814-1830. (Nota de F. Engels à edição inglesa de 1888.)

Uma parte dos legitimistas franceses e a "Jovem Inglaterra" ofereceram ao mundo esse espetáculo.

Quando os feudais demonstraram que o seu modo de exploração era diferente do da burguesia, esqueceram apenas uma coisa: que o feudalismo explorava em circunstâncias e condições completamente diversas, hoje em dia ultrapassadas. Quando ressaltam que sob o regime feudal o proletariado moderno não existia, esquecem que a burguesia foi precisamente um fruto necessário de sua organização social.

Além disso, ocultam tão pouco o caráter reacionário de sua crítica que sua principal acusação contra a burguesia consiste justamente em dizer que esta assegura sob seu regime o desenvolvimento de uma classe que fará ir pelos ares toda a antiga ordem social.

O que reprovam à burguesia é mais o fato de ela ter produzido um proletariado revolucionário do que o de ter criado o proletariado em geral.

Por isso, na luta política participam ativamente de todas as medidas de repressão contra a classe operária. E na vida diária, a despeito de sua pomposa fraseologia, conformam-se perfeitamente em colher as maçãs de ouro da árvore da indústria e em trocar honra, amor e fidelidade pelo comércio de lã, açúcar de beterraba e aguardente[6].

Do mesmo modo que o padre e o senhor feudal marcharam sempre de mãos dadas, o socialismo clerical marcha lado a lado com o socialismo feudal.

Nada é mais fácil que recobrir o ascetismo cristão com um verniz socialista. O cristianismo também não se ergueu contra a propriedade privada, o matrimônio, o Estado? E em seu lugar não pregou a caridade e a pobreza, o celibato e a mortificação da carne, a vida monástica e a Igreja? O socialismo cristão não passa da água-benta com que o padre abençoa o despeito da aristocracia.

---

[6] Isso se refere sobretudo à Alemanha, onde a aristocracia latifundiária cultiva por conta própria grande parte de suas terras, com ajuda de administradores e é, além disso, produtora de açúcar de beterraba e destiladora de aguardente. Os mais prósperos aristocratas britânicos se encontram, por enquanto, acima disso, mas também sabem como compensar a diminuição de suas rendas emprestando seu nome aos fundadores de sociedades anônimas de reputação mais ou menos duvidosa. (Nota de F. Engels à edição inglesa de 1888.)

b) O socialismo pequeno-burguês

A aristocracia feudal não é a única classe arruinada pela burguesia, não é a única classe cujas condições de existência se atrofiam e perecem na sociedade burguesa moderna. Os pequeno-burgueses e os pequeno-camponeses da Idade Média foram os precursores da burguesia moderna. Nos países onde o comércio e a indústria são pouco desenvolvidos, essa classe continua a vegetar ao lado da burguesia em ascensão.

Nos países onde a civilização moderna está florescente, forma-se uma nova classe de pequeno-burgueses que oscila entre o proletariado e a burguesia, reconstituindo-se sempre como fração complementar da sociedade burguesa; os membros dessa classe, no entanto, se veem constantemente precipitados no proletariado, devido à concorrência, e, com a marcha progressiva da grande indústria, sentem aproximar-se o momento em que desaparecerão completamente como fração independente da sociedade moderna e serão substituídos no comércio, na manufatura e na agricultura por supervisores, capatazes e empregados.

Em países como a França, onde os camponeses constituem bem mais da metade da população, era natural que os escritores que se batiam pelo proletariado e contra a burguesia aplicassem à sua crítica do regime burguês critérios do pequeno-burguês e do pequeno-camponês e defendessem a causa operária do ponto de vista da pequena burguesia. Desse modo se formou o socialismo pequeno-burguês. Sismondi é o chefe dessa literatura, não somente na França, mas também na Inglaterra.

Esse socialismo dissecou com muita perspicácia as contradições inerentes às modernas relações de produção. Pôs a nu as hipócritas apologias dos economistas. Demonstrou de um modo irrefutável os efeitos mortíferos das máquinas e da divisão do trabalho, da concentração dos capitais e da propriedade territorial, a superprodução, as crises, a decadência inevitável dos pequeno-burgueses e pequeno-camponeses, a miséria do proletariado, a anarquia na produção, a clamorosa desproporção na distribuição das riquezas, a guerra industrial de extermínio entre as nações, a dissolução dos velhos costumes, das velhas relações de família, das velhas nacionalidades.

Quanto ao seu "conteúdo positivo", porém, o socialismo pequeno-burguês quer ou restabelecer os antigos meios de produção e de troca e, com eles, as antigas relações de propriedade e toda a antiga sociedade, ou então fazer entrar à força os meios modernos de produção e de troca no quadro estreito das antigas relações de propriedade que foram destruídas e necessariamente despedaçadas por eles. Num e noutro caso, esse socialismo é ao mesmo tempo reacionário e utópico.

Sistema corporativo na manufatura e economia patriarcal no campo: eis suas últimas palavras.

Por fim, quando os obstinados fatos históricos dissiparam-lhe a embriaguez, essa escola socialista abandonou-se a uma covarde ressaca.

c) O socialismo alemão ou o "verdadeiro" socialismo

A literatura socialista e comunista da França, nascida sob a pressão de uma burguesia dominante e expressão literária da revolta contra esse domínio, foi introduzida na Alemanha quando a burguesia começava a sua luta contra o absolutismo feudal.

Filósofos, semifilósofos e impostores alemães lançaram-se avidamente sobre essa literatura, mas se esqueceram de que, com a importação da literatura francesa na Alemanha, não eram importadas ao mesmo tempo as condições de vida da França. Nas condições alemãs, a literatura francesa perdeu toda a significação prática imediata e tomou um caráter puramente literário. Aparecia apenas como especulação ociosa sobre a realização da essência humana. Assim, as reivindicações da primeira revolução francesa só eram, para os filósofos alemães do século XVIII, as reivindicações da "razão prática" em geral; e a manifestação da vontade dos burgueses revolucionários da França não expressava, a seus olhos, senão as leis da vontade pura, da vontade tal como deve ser, da vontade verdadeiramente humana.

O trabalho dos literatos alemães limitou-se a colocar as ideias francesas em harmonia com a sua velha consciência filosófica, ou melhor, a apropriar-se das ideias francesas sem abandonar seu próprio ponto de vista filosófico.

Apropriaram-se delas da mesma forma com que se assimila uma língua estrangeira: pela tradução.

Sabe-se que os monges escreveram hagiografias católicas insípidas sobre os manuscritos em que estavam registradas as obras clássicas da antiguidade pagã. Os literatos alemães agiram em sentido inverso a respeito da literatura francesa profana. Introduziram suas insanidades filosóficas no original francês. Por exemplo, sob a crítica francesa das funções do dinheiro, escreveram "alienação da essência humana"; sob a crítica francesa do Estado burguês, escreveram "superação do domínio da universalidade abstrata", e assim por diante.

A essa interpolação do palavreado filosófico nas teorias francesas deram o nome de "filosofia da ação", "verdadeiro socialismo", "ciência alemã do socialismo", "justificação filosófica do socialismo" etc.

Desse modo, emascularam completamente a literatura socialista e comunista francesa. E, como nas mãos dos alemães essa literatura tinha deixado de ser a expressão da luta de uma classe contra outra, eles se felicitaram por terem se elevado acima da "estreiteza francesa" e defendido não verdadeiras necessidades, mas a "necessidade da verdade"; não os interesses do proletário, mas os interesses do ser humano, do homem em geral, do homem que não pertence a nenhuma classe nem à realidade alguma e que só existe no céu brumoso da fantasia filosófica.

Esse socialismo alemão que levava tão solenemente a sério seus canhestros exercícios de escola e que os apregoava tão charlatanescamente foi perdendo, pouco a pouco, sua inocência pedante.

A luta da burguesia alemã e especialmente da burguesia prussiana contra o feudalismo e a monarquia absoluta, numa palavra, o movimento liberal, tornou-se mais séria.

Desse modo, apresentou-se ao "verdadeiro" socialismo a tão desejada oportunidade de contrapor ao movimento político as reivindicações socialistas, de lançar os anátemas tradicionais contra o liberalismo, o regime representativo, a concorrência burguesa, a liberdade burguesa de imprensa, o direito burguês, a liberdade e a igualdade burguesas; de pregar às massas que nada tinham a ganhar, mas, pelo contrário, tudo a perder nesse movimento burguês. O socialismo alemão esqueceu, bem a propósito, que a crítica francesa, da qual era o eco monótono, pressupunha a sociedade burguesa moderna com as condições materiais de existência que lhe correspondem e uma constituição política adequada – precisamente as coisas que, na Alemanha, estava ainda por conquistar.

Esse socialismo serviu de espantalho – para amedrontar a burguesia ameaçadoramente ascendente – aos governos absolutos da Alemanha, com seu cortejo de padres, pedagogos, fidalgos rurais e burocratas.

Juntou sua hipocrisia adocicada aos tiros de fuzil e às chicotadas com que esses mesmos governos respondiam aos levantes dos operários alemães.

Se o "verdadeiro" socialismo se tornou assim uma arma nas mãos dos governos contra a burguesia alemã, representou também diretamente um interesse reacionário, o interesse da pequena burguesia alemã. A classe dos pequeno-burgueses, legada pelo século XVI, e desde então renascendo sem cessar sob formas diversas, constitui na Alemanha a verdadeira base social do regime estabelecido.

Mantê-la é manter na Alemanha o regime estabelecido. A supremacia industrial e política da burguesia ameaça destruir a pequena burguesia – de um lado, pela concentração do capital, de outro, pelo desenvolvimento de um proletariado revolucionário. O "verdadeiro" socialismo pareceu aos pequeno-burgueses uma arma capaz de aniquilar esses dois inimigos. Propagou-se como uma epidemia.

A roupagem tecida com os fios imateriais da especulação, bordada com as flores da retórica e banhada de orvalho sentimental, essa roupagem na qual os socialistas alemães envolveram o miserável esqueleto das suas "verdades eternas", não fez senão ativar a venda de sua mercadoria entre aquele público.

Por seu lado, o socialismo alemão compreendeu cada vez mais que sua vocação era ser o representante grandiloquente dessa pequena burguesia.

Proclamou que a nação alemã era a nação-modelo, e o pequeno-burguês alemão* o homem-modelo. A todas as infâmias desse homem-modelo atribuiu um sentido oculto, um sentido superior e socialista, que as tornava exatamente o contrário do que eram. Foi consequente até o fim, levantando-se contra a tendência "brutalmente destrutiva" do comunismo, declarando que pairava imparcialmente acima de todas as lutas de classes. Com raras exceções, todas as pretensas publicações socialistas ou comunistas que circulam na Alemanha pertencem a essa suja e debilitante literatura[7].

2. *O socialismo conservador ou burguês*

Uma parte da burguesia procura remediar os males sociais para a existência da sociedade burguesa.

Nessa categoria enfileiram-se os economistas, os filantropos, os humanitários, os que se ocupam em melhorar a sorte da classe operária, os organizadores de beneficências, os protetores dos animais, os fundadores das sociedades antialcoólicas, enfim, os reformadores de gabinete de toda categoria. Esse socialismo burguês chegou até a ser elaborado em sistemas completos.

---

* Na edição de 1888: pequeno filisteu.

[7] A tormenta revolucionária de 1848 varreu toda essa sórdida tendência e tirou de seus partidários o desejo de continuar brincando com o socialismo. O representante principal e tipo clássico dessa escola é o sr. Karl Grün. (Nota de F. Engels à edição alemã de 1890.)

Como exemplo, citemos a *Filosofia da miséria*, de Proudhon.

Os socialistas burgueses querem as condições de vida da sociedade moderna sem as lutas e os perigos que dela decorrem fatalmente. Querem a sociedade atual, mas eliminando os elementos que a revolucionam e dissolvem. Querem a burguesia sem o proletariado. A burguesia, naturalmente, concebe o mundo em que domina como o melhor dos mundos. O socialismo burguês elabora em um sistema mais ou menos completo essa concepção consoladora. Quando convida o proletariado a realizar esses sistemas e entrar na nova Jerusalém, no fundo o que pretende é induzi-lo a manter-se na sociedade atual, desembaraçando-se, porém, do ódio que sente por ela.

Uma segunda forma desse socialismo, menos sistemática porém mais prática, procura fazer com que os operários se afastem de qualquer movimento revolucionário, demonstrando-lhes que não será tal ou qual mudança política, e sim uma transformação das condições de vida material e das relações econômicas, que poderá ser proveitosa para eles. Por transformação das condições materiais de existência esse socialismo não compreende em absoluto a abolição das relações burguesas de produção – que só é possível pela via revolucionária –, mas apenas reformas administrativas realizadas sobre a base das próprias relações de produção burguesas e que, portanto, não afetam as relações entre o capital e o trabalho assalariado, servindo, no melhor dos casos, para diminuir os gastos da burguesia com sua dominação e simplificar o trabalho administrativo de seu Estado.

O socialismo burguês só atinge sua expressão correspondente quando se torna simples figura de retórica.

Livre-comércio, no interesse da classe operária! Tarifas protetoras, no interesse da classe operária! Prisões, no interesse da classe operária! Eis a última palavra do socialismo burguês, a única pronunciada a sério.

O seu raciocínio se resume na frase: os burgueses são burgueses – no interesse da classe operária.

3. *O socialismo e o comunismo crítico-utópicos*

Não se trata aqui da literatura que, em todas as grandes revoluções modernas, exprimiu as reivindicações do proletariado (escritos de Babeuf etc.).

As primeiras tentativas diretas do proletariado para fazer prevalecer seus próprios interesses de classe, feitas numa época de agitação geral, no período da derrubada da sociedade feudal, fracassaram necessariamente não apenas por causa do estado embrionário do próprio proletariado, mas devido à ausência das condições materiais de sua emancipação, condições que apenas surgem como produto da época burguesa. A literatura revolucionária que acompanhava esses primeiros movimentos do proletariado teve forçosamente um conteúdo reacionário. Preconizava um ascetismo geral e um grosseiro igualitarismo.

Os sistemas socialistas e comunistas propriamente ditos, os de Saint-Simon, Fourier, Owen etc., aparecem no primeiro período da luta entre o proletariado e a burguesia, período anteriormente descrito (ver "Burgueses e proletários").

Os fundadores desses sistemas compreendem bem o antagonismo das classes, assim como a ação dos elementos dissolventes na própria sociedade dominante. Mas não percebem no proletariado nenhuma iniciativa histórica, nenhum movimento político que lhe seja peculiar.

Como o desenvolvimento dos antagonismos de classes acompanha o desenvolvimento da indústria, não distinguem tampouco as condições materiais da emancipação do proletariado e põem-se à procura de uma ciência social, de leis sociais que permitam criar essas condições.

Substituem a atividade social por sua própria imaginação pessoal; as condições históricas da emancipação por condições fantásticas; a organização gradual e espontânea do proletariado em classe por uma organização da sociedade pré-fabricada por eles. A história futura do mundo se resume, para eles, na propaganda e na execução prática de seus planos de organização social.

Todavia, na confecção de seus planos, têm a convicção de defender antes de tudo os interesses da classe operária, como classe mais sofredora. A classe operária só existe para eles sob esse aspecto, o de classe mais sofredora.

Mas a forma rudimentar da luta de classes e sua própria posição social os levam a considerar-se muito acima de qualquer antagonismo de classe. Desejam melhorar as condições materiais de vida de todos os membros da sociedade, mesmo dos mais privilegiados. Por isso, não cessam de apelar indistintamente à sociedade inteira, e de preferência à classe dominante. Bastaria compreender seu sistema para reconhecê-lo como o melhor plano possível para a melhor sociedade possível.

Rejeitam, portanto, toda ação política e, sobretudo, toda ação revolucionária; procuram atingir seu objetivo por meios pacíficos e tentam abrir um caminho ao novo evangelho social pela força do exemplo, com experiências em pequena escala e que naturalmente sempre fracassam.

Essa descrição fantástica, da sociedade futura, feita numa época em que o proletariado ainda pouco desenvolvido encara sua própria posição de um modo fantástico, corresponde às primeiras aspirações instintivas dos operários a uma completa transformação da sociedade.

Mas as obras socialistas e comunistas encerram também elementos críticos. Atacam todas as bases da sociedade existente. Por isso fornecem em seu tempo materiais de grande valor para esclarecer os operários. Suas proposições positivas sobre a sociedade futura, tais como a supressão do contraste entre a cidade e o campo, a abolição da família, do lucro privado e do trabalho assalariado, a proclamação da harmonia social e a transformação do Estado numa simples administração da produção – todas essas propostas apenas exprimem o desaparecimento do antagonismo entre as classes, antagonismo que mal se inicia e que esses autores conhecem somente em suas formas imprecisas. Assim, essas proposições têm ainda um sentido puramente utópico.

A importância do socialismo e do comunismo crítico-utópicos está na razão inversa do seu desenvolvimento histórico. À medida que a luta de classes se acentua e toma formas mais definidas, a fantástica pressa de abstrair-se dela, essa fantástica oposição que lhe é feita, perde qualquer valor prático, qualquer justificação teórica. Por isso, se em muitos aspectos os fundadores desses sistemas foram revolucionários, as seitas formadas por seus discípulos constituem sempre seitas reacionárias. Aferram-se às velhas concepções de seus mestres apesar do desenvolvimento histórico contínuo do proletariado. Procuram, portanto, e nisto são consequentes, atenuar a luta de classes e conciliar os antagonismos. Continuam a sonhar com a realização experimental de suas utopias sociais – instituição de falanstérios isolados, criação de colônias no interior, fundação de uma pequena Icária[8] (edição em formato reduzido da nova Jerusalém) e para dar realidade a todos esses castelos no ar veem-se obrigados a apelar para os bons sentimentos e os cofres dos filantropos burgueses. Pouco a pouco caem na categoria dos socialistas reacionários ou conservadores descritos anteriormente, e só se distinguem deles por um pedantismo mais

[8] Falanstérios eram colônias socialistas projetadas por Charles Fourier; Icária era o nome dado por Cabet a seu país utópico e, mais tarde, à sua colônia comunista na América. (Nota de F. Engels à edição inglesa de 1888.)
Colônias no interior [home colonies] era como Owen chamava as sociedades comunistas-modelo. (Acrescentado por F. Engels à edição alemã de 1890.)

sistemático, uma fé supersticiosa e fanática nos efeitos miraculosos de sua ciência social.

Por isso se opõem exasperados a qualquer ação política da classe operária, porque, segundo pensam, tal ação só poderia decorrer de uma descrença cega no novo evangelho.

Desse modo, os owenistas, na Inglaterra, e os fourieristas, na França, reagem respectivamente contra os cartistas e os reformistas*.

IV
Posição dos comunistas diante dos diversos partidos de oposição

O que já dissemos no capítulo II basta para determinar a relação dos comunistas com os partidos operários já constituídos e, por conseguinte, sua relação com os cartistas na Inglaterra e os reformadores agrários na América do Norte.

Os comunistas lutam pelos interesses e objetivos imediatos da classe operária, mas, ao mesmo tempo, defendem e representam, no movimento atual, o futuro do movimento. Aliam-se na França ao partido social-democrata[9] contra a burguesia conservadora e radical, reservando-se o direito de criticar a fraseologia e as ilusões legadas pela tradição revolucionária.

Na Suíça, apoiam os radicais, sem esquecer que esse partido se compõe de elementos contraditórios, em parte socialistas democráticos, no sentido francês da palavra, em parte burgueses radicais.

Na Polônia, os comunistas apoiam o partido que vê numa revolução agrária a condição da libertação nacional, o partido que desencadeou a insurreição de Cracóvia em 1846**.

---

* Democratas republicanos e socialistas pequeno-burgueses, partidários do jornal francês La Réforme (1843-1850). Defendiam a instauração da república e a realização de reformas democráticas e sociais.

[9] Esse partido era representado no Parlamento por Ledru-Rollin [1807-1874], na literatura por Louis Blanc [1811-1882], na imprensa pelo Réforme. O nome social-democracia significava, para seus criadores, a parte do Partido Democrático ou Republicano com tendências mais ou menos socialistas. (Nota de F. Engels à edição inglesa de 1888.)

** Insurreição iniciada pelos democratas revolucionários poloneses (Dembowski e outros) em fevereiro de 1846, com o objetivo de conquistar a libertação nacional da Polônia. Foi derrotada no começo de março de 1846.

Na Alemanha, o Partido Comunista luta junto com a burguesia todas as vezes que esta age revolucionariamente – contra a monarquia absoluta, a propriedade rural feudal e a pequena burguesia.

Mas em nenhum momento esse partido se descuida de despertar nos operários uma consciência clara e nítida do violento antagonismo que existe entre a burguesia e o proletariado, para que, na hora precisa, os operários alemães saibam converter as condições sociais e políticas, criadas pelo regime burguês, em outras tantas armas contra a burguesia, para que logo após terem sido destruídas as classes reacionárias da Alemanha possa ser travada a luta contra a própria burguesia.

É sobretudo para a Alemanha que se volta a atenção dos comunistas, porque a Alemanha se encontra às vésperas de uma revolução burguesa e porque realizará essa revolução nas condições mais avançadas da civilização europeia e com um proletariado infinitamente mais desenvolvido que o da Inglaterra no século XVII e o da França no século XVIII; e porque essa revolução burguesa será, portanto, o prelúdio imediato de uma revolução proletária.

Em resumo, os comunistas apoiam em toda parte qualquer movimento revolucionário contra a ordem social e política existente.

Em todos esses movimentos colocam em destaque, como questão fundamental, a questão da propriedade, qualquer que seja a forma, mais ou menos desenvolvida, de que esta se revista.

Finalmente, os comunistas trabalham pela união e pelo entendimento dos partidos democráticos de todos os países.

Os comunistas se recusam a dissimular suas opiniões e seus fins. Proclamam abertamente que seus objetivos só podem ser alcançados pela derrubada violenta de toda a ordem social existente. Que as classes dominantes tremam à ideia de uma revolução comunista! Nela os proletários nada têm a perder a não ser os seus grilhões. Têm um mundo a ganhar.

PROLETÁRIOS DE TODOS OS PAÍSES, UNI-VOS!

PREFÁCIOS DE MARX E ENGELS

Prefácio à edição alemã de 1872

A Liga dos Comunistas, associação internacional de operários que, nas condições de então, só poderia ser secreta, incumbiu os abaixo assinados, por ocasião do congresso realizado em Londres, em novembro de 1847, de escrever para fins de publicação um programa detalhado, teórico e prático, do partido. Foi esta a origem do *Manifesto* que se segue, cujo manuscrito foi enviado a Londres, para impressão, poucas semanas antes da revolução de fevereiro. Primeiramente publicado em alemão, teve pelo menos umas doze edições diferentes nessa língua, na Alemanha, na Inglaterra e na América do Norte. Foi publicado em inglês pela primeira vez em 1850, no *Red Republican* de Londres, traduzido pela Srta. Helen Macfarlane, e teve em 1871 pelo menos três traduções diferentes na América do Norte. A primeira versão francesa foi publicada em Paris pouco antes da insurreição de junho de 1848 e, recentemente, no *Le Socialiste* de Nova York. Há, atualmente, uma nova tradução sendo preparada. Uma versão polonesa apareceu em Londres pouco depois da primeira edição alemã. Uma tradução russa foi publicada em Genebra na década de 1860. Também para o dinamarquês foi traduzido pouco depois de sua primeira publicação.*

Por mais que tenham mudado as condições nos últimos 25 anos, os princípios gerais expressados nesse *Manifesto* conservam, em seu conjunto, toda a sua exatidão. Em algumas partes certos detalhes devem ser melhorados. Segundo o próprio *Manifesto*, a aplicação prática dos princípios dependerá, em todos os lugares e em todas as épocas, das condições históricas vigentes e por isso não se deve atribuir importância demasiada às medidas revolucionárias propostas no final da seção II. Hoje em dia, esse trecho seria redigido de maneira diferente em

* Das últimas mencionadas, apenas a tradução russa foi de fato encontrada.

muitos aspectos. Em certos pormenores, esse programa está antiquado, levando-se em conta o desenvolvimento colossal da indústria moderna desde 1848, os progressos correspondentes da organização da classe operária e a experiência prática adquirida, primeiramente na revolução de fevereiro e, mais ainda, na Comuna de Paris, onde coube ao proletariado, pela primeira vez, a posse do poder político, durante quase dois meses. A Comuna de Paris demonstrou, especialmente, que "não basta que a classe trabalhadora se apodere da máquina estatal para fazê-la servir a seus próprios fins"(ver *A Guerra Civil na França; Manifesto do Conselho Geral da Associação Internacional dos Trabalhadores,* de 1871, onde essa ideia é mais desenvolvida). Além do mais, é evidente que a crítica da literatura socialista mostra-se deficiente em relação ao presente, porque só chega a 1847; as observações sobre as relações dos comunistas com os diferentes partidos de oposição (seção IV), embora em princípio corretas, na prática estão desatualizadas, pois a situação política modificou-se totalmente e o desenvolvimento histórico fez desaparecer a maior parte dos partidos ali enumerados.

Entretanto, o *Manifesto* tornou-se um documento histórico que não nos cabe mais alterar. Uma edição futura talvez apareça acompanhada de uma introdução que preencha a lacuna entre 1847 e os nossos dias; a atual reimpressão foi inesperada demais para que tivéssemos tempo de escrevê-la.

Karl Marx e Friedrich Engels
Londres, 24 de junho de 1872

Prefácio à edição russa de 1882

A primeira edição russa do *Manifesto do Partido Comunista,* traduzida por Bakunin, foi impressa em princípios da década de 1860, na tipografia do *Kolokol**. Naquela época, o Ocidente via nessa edição uma simples curiosidade literária. Hoje em dia essa concepção seria impossível.

O campo limitado do movimento proletário daquele tempo (dezembro de 1847) está expresso na última parte do *Manifesto*: a posição dos comunistas em relação aos vários partidos de oposição nos diferentes países. A Rússia e os Estados Unidos, precisamente, não foram mencionados. Era a época em que a Rússia se constituía na última grande reserva da reação europeia e em que os Estados Unidos absorviam o excedente das forças proletárias da Europa que

* Nunca foram confirmadas as afirmações de que o tradutor tenha sido Mikhail Bakunin e a impressão feita na tipografia do Kolokol, jornal democrático-revolucionário editado em Genebra.

para lá emigravam. Ambos os países proviam a Europa de matérias-primas, sendo ao mesmo tempo mercado para a venda de seus produtos industriais. De uma maneira ou de outra, eram, portanto, pilares da ordem europeia vigente.

Que diferença hoje! Foi justamente a imigração europeia que possibilitou à América do Norte a produção agrícola em proporções gigantescas, cuja concorrência está abalando os alicerces da propriedade rural europeia — a grande como a pequena. Ao mesmo tempo, deu aos Estados Unidos a oportunidade de explorar seus imensos recursos industriais, com tal energia e em tais proporções que, dentro em breve, arruinarão o monopólio industrial da Europa ocidental, especialmente o da Inglaterra. Essas duas circunstâncias repercutem de maneira revolucionária na própria América do Norte. Pouco a pouco, a pequena e a média propriedade rural, a base do regime político em sua totalidade, sucumbe diante da competição das fazendas gigantescas; ao mesmo tempo formam-se, pela primeira vez nas regiões industriais, um numeroso proletariado e uma concentração fabulosa de capitais.

E a Rússia? Durante a revolução de 1848-49, os príncipes e a burguesia europeus viam na intervenção russa a única maneira de escapar do proletariado que despertava. O czar foi proclamado chefe da reação europeia. Hoje ele é, em Gatchina, prisioneiro de guerra da revolução e a Rússia forma a vanguarda da ação revolucionária na Europa.

O *Manifesto Comunista* tinha como tarefa a proclamação do desaparecimento próximo e inevitável da moderna propriedade burguesa. Mas na Rússia vemos que, ao lado do florescimento acelerado da velhacaria capitalista e da propriedade burguesa, que começa a desenvolver-se, mais da metade das terras é possuída em comum pelos camponeses. O problema agora é: poderia a *obshchina** russa — forma já muito deteriorada da antiga posse em comum da terra — transformar-se diretamente na propriedade comunista? Ou, ao contrário, deveria primeiramente passar pelo mesmo processo de dissolução que constitui a evolução histórica do Ocidente?

Hoje em dia, a única resposta possível é a seguinte: se a revolução russa constituir-se no sinal para a revolução proletária no Ocidente, de modo que uma complemente a outra, a atual propriedade comum da terra na Rússia poderá servir de ponto de partida para uma evolução comunista.

Karl Marx e Friedrich Engels
Londres, 21 de janeiro de 1882

---

* Comunidade rural, aldeã.

Prefácio à edição alemã de 1883

Tenho, infelizmente, de assinar sozinho o prefácio à presente edição. Marx, o homem a quem toda a classe trabalhadora da Europa e da América deve mais serviços do que a qualquer outro, jaz agora no cemitério de Highgate, e sobre seu túmulo já reverdece a primeira relva. Depois de sua morte, não se pode mais pensar em rever ou complementar o *Manifesto.* Por isso, considero ainda mais necessário lembrar expressamente o seguinte:

A ideia fundamental que percorre todo o *Manifesto* é a de que, em cada época histórica, a produção econômica e a estrutura social que dela necessariamente decorre, constituem a base da história política e intelectual dessa época; que consequentemente (desde a dissolução do regime primitivo da propriedade comum da terra) toda a História tem sido a história da luta de classes, da luta entre explorados e exploradores, entre as classes dominadas e as dominantes nos vários estágios da evolução social; que essa luta, porém, atingiu um ponto em que a classe oprimida e explorada (o proletariado) não pode mais libertar-se da classe que a explora e oprime (a burguesia) sem que, ao mesmo tempo, liberte para sempre toda sociedade da exploração, da opressão e da luta de classes — este pensamento fundamental pertence única e exclusivamente a Marx[1].

Já afirmei isso diversas vezes, mas exatamente agora é preciso que esta declaração se torne bem clara no frontispício do *Manifesto.*

Friedrich Engels
Londres, 28 de junho de 1883

Prefácio à edição inglesa de 1888

O *Manifesto* foi publicado como plataforma da Liga dos Comunistas, associação de operários no princípio exclusivamente alemã e mais tarde internacional, que, nas condições políticas do continente anteriores a 1848, era inevitavelmente uma sociedade secreta. No Congresso da Liga, realizado em Londres em novembro de 1847, Marx e Engels foram incumbidos

---

[1] Sobre este pensamento, escrevi no prefácio da tradução inglesa [de 1888]: "Pouco a pouco, vários anos antes de 1845, fomos elaborando essa ideia que, em minha opinião, será para a História o que foi para a Biologia a teoria de Darwin. O meu livro *A Situação da Classe Operária na Inglaterra* revela até onde fui autonomamente nessa direção. Mas, quando reencontrei Marx em Bruxelas, na primavera de 1845, ele já a elaborara completamente, expondo-a diante de mim em termos quase tão claros quanto os que expressei aqui. (Nota de Engels à edição alemã de 1890.)

de escrever para fins de publicação um completo programa, teórico e prático do partido. Redigido em alemão, em janeiro de 1848, o manuscrito foi enviado ao editor de Londres poucas semanas antes da revolução francesa de 24 de fevereiro. Uma tradução francesa apareceu em Paris pouco antes da insurreição de junho de 1848. A primeira tradução inglesa, da Srta. Helen Macfarlane, foi publicada no *Red Republican* de George Julian Harney, Londres, 1850. Também foi publicado em dinamarquês e polonês.

A derrota da insurreição parisiense de junho de 1848 — a primeira grande batalha entre o proletariado e a burguesia — colocou novamente em um segundo plano as aspirações sociais e políticas do operariado europeu. A partir de então, a luta pela supremacia voltou a ser, como o fora antes da revolução de fevereiro, simplesmente uma luta entre diferentes camadas da classe proprietária; a classe operária foi levada a limitar-se a uma luta pela conquista de espaços políticos, assumindo posições da ala extrema dos radicais da classe média. Onde quer que o movimento proletário independente manifestasse sinais de vida, era logo impiedosamente esmagado. A polícia prussiana descobriu o Comitê Central da Liga dos Comunistas, então sediado em Colônia. Seus membros foram presos e após dezoito meses de encarceramento, julgados em outubro de 1852. O célebre "Processo Comunista de Colônia" estendeu-se de 4 de outubro a 12 de novembro; sete prisioneiros foram condenados a penas que variavam entre 3 e 6 anos de prisão numa fortaleza. Imediatamente após a sentença, a Liga foi formalmente dissolvida pelos membros remanescentes. Quanto ao *Manifesto,* este parecia ficar, a partir de então, relegado ao esquecimento.

Quando os operários europeus reuniram forças suficientes para um novo assalto ao poder das classes dirigentes, surgiu a Associação Internacional dos Trabalhadores. Seu objetivo era englobar, num único e poderoso exército, todo o operariado militante da Europa e da América. Portanto, não poderia *partir* dos princípios expressos no *Manifesto.* Devia ter um programa que não fechasse as portas às *Trades Unions* inglesas, aos proudhonistas franceses, belgas, italianos e espanhóis ou aos lassalleanos[2] alemães. Este programa — as considerações básicas da Internacional — foi

[2] Perante nós, pessoalmente, Lassalle sempre se reconheceu como discípulo de Marx e, como tal, situava-se no terreno do *Manifesto.* Mas na sua agitação pública de 1862-1864 ele não foi além da reivindicação de oficinas cooperativas sustentadas por crédito estatal. (Nota de Engels.)

redigido por Marx, com maestria reconhecida até por Bakunin e pelos anarquistas. Para o triunfo decisivo das ideias formuladas pelo *Manifesto*, Marx dependia unicamente do desenvolvimento intelectual da classe operária, o qual deveria resultar da unidade da ação e da discussão. Os acontecimentos e as vicissitudes da luta contra o capital, as derrotas maiores que as vitórias, poderiam apenas mostrar aos combatentes a insuficiência de todas as panaceias em que acreditavam, fazendo-os compreender melhor as verdadeiras condições da emancipação da classe operária. E Marx tinha razão. A classe trabalhadora de 1874, por ocasião da dissolução da Internacional, era, em geral, diferente da de 1864, quando da sua fundação. O proudhonismo dos países latinos e o lassallismo propriamente dito na Alemanha estavam desaparecendo e, até mesmo as *Trades Unions* inglesas, então ultraconservadoras, se aproximaram pouco a pouco daquilo que, em 1887, o presidente do seu Congresso de Swansea dizia: "O socialismo continental não mais nos aterroriza". Mas, por essa época, o socialismo continental confundia-se, quase que exclusivamente, com a teoria formulada no *Manifesto*.

Assim, o *Manifesto* propriamente dito tomou novamente a dianteira. Desde 1850, o texto alemão fora editado várias vezes na Suíça, na Inglaterra e na América do Norte. Em 1872 foi traduzido para o inglês, em Nova York, e publicado no *Woodhull and Claflin's Weekly*. Da versão inglesa foi feita a francesa, que surgiu no *Le Socialiste* de Nova York. Desde então publicaram-se mais duas traduções inglesas na América, mais ou menos incompletas, e uma delas foi editada na Inglaterra. A primeira tradução russa, de autoria de Bakunin, foi publicada na gráfica Kolokol, de Herzen, em Genebra, por volta de 1863; a segunda, pela heroica Vera Zasúlitch*, também foi publicada em Genebra, em 1882. Encontra-se uma edição dinamarquesa de 1885 no Social-demokratisk Bibliothek, de Copenhague, e uma francesa no *Le Socialiste*, de 1886, em Paris. Dessa última publicou-se uma versão espanhola, em 1886, em Madri. Perdeu-se a conta das edições alemãs; houve pelo menos doze delas. Eu soube que uma tradução armênia, que deveria ser publicada em Constantinopla há alguns anos atrás, não se verificou porque o editor teve medo de publicar um livro que

* O tradutor foi, na verdade, George Plekhánov (1856-1918). Engels reconhecerá este erro em um artigo no Soziales aus Russiand, em 1894. Nesta edição, os erros da primeira tradução (atribuída por Marx e Engels a Bakunin) foram eliminados e com ela iniciou-se uma ampla difusão das ideias do Manifesto na Rússia.

levasse o nome de Marx e o tradutor recusou divulgá-la como obra sua. Já ouvi falar de outras traduções em outras línguas, embora não as tenha visto. Portanto, a história do *Manifesto* reflete, em grande parte, a história do movimento operário moderno; atualmente é, sem dúvida, a obra de maior circulação, a mais internacional de toda a literatura socialista, o programa comum adotado por milhões de trabalhadores, da Sibéria à Califórnia.

No entanto, quando surgiu não poderíamos chamá-lo um manifesto *socialista*. Em 1847, consideravam-se socialistas dois tipos diversos de pessoas. De um lado, havia os adeptos dos vários sistemas utópicos, principalmente os owenistas, na Inglaterra, e os fourieristas, na França, ambos já reduzidos a meras seitas agonizantes. De outro, os vários gêneros de curandeiros sociais, que queriam eliminar, por meio de suas várias panaceias e com todas as espécies de cataplasma, as misérias sociais, sem tocar no capital e no lucro. Nos dois casos, eram pessoas que não pertenciam ao movimento dos trabalhadores, preferindo apoiar-se nas classes "cultas". Em contrapartida, o setor da classe trabalhadora que exigia uma transformação radical da sociedade, convencido de que revoluções meramente políticas eram insuficientes, denominava-se então *comunista*. Tratava-se ainda de um comunismo mal esboçado, instintivo e, por vezes, grosseiro. Mas era bastante poderoso para dar origem a dois sistemas de comunismo utópico — na França o "icariano" de Cabet e na Alemanha o de Weitling. Em 1847, o socialismo significava um movimento burguês, e o comunismo, um movimento da classe trabalhadora. Ao menos no continente, o socialismo era muito bem considerado, enquanto o comunismo era o oposto. E como, desde então, éramos decididamente da opinião de que "a emancipação dos trabalhadores deve ser obra da própria classe trabalhadora", não podíamos hesitar entre os dois nomes a escolher. Posteriormente, nunca pensamos em modificá-lo.

Sendo o *Manifesto* nossa obra comum, cabe-se declarar que a proposição fundamental pertence a Marx. Essa proposição é a de que, em cada época histórica, a produção econômica, o sistema de trocas e a estrutura social que dela necessariamente decorre, constituem a base e a explicação da história política e intelectual dessa época; que consequentemente (desde a dissolução do regime primitivo de propriedade comum da terra) toda a história da humanidade tem sido a história da luta de classes, conflitos entre explorados e exploradores, entre as classes dominadas e as dominantes; que a história dessas lutas de classes se constitui de uma série de etapas, atingindo hoje um ponto em que a classe oprimida e explorada — o proletariado — não pode mais libertar-se da classe que explora e oprime — a burguesia — sem que, ao mesmo tempo, liberte, de uma vez por todas, toda a sociedade da exploração, da opressão, do sistema de classes e da luta entre elas.

Pouco a pouco, vários anos antes de 1845, fomos elaborando essa ideia que, em minha opinião, será para a História o que foi para a Biologia a teoria de Darwin. O meu livro *A Situação da Classe Operária na Inglaterrra*[3] revela até onde fui nessa direção. Mas, quando reencontrei Marx, em Bruxelas, na primavera de 1845, ele já a elaborara completamente, expondo-a diante de mim mais ou menos tão claramente como fiz aqui.

Do nosso prefácio comum à edição alemã de 1872 cito o seguinte:

[Engels transcreve aqui o segundo parágrafo e a primeira frase do terceiro do referido prefácio.]

A presente tradução é de Samuel Moore, o tradutor da maior parte de *O Capital*, de Marx. Fizemos a revisão juntos, e acrescentei algumas notas com explicações históricas.

Friedrich Engels
Londres, 30 de janeiro de 1888

Prefácio à edição alemã de 1890

Após o que foi escrito, além da necessidade de uma nova edição alemã, surgiram vários fatos que merecem ser lembrados aqui.

Uma segunda tradução russa — por Vera Zasúlitch — apareceu em Genebra em 1882; seu prefácio foi escrito por Marx e por mim. Infelizmente, perdi o manuscrito original alemão; tenho, portanto, que retraduzir do russo, o que de maneira alguma é favorável ao texto.

[Aqui Engels reproduz, com pequenas alterações, o prefácio escrito para a edição russa de 1882.]

Mais ou menos na mesma época surgiu em Genebra uma nova versão polonesa: *Manifest Kommunistczny.*

Mais tarde apareceu uma nova tradução dinamarquesa no *Socialdemokratisk Bibliothek* de Copenhague, 1885. Infelizmente, não está completa; algumas passagens essenciais que, ao que parece, estavam dando muito trabalho ao tradutor, foram omitidas e há também alguns sinais de descuido, os quais

[3] *The Condition of the Working Class in England in 1844*. By Friedrick Engels. Translated by Florence K. Wischnewetzky, New York, Lovell-London, W. Reeves, 1888. (Nota de Engels.)

se tornam ainda mais desagradavelmente evidentes quando se percebe que o tradutor teria feito um excelente trabalho se tivesse se esforçado um pouco mais.

Apareceu uma nova versão francesa em 1886 no *Le Socialiste* de Paris; esta, aliás, é a melhor edição até agora.

Uma versão espanhola dessa última foi publicada, no mesmo ano, no *El Socialista* de Madri, aparecendo depois sob forma de opúsculo: *Manifesto del Partido Comunista,* por Carlos Marx y F. Engels, Madri, Administración de El socialista, Hernán Cortés 8.

Como curiosidade, posso acrescentar que o manuscrito de uma tradução espanhola foi apresentado a um editor em Constantinopla. Mas o bom homem não teve coragem de publicar algo que levasse o nome de Marx, sugerindo que o tradutor pusesse seu próprio nome como autor da obra, o que ele recusou.

Depois que várias das pouco exatas traduções americanas foram repetidamente editadas na Inglaterra, uma versão autêntica apareceu, finalmente, em 1888, graças a meu amigo Samuel Moore; nós a repassamos juntos antes de enviá-la à editora. É intitulada: *Manifesto of the Communist Party,* de Karl Marx e Friedrich Engels; tradução inglesa autorizada, editada com observações de Friedrich Engels, 1888, Londres, William Reeves, 185, Fleet Street, E. C. Reproduzi algumas notas dessa edição na atual.

O *Manifesto* tem sua própria história. Saudado com entusiasmo por ocasião de seu aparecimento pela vanguarda então pouco numerosa do socialismo científico (como o provam as traduções mencionadas no primeiro prefácio), foi logo colocado num segundo plano pela reação que se seguiu à derrota dos operários em Paris, em junho de 1848, e proscrito "pela lei", com a condenação dos comunistas de Colônia, em novembro de 1852. Com o desaparecimento da cena pública do movimento operário que começara com a revolução de fevereiro, também o *Manifesto* passou a um segundo plano.

[Aqui Engels praticamente transcreve o terceiro e o quinto parágrafos do prefácio à edição inglesa de 1888.]

"Proletários de todos os países, uni-vos!" Somente algumas vozes responderam quando lançamos essas palavras ao mundo, há 42 anos, às vésperas da primeira revolução de Paris, na qual o proletariado colocou as suas reivindicações. Em 28 de setembro de 1864, entretanto, os proletários da maior parte dos países da Europa ocidental reuniram-se na Associação Internacional dos Trabalhadores, de gloriosa memória. É verdade que a Internacional em si só viveu nove anos. Mas não há testemunho melhor do que o dia de hoje de que a eterna união dos proletários de todos os países, por ela criada, existe ainda e está mais poderosa do que nunca. Hoje, quando escrevo essas linhas, o proletariado europeu e o americano passam em revista suas forças de combate, pela primeira vez mobilizados em *um único* exército, sob *uma única* bandeira, por *um único* objetivo imediato: a fixação legal da jornada normal de oito horas de trabalho, segundo decisão do Congresso Internacional, reunido em Genebra em 1866, e do Congresso Operário de Paris, reunido em 1889. O espetáculo de hoje mostrará aos capitalistas e proprietários agrícolas de todos os países que, de fato, os proletários de todos os países estão unidos.

Se ao menos Marx estivesse a meu lado para ver isso com seus próprios olhos!

Friedrich Engels
Londres, 1º de maio de 1890

Prefácio à edição polonesa de 1892

O fato de se ter tornado necessária uma nova edição polonesa do *Manifesto Comunista* dá ensejo a várias considerações.

Primeiro, é digno de nota que o *Manifesto*, nos últimos tempos, se tenha, em certa medida, tornado um barômetro do desenvolvimento da grande indústria no continente europeu. Na medida em que se expande num país a grande indústria, cresce também entre os operários desse país o desejo de esclarecimento sobre a sua posição como classe operária perante as classes possuidoras, alarga-se entre eles o movimento socialista e aumenta a procura do *Manifesto*. De modo que não só a situação do movimento operário, mas também o grau de desenvolvimento da grande indústria, podem ser medidas com bastante exatidão em todos os países pelo número de exemplares do *Manifesto* que circulam no idioma de cada um.

Assim, a nova edição polonesa indica um progresso decidido da indústria local. E que este progresso de fato se verificou, desde a última edição publicada há dez anos, não pode haver dúvidas. A Polônia russa, a Polônia do Congresso [de Viena], tornou-se o grande distrito industrial do Império Russo. Ao passo que a grande indústria russa está esporadicamente dispersa — uma parte no golfo da Finlândia, outra parte no centro (Moscou e Vladimir), uma terceira nas costas do Mar Negro e do Mar de Azov, e ainda repartida por outras zonas —, a polonesa está concentrada num espaço relativamente pequeno e desfruta das vantagens e das desvantagens resultantes desta concentração. As vantagens reconheceram-nas os fabricantes russos seus concorrentes, quando reclamaram proteção alfandegária contra a Polônia, apesar do seu ardente desejo de transformar os polacos em russos. As desvantagens — para os fabricantes poloneses e para o governo russo — revelam-se na rápida difusão de ideias socialistas entre os operários poloneses e na crescente procura do *Manifesto*.

Mas o rápido desenvolvimento da indústria polonesa, que deixa para trás a russa, é uma nova prova da vitalidade inesgotável do povo polonês e uma nova garantia da iminência da sua restauração nacional. A restauração de uma Polônia forte e independente, porém, é uma causa que não diz respeito só aos poloneses — diz respeito a todos. Uma colaboração internacional sincera das nações europeias só é possível se cada uma destas nações for, em sua casa, perfeitamente autônoma. A revolução de 1848, que, sob o estandarte do proletariado, acabou por apenas deixar que os combatentes proletários fizessem o trabalho da burguesia, também impôs a independência da Itália, da Alemanha e da Hungria por meio dos seus executores testamentários, Louis Bonaparte e Bismarck; mas a Polônia, que desde 1792 fez mais pela revolução do que estas três juntas, deixaram-na entregue a si própria quando, em 1863, sucumbiu ao poderio russo dez vezes superior. A nobreza não pôde manter nem reconquistar a independência da Polônia; para a burguesia esta é, hoje, pelo menos indiferente. E, contudo, é uma necessidade para a cooperação harmoniosa das nações europeias. Só o jovem proletariado polonês a pode conquistar, e nas suas mãos ela estará bem guardada. Pois os operários de todo o resto da Europa precisam tanto da independência da Polônia como os próprios operários poloneses.

Friedrich Engels
Londres, 10 de fevereiro de 1892

Prefácio à edição italiana de 1893

Ao leitor italiano*

A publicação do *Manifesto do Partido Comunista* coincidiu, pode-se dizer, com o 18 de Março de 1848, o dia das revoluções de Milão e Berlim, que

*"Ao leitor italiano" foi o título introduzido pelo tradutor (Filippo Turadi) do prefácio de Engels.

foram levantamentos armados das duas nações situadas no centro, uma do continente da Europa, a outra do Mediterrâneo; duas nações até então enfraquecidas pela divisão e pela discórdia internas, e que por isso caíram sob o domínio estrangeiro. Se a Itália ficava sujeita ao imperador da Áustria, a Alemanha sofria o jugo, indireto mas não menos efetivo, do czar de todas as Rússias. As consequências do 18 de Março de 1848 libertaram tanto a Itália como a Alemanha desta vergonha; se, de 1848 a 1871, estas duas grandes nações foram reconstituídas e de certo modo devolvidas a si próprias, isso deveu-se, como Karl Marx costumava dizer, ao fato de que os homens que abateram a revolução de 1848 foram, malgrado seu, os seus executores testamentários.

Por toda a parte a revolução de então foi obra da classe operária; foi esta que levantou as barricadas e que pagou com a vida. Mas só os operários de Paris tinham a intenção bem definida de, derrubando o governo, derrubar o regime da burguesia. Mas, embora profundamente conscientes do antagonismo fatal que existia entre a sua própria classe e a burguesia, nem o progresso econômico do país nem o desenvolvimento intelectual das massas operárias francesas, contudo, tinham atingido ainda o grau que teria tornado possível uma reconstrução social. Em última análise, portanto, os frutos da revolução foram colhidos pela classe capitalista. Nos outros países, na Itália, na Alemanha, na Áustria, os operários, desde o princípio, não fizeram mais do que levar a burguesia ao poder. Mas em qualquer país o domínio da burguesia é impossível sem a independência nacional. Por isso, a revolução de 1848 tinha de arrastar consigo a unidade e a autonomia das nações que até então não as tinham desfrutado: a Itália, a Alemanha, a Hungria. A vez da Polônia chegará em seu tempo.

Assim, se a revolução de 1848 não foi uma revolução socialista, aplanou o caminho, preparou o terreno para ela. Com o impulso dado em todos os países à grande indústria, o regime burguês tem criado por toda a parte, nos últimos 45 anos, um proletariado numeroso, concentrado e forte. Criou assim, segundo a expressão do *Manifesto*, os seus próprios coveiros. Sem restituir a cada nação europeia a sua autonomia e unidade, não poderiam consumar-se nem a união internacional do proletariado nem a cooperação pacífica e inteligente destas nações para fins comuns. Imagine-se uma ação internacional conjunta dos operários italianos, húngaros, alemães, poloneses e russos nas condições políticas anteriores a 1848!

As batalhas travadas em 1848 não foram, pois, travadas em vão; os 45 anos que nos separam daquela etapa revolucionária também não passaram em vão. Os frutos amadurecem, e tudo o que eu desejo é que a publicação desta tradução italiana do *Manifesto* seja de tão bom augúrio para a vitória do proletariado italiano como a publicação do original o foi para a revolução internacional.

O *Manifesto Comunista* presta plena justiça à ação revolucionária do capitalismo no passado. A primeira nação capitalista foi a Itália. O fim da Idade Média feudal, o limiar da era capitalista moderna, é assinalado por uma figura colossal: um italiano, Dante, ao mesmo tempo o último poeta da Idade Média e o primeiro poeta dos tempos modernos. Hoje, como em 1300, perfila-se uma nova era histórica. Dar-nos-á a Itália um novo Dante, capaz de assinalar o nascimento dessa nova era, a era proletária?

Friedrich Engels
Londres, 1º de fevereiro de 1893

Das

Kommunistische Manifest.

Neue Ausgabe

mit einem Vorwort der Verfasser.

Leipzig, 1872.

Verlag der Expedition des „Volksstaat“.

Capa da edição alemã de 1872, com prefácio de Marx e Engels.

MANIFESTE DU PARTI COMMUNISTE
par Karl MARX et Fr. ENGELS

РУССКАЯ СОЦІАЛЬНО-РЕВОЛЮЦІОННАЯ БИБЛІОТЕКА
Книга Третья

МАНИФЕСТЪ
КОММУНИСТИЧЕСКОЙ ПАРТІИ
Карла Маркса и Фр. Энгельса

ПЕРЕВОДЪ СЪ НѢМЕЦКАГО ИЗДАНІЯ 1872.
СЪ ПРЕДИСЛОВІЕМЪ АВТОРОВЪ

Prix 1 Fr.

ЖЕНЕВА
Вольная Русская Типографія.
1882

A edição russa de 1882, traduzida por G. V. Plekhánov.

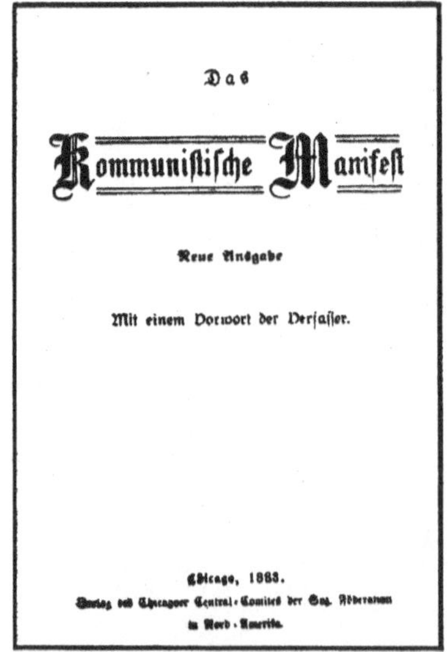

Das

Kommunistische Manifest

Neue Ausgabe

Mit einem Vorwort der Verfasser.

Chicago, 1883.

Verlag des Chicagoer Central-Comites der Soz. Arbeiterpartei
in Nord-Amerika.

Primeiro prefácio escrito por Engels após a morte de Marx (1883).

PRICE THREEPENCE.

MANIFESTO

OF THE

COMMUNIST PARTY

By KARL MARX and FREDERICK ENGELS.

AUTHORISED ENGLISH TRANSLATION.

EDITED AND ANNOTATED BY FREDERICK ENGELS.
1888.

London:
WILLIAM REEVES, 83 Charing Cross Road, W.C.

FIFTH EDITION.

Edição inglesa de 1888, a única de que Engels se ocupou pessoalmente.

XXXIII.

Das Kommunistische Manifest.

German Cooperative Publishing Co

1890

Capa da edição alemã de 1890, com prefácio de Engels.

K. Marks i Fr. Engels

Manifest komunistyczny

Wydanie drugie

w drukarni „Przedświtu"

1892.

Terceira edição polonesa, impressa na Inglaterra em 1892.

CARLO MARX e FEDERICO ENGELS

IL MANIFESTO

DEL

PARTITO COMUNISTA

CON UN NUOVO PROEMIO AL LETTORE ITALIANO

DI

FEDERICO ENGELS

Centesimi 25

MILANO

Uffici della CRITICA SOCIALE

Portici Galleria, N. 23

1893

Edição italiana do *Manifesto Comunista*, publicada em 1893.

EM MEMÓRIA DO *MANIFESTO COMUNISTA*

Antonio Labriola

DAQUI A TRÊS anos, nós, socialistas, poderemos comemorar nosso jubileu. A memorável data da publicação do *Manifesto Comunista* (fevereiro de 1848) marca nossa primeira e certa entrada na História. A essa data se refere cada juízo, cada apreciação nossa sobre os progressos que o proletariado vem fazendo neste meio século. Nessa data se mede o percurso da *nova era* que desabrocha e surge, ou melhor, sendo por sua própria formação intimamente ligada e imanente à era presente; por isso mesmo, dela se desprende e a partir dela se desenvolve necessária e inelutavelmente, quaisquer que sejam as vicissitudes e as fases que venha a enfrentar — por ora certamente imprevisíveis. Todos os que entre nós têm urgência e necessidade de possuir a plena consciência do próprio trabalho, muitas vezes, voltam o pensamento para as causas e para os movimentos que determinaram a *gênese* do *Manifesto,* naquelas circunstâncias precisas em que ele surgiu, ou seja, às vésperas da revolução que explodiu de Paris a Viena, de Palermo a Berlim. Somente por esta via nos é possível extrair, da própria forma social em que hoje vivemos, a explicação da tendência ao socialismo. E assim justificar, pela própria presente razão de ser de tal tendência, a necessidade de seu efetivo triunfo, cujo presságio externamos diariamente.

Afinal, não é este o cerne do *Manifesto,* sua essência e seu caráter decisivo?[1]

Na verdade, seria vão procurá-lo nas medidas práticas que, no final do capítulo segundo, ali são sugeridas e propostas como adotáveis na eventua-

[1] Este meu escrito não é uma reelaboração do *Manifesto,* como se eu quisesse adaptá-lo às condições presentes; nem faço aqui sua análise ou comentário. Escrevo, como diz o título, apenas *em memória.*

lidade de um sucesso revolucionário do proletariado; ou nas indicações de orientação política, com relação aos outros partidos revolucionários da época, que se encontram no capítulo quarto. Essas indicações e sugestões — ainda que apreciáveis e notáveis no tempo em que foram formuladas e ditadas e, além disso, ainda que sejam sobretudo importantes para julgar de maneira precisa a ação política que os comunistas alemães desenvolveram no período revolucionário de 1848-50 — hoje não mais constituem para nós um conjunto de visões práticas, a partir das quais nos caiba decidir, pró ou contra, em cada caso e recorrência. Do tempo da Internacional até hoje, em vários países vieram se constituindo, sobre a base do proletariado e em seu nome explícito e claro, partidos políticos que tiveram e têm, na medida em que surgem e depois se desenvolvem, viva necessidade de adaptar e de conformar suas exigências e sua obra a contingências variadas e multiformes. Mas nenhum desses partidos tem tal consciência de saber-se agora tão próximo da ditadura do proletariado, de sentir urgente a própria necessidade, ou mesmo, o desejo ou a tentação de rever e de avaliar as propostas do *Manifesto* no plano de uma verificação que pareça provável, porque tida como próxima. Na verdade, os experimentos históricos são só aqueles que a própria História faz inesperadamente, sem ser de propósito, sem projeto e sem ordem explícita. Assim aconteceu nos tempos da Comuna, que foi, é e permanece até hoje para nós o único experimento aproximativo da ação do proletariado — ainda que confuso e de curta duração — que tenha sido colocado frente à nova e dura prova de apoderar-se do poder político. Experimento esse que não foi feito de caso pensado, nem a partir de um projeto mas, acima de tudo, foi imposto pelas circunstâncias e heroicamente sustentado; e agora se converte para nós em salutar ensinamento. Nesse caso, onde o movimento socialista se encontra apenas na infância, pode acontecer que, em razão de experiência própria e direta, um ou outro — como acontece frequentemente na Itália — se apegue à autoridade de um texto como preceito. Mas isso, efetivamente, não conta nada[2].

Aquele cerne, ou essência e caráter decisivo, a meu ver, também não deve ser procurado na orientação sobre outras formas de socialismo que no *Manifesto* são referidas pelo nome de *Literatura*. Tudo o que é dito no capítulo terceiro, sem dúvida, serve para definir admiravelmente, por meio de antítese

[2] Refiro-me àquele que no *Manifesto* é ironicamente chamado de socialismo verdadeiro, ou seja alemão. Aquele parágrafo que é ininteligível para quem não esteja familiarizado com a filosofia alemã da época, especialmente em certas formas de aguda degeneração, foi oportunamente omitido na tradução espanhola.

e na forma de breves, concisas e relevantes características, as diferenças que efetivamente existem entre o comunismo que, numa expressão infelizmente abusada por muitos, hoje nos habituamos a chamar *científico* e outras formas. Ou seja, entre o comunismo que tem como tema central o proletariado e como argumento a revolução proletária e as formas reacionárias, burguesas, semiburguesas, pequeno-burguesas, utópicas e outras. Todas essas formas foram recorrentes, se renovaram mais vezes, recorrem e se renovam ainda hoje nos países em que o movimento proletário moderno mal se encontra no nascedouro. Para esses países e em tais circunstâncias, o *Manifesto* exerceu e ainda exerce o papel de crítica atual e de *farpa literária*. Mas nos países onde essas formas já foram teórica e praticamente superadas — como é em grande parte o caso da Alemanha e da Áustria — ou onde elas sobrevivem só em estado sectário e subjetivo, como já ocorre na França e na Inglaterra, para não falar de outras tantas nações, o *Manifesto*, no que diz respeito a essa diferenciação, já cumpriu seu papel. E apenas registra, como memória, aquilo que não se pensa mais, dada a ação política do proletariado, que já se desenrola em seu processo normal e gradual.

Ora, esta foi precisamente, e à guisa de antecipação, a disposição de ânimo e de mente daqueles que o escreveram. Sobre aquilo que haviam superado com a força do pensamento — o qual a partir de poucos mas claros dados de experiência antecipou com precisão os eventos — eles exprimiam, então, apenas a exclusão e a condenação. O *comunismo crítico* — este é o seu verdadeiro nome e não existe outro mais exato para tal doutrina — não compartilhava mais com os feudais a lembrança nostálgica da velha sociedade, para depois contrapor a ela a crítica da sociedade presente; pelo contrário, olhava apenas para o futuro. Não se associava mais aos *pequenos-burgueses* no desejo de salvar o não salvável — como por exemplo a pequena propriedade ou a vida pacata da gente humilde — que a vertiginosa ação do estado moderno, que é o órgão necessário e natural da sociedade atual, torna grave e pesado apenas porque esse estado, revolucionando continuamente, traz em si e consigo a necessidade de outras novas revoluções. Também não traduzia em fantasias metafísicas, ou em reflexões de sentimento doentio, ou de contemplação religiosa, os contrastes reais dos interesses materiais da vida cotidiana — ao contrário, apresentava e expunha esses contrastes em toda sua trivialidade. Não construía a sociedade do futuro a partir das linhas de um desenho, em cada parte harmonicamente direcionado para o acabamento. Não dirigia palavras de louvor e de exaltação, ou de evocação e de lamento às duas *deusas* da mitologia filosófica, a *Justiça* e a *Igualdade*. Essas duas deusas hoje fazem triste figura na mísera prática da vida cotidiana, quando se percebe como há tantos séculos a História se entrega ao indecente passatempo de contrariar seus infalíveis desígnios. Por outro lado, aqueles comunistas mesmo explicando — e exibindo fatos com força de argumento e de prova — que em nossa época os proletários estavam destinados a desempenhar o papel de coveiros da burguesia, a ela prestavam homenagem enquanto autora de uma forma social, que é em extensão e intensidade um estágio notável do progresso humano e que, sozinha, pode servir de arena às novas lutas que prometem êxito ao proletariado. Nunca foi escrito necrológio de estilo tão monumental. Esses louvores dirigidos à burguesia assumem certa forma original de humorismo trágico e, para alguns, parecem escritos com entonação de ditirambo.

Não obstante, as definições negativas e *antitéticas* das outras formas de socialismo correntes então e até hoje frequentemente recorrentes por serem incensuráveis na substância, na forma e no objetivo a que visam, não pretendem ser nem são a efetiva história do socialismo e não apresentam nem a pista nem o esquema dela, se alguém quiser escrevê-la. Na verdade, a História não se apoia sobre a diferença entre verdadeiro e falso, ou justo e injusto, menos ainda sobre a mais abstrata antítese entre possível e real — como se as coisas permanecessem de um lado e tivessem do outro lado as próprias sombras e fantasmas, nas ideias. Ela está sempre toda de um lado e se apoia inteira sobre o processo de formação e transformação da sociedade — o que pode ser percebido em sentido objetivo e independentemente de nossa aceitação ou repulsa. Ela é uma dinâmica de gênero especial — como convém dizer aos positivistas que tanto se deleitam com tais expressões e frequentemente não vão além da própria nova palavra que põem em circulação. Hoje as várias formas de concepção e de ação socialistas que apareceram e desapareceram no curso dos séculos, com tantas diferenças nos motivos, na fisionomia e nos efeitos, são todas estudadas e explicadas pelas condições específicas e complexas da vida social em que se produziram. Ao examiná-las, vê-se que não constituem um único conjunto de processo contínuo; porque a série foi muitas vezes interrompida pela mudança do complexo social, pelo obscurecimento e pela ruptura da tradição. Só no tempo da Grande Revolução o socialismo assume certa unidade de processo que se torna mais evidente de 1830 em diante, com o definitivo advento da burguesia no domínio político na França e na Inglaterra, e por último se torna intuitiva — diria mesmo — palpável, da Internacional até os dias de hoje. Nesta estrada, neste caminho, o *Manifesto* se ergue como grande marco da distância percorrida, com dupla indicação, por assim dizer, para as duas direções. De um lado está o incunábulo da nova doutrina, que depois deu a volta ao mundo. De outro está a orientação sobre as formas que ele exclui, mas das quais não traz a exposição e o relato[3].

O cerne, a essência, o caráter decisivo deste escrito consiste inteiramente na nova concepção histórica que o fundamenta e que ele mesmo em parte explica e desenvolve, quando não aponta, refere ou apenas supõe. Por essa concepção o comunismo, cessando de ser esperança, aspiração, lembrança, conjectura ou subterfúgio, encontrava pela primeira vez a expressão adequada na consciência de sua própria necessidade; isto é, na consciência de ser o êxito e a solução das atuais lutas de classes. Não se trata das lutas de classes de todos os tempos e lugares sobre as quais a História do passado se exercitou e desenvolveu; ao contrário, todas elas perdem estatura e se reduzem predominantemente à luta entre burguesia capitalista e trabalhadores fatalmente proletarizados. É desta luta que o *Manifesto* encontra a gênese, determina o ritmo de evolução e prevê o efeito final.

Em tal concepção histórica está toda a doutrina do comunismo científico. Deste ponto em diante os adversários teóricos do socialismo não são mais chamados a discutir a possibilidade abstrata da socialização democrática dos meios de produção[4], como se disto fosse possível extraírem-se ilações das atitudes gerais e comuníssimas da assim chamada natureza humana. Ao contrário, aqui se trata de reconhecer, ou de não reconhecer no curso presente das coisas humanas, uma necessidade que transcende cada simpatia e cada aprovação subjetiva nossa. Nos países que mais

[3] Há uns bons anos — oito já — nos cursos universitários que intitulo, ou gênese do socialismo moderno, ou história geral do socialismo, ou da interpretação materialista da História, tive oportunidade e tempo de aprofundar-me em tal literatura e reduzi-la a uma certa evidência prospectiva e sistemática. Coisa já difícil, mas sobretudo na Itália, onde não existe tradição de escolas socialistas e onde a vida do partido é tão nova, que não propicia o exemplo instrutivo de formação e de processo. Mas este ensaio não é a reprodução de uma de minhas aulas. As aulas não são feitas com livros; nem publicando aulas se fazem livros verdadeiros, no sentido explícito e pleno da palavra.

[4] É preciso insistir sobre a expressão democrática "socialização dos meios de produção", porque a outra, propriedade coletiva, além de conter um erro teórico ao empregar a definição jurídica em lugar do fato econômico real, na mente de muitos se confunde com incremento dos monopólios, com a crescente estratificação dos serviços públicos e com todas as outras fantasmagorias do sempre renascente socialismo de Estado, cujo segredo é aumentar os meios econômicos da opressão em mãos da classe dos opressores.

progrediram, encontra-se ou não a sociedade a ponto de alcançar o comunismo pelas leis imanentes à sua própria transformação, dada sua atual estrutura econômica e considerando os atritos que ela por si e em si mesma necessariamente produz, até romper-se e dissolver-se? Este é o tema da discussão, desde que tal doutrina apareceu. E esta é, conjuntamente, a regra de conduta que se impõe à ação dos partidos socialistas, sejam eles compostos unicamente por proletários ou acolham em suas fileiras homens saídos de outras classes, que fazem papel de voluntários no exército do proletariado.

Por isso nós, socialistas que de bom grado nos deixamos chamar "científicos" — se não se tentar com tal epíteto confundir-nos com os positivistas, que são nossos hóspedes frequentes mas nem sempre bem aceitos e a seu bel prazer monopolizam a palavra ciência —, não lutamos para sustentar uma tese abstrata e genérica, como se fôssemos causídicos ou sofistas; nem nos apressamos em demonstrar a racionalidade de nossos objetivos. Nossos objetivos são unicamente a expressão teórica e a explicação pacífica dos dados que nos oferece a interpretação do processo que se cumpre através de nós e em torno a nós; e que está inteiro nas relações objetivas da vida social, da qual somos sujeito e objeto, causa e efeito, escopo e parte. Nossos objetivos são racionais, não porque se fundamentam em argumentos extraídos da razão da discussão, mas porque são deduzidos da consideração objetiva das coisas; o que equivale dizer que são deduzidos a partir da elucidação do seu processo, que não é nem pode ser resultado de nosso arbítrio mas, ao contrário, vence e submete nosso arbítrio.

O manifesto dos comunistas, por sua eficácia específica, não pode ser substituído por nenhum dos escritos anteriores ou posteriores de seus próprios autores, que por extensão e porte científico são tão maiores. Todavia, ele nos oferece em sua clássica simplicidade a expressão genuína desta situação: o proletariado moderno é, se coloca, cresce e se desenvolve na História contemporânea como o sujeito concreto, como a força positiva de cuja ação, inevitavelmente revolucionária, o comunismo deverá necessariamente resultar. E por isso, por tal enunciação de presságio teoricamente fundamentada e expressa em frases breves, rápidas, concisas e memoráveis, este escrito constitui um conjunto, ou mais ainda um viveiro inexaurível de gens de pensamento, que o leitor pode indefinidamente fecundar e multiplicar, conservando a força original e originária da coisa recém-nascida e não ainda desenvolta e desviada do campo de sua própria produção. Observação esta que se dirige principalmente àqueles que, fazendo profissão de douta ignorância, ou pior, sendo fanfarrões, charlatães ou alegres *esportistas*, oferecem precursores, donos, aliados e mestres de todos os gêneros como presente à doutrina do comunismo crítico, ultrajando o senso comum e a cronologia vulgar. Ou seja, enquadram nossa doutrina materialista da História na concepção quase sempre fantástica e genérica demais da evolução universal, já reduzida por muitos em nova metáfora de romance metafísico. Ou seja, procuram em tal doutrina um derivado do darwinismo, que apenas de certo modo, mas em senso bastante lato, é um caso análogo deste. Ou ainda, favorecem a aliança e o apadrinhamento daquela filosofia positivista, que brota de Comte, degenerador reacionário do genial Saint-Simon, e deságua em Spencer, quintessência do burguesismo anemicamente anárquico — o que significa propiciar-nos, por meio de aliados e protetores, nossos adversários declarados e decisivos.

Tal força germinativa, tal eficácia tão clássica, tal concisão de síntese de muitas séries e grupos de pensamentos em um escrito de tão poucas páginas[5] devem-se à maneira como foi produzido.

Dois alemães foram seus autores, mas não inseriram nele nem a substância nem a forma das opiniões pessoais, que naquele tempo tinham sabor de imprecações, de vulgaridade e de rancor na boca dos prófugos políticos ou de quem, como era o caso deles, abandonasse a pátria por iniciativa própria, para desfrutar de ares mais respiráveis em outro lugar. Também não introduziram diretamente as imagens das condições de seu país, que eram pouco desenvolvidas política e socialmente — ou seja, economicamente apenas por alguns primeiros sinais e só em certos pontos do território —, comparáveis às que na França e na Inglaterra eram e mostravam-se modernas. Por outro lado, trouxeram para o texto o pensamento filosófico, motivo único pelo qual a pátria deles se colocara e se mantivera à altura da História contemporânea; o pensamento filosófico que naquele tempo, exatamente na pessoa deles, assumia a notável transformação pela qual o materialismo, já renovado por Feuerbach, combinando-se com a dialética, tornava-se capaz de abraçar e

[5] São 23 páginas em corpo 8 na edição original, Londres, fevereiro de 1848, que eu devo à incomparável cortesia de Engels. Digo aqui de passagem que venci a tentação de acrescentar a este escrito notas bibliográficas, ou de literatura, ou de remissão, ou de citações, porque, se enveredasse por esse caminho, teria feito um ensaio de erudição, ou antes um livro, mais que um opúsculo. Mas o leitor acreditará na minha palavra de que não há alusão, sinal ou mal-entendido nestas páginas que não se refira a fontes e fatos pertinentes ao tema, e mais que isso, à totalidade das fontes e dos fatos.

de compreender o movimento da História nas suas causas mais íntimas e até então inexploradas, porque latentes e difíceis de destrinchar. Ambos comunistas e revolucionários, mas não por instinto, nem por puro impulso ou paixão, eles tinham quase elaborada toda uma nova crítica da ciência econômica e tinham incorporado o nexo e o significado histórico do movimento proletário do lado de cá e do lado de lá da Mancha, ou seja, da França e da Inglaterra, antes mesmo que fossem chamados a ditar no *Manifesto* o programa e a doutrina da Liga dos Comunistas. Sediada em Londres e com notáveis ramificações no continente, a Liga construíra uma boa trajetória de vida e de desenvolvimento próprio, através de fases diversas. Dos dois, Engels era já há algum tempo autor de um ensaio crítico que, superando qualquer restrição subjetiva e unilateral, pela primeira vez tirava objetivamente a crítica da economia política dos antagonismos inerentes aos enunciados e aos conceitos da própria economia; depois alcançara a fama com um livro sobre a condição dos operários ingleses, que é a primeira tentativa bem sucedida de representar os movimentos da classe operária como resultante do próprio jogo das forças e dos meios de produção[6]. O outro, Marx, tinha acumulado no breve correr dos anos a experiência de publicista radical na Alemanha e igualmente em Paris e Bruxelas, a excogitação quase madura dos primeiros rudimentos da concepção materialista da História, a crítica teórica e vitoriosa dos pressupostos e das ilações da doutrina de Proudhon e a primeira elucidação precisa da origem do sobrevalor de compra e do uso da força de trabalho, ou seja, o primeiro germe das concepções cujas demonstrações, reconexões e particularidades alcançaram a maturidade mais tarde, no *Capital*. Ambos ligados por muitas e várias vias de comunicação aos revolucionários dos vários países da Europa, especialmente da França, da Bélgica e da Inglaterra, não compuseram o *Manifesto* como ensaio de opinião pessoal, mas sobretudo como a doutrina de um partido que — em seu âmbito estreito —, no ânimo, nos intentos e na ação, já era a primeira Internacional dos Trabalhadores.

Neste ponto começa o socialismo estritamente moderno. Aqui está a linha divisória de todo o resto.

---

[6] Os *Umrisse zu einer Kritik der Nationaloekonomie* [Apontamentos para uma Crítica da Economia Nacional] foram publicados nos *Deutsch — Franzoesische Jahrbücher* em Paris, em 1844, p. 85-114. O livro com o título *Die Lage der arbeitenden Klasse in England* [A situação da classe trabalhadora na Inglaterra] foi publicado em primeira edição em Leipzig em 1845. [Publicado no Brasil pela Boitempo, em 2008.]

A Liga dos Comunistas tornara-se tal depois de ter sido Liga dos Justos; e esta, por sua vez, por clara consciência de intentos proletários, gradativamente se diferenciara da liga genérica dos prófugos, isto é, dos *desgarrados*. Como modelo que traz em si, em desenho quase embrionário, a forma dos ulteriores movimentos socialistas e proletários, ela atravessara as várias fases da conspiração e do socialismo igualitário. Fora metafísica com Grün e utópica com Weitling. Tendo sua sede principal em Londres, aproximara-se do movimento *cartista*, refluindo em parte sobre ele; em seu caráter intermitente — por ser primeiro experimento e ponto premeditado, por não ser mais conspiração ou seita —, esse movimento exemplificava a dura e penosa formação do partido verdadeiro e próprio da política proletária. A tendência ao socialismo só alcançou a maturidade no Cartismo quando o movimento já estava próximo de fracassar; e de fato fracassou (Sois inesquecíveis, Jones e Harney!). A Liga sentia o cheiro da revolução em toda parte, porque a coisa estava no ar, porque seu instinto e seu método de informação a levavam a isso; e, enquanto a revolução efetivamente estourava, ela buscou na nova doutrina do *Manifesto* um instrumento de orientação, que era ao mesmo tempo uma arma de combate. Realmente internacional, em parte pela qualidade e origem variada de seus membros, mas bem mais ainda pelo instinto e pela vocação que todos eles tinham, ela veio a assumir seu lugar no movimento geral da vida política, como prenúncio claro e preciso de tudo o que hoje se pode chamar socialismo moderno; se com a palavra *moderno* não se entender uma simples data de cronologia extrínseca mas, diferentemente, um sinal do processo interno, ou seja, morfológico da sociedade.

Uma longa intermissão de 1852 a 1864 — o período da reação política e, ao mesmo tempo, do desaparecimento, da dispersão e da reabsorção das velhas escolas socialistas — separa a Internacional, que mal começara com a *Arbeiterbildungsverein**, em Londres, da Internacional propriamente dita, que de 1864 a 1873 tentou igualar, pelas condições de luta, as ações do proletariado na Europa e na América. Outras intermissões teve a ação do proletariado, sobretudo na Alemanha e especialmente na França, da dissolução da *Internacional* de gloriosa memória até esta nova, que hoje vive com outros meios e se desenvolve com outros modos, todos de acordo com a situação política em que nos encontramos e com as sugestões de uma experiência mais larga e amadurecida. Mas como os sobre-

* Associação dos operários. (N. da T.)

viventes — entre os que de novembro a dezembro de 1847 discutiram e aceitaram a nova doutrina — reapareceram na cena pública da grande Internacional e reapareceram por último nesta nova doutrina, também o *Manifesto* voltou continuamente à luz da publicidade, fazendo de fato aquela volta ao mundo em todas as línguas dos países civilizados, desígnio que seus autores haviam traçado desde o primeiro momento.

Esse é o verdadeiro prenúncio: esses foram nossos verdadeiros precursores. Mexeram-se antes dos outros, cedo, com passo apressado mas firme, exatamente naquele caminho que nós temos que percorrer e, de fato, estamos percorrendo. Mas o nome de precursores não cai bem àqueles que percorreram caminhos que depois tenha sido conveniente abandonar; ou seja, para sair da metáfora, àqueles que formularam doutrinas e iniciaram movimentos, sem dúvida explicáveis pelos tempos e pelas circunstâncias em que nasceram, mas que depois foram todos superados pela doutrina do comunismo crítico, que é a teoria da revolução proletária. Não é que essas doutrinas e tentativas tenham aparecido de modo acidental, inútil e supérfluo. Não há nada que seja absolutamente irracional no curso histórico dos acontecimentos, porque nele não existe nada de imotivado e, portanto, meramente supérfluo. Tampouco nos é possível, nem mesmo hoje, alcançar a consciência do comunismo crítico, sem repassar mentalmente aquelas doutrinas, percorrendo de novo o processo de seu aparecimento e desaparecimento. O fato é que essas doutrinas não são *passadas* no tempo, ou na memória, mas foram intrinsecamente *ultrapassadas*, tanto pela mudança da condição da sociedade quanto pelo progresso da inteligência das leis sobre as quais se apoiam sua formação e seu processo.

O momento em que se verifica tal *passar*, que intrinsecamente é um *ultrapassar*, é precisamente aquele em que aparece o *Manifesto*. Como primeiro sinal da gênese do socialismo moderno, este escrito, que da nova doutrina apresenta apenas os traços mais gerais, ou seja, mais facilmente comunicáveis, traz consigo os vestígios do terreno histórico em que nasceu: o da França, da Inglaterra e da Alemanha. O terreno de propagação e difusão tornou-se depois cada vez mais largo e hoje é tão vasto quanto o mundo civilizado. Em todos os países onde a tendência ao comunismo veio sucessivamente se desenvolvendo através dos antagonismos variadamente posicionados e, no entanto, a cada dia mais claros, entre burguesia e proletariado, o processo da primeira formação continuou se repetindo, em parte ou no todo. Os partidos proletários que continuadamente se constituíram, voltaram a percorrer os estágios de formação que os pioneiros percorreram pela primeira vez; entretanto, tal processo se fez de país em país e de ano em ano, cada vez mais breve, tanto pelas crescentes evidência, urgência e energia dos antagonismos, quanto porque assimilar uma doutrina ou uma orientação é muito mais fácil que produzi-las pela primeira vez. Também por isso nossos colaboradores de cinquenta anos atrás foram internacionais; porque deram ao proletariado das várias nações, com o próprio exemplo e experiência, a pista antecipada e geral do trabalho a cumprir.

Mas a consciência teórica do socialismo está, hoje como antes e como sempre estará, na compreensão de sua necessidade histórica, ou seja, na consciência da forma de sua gênese; e esta se reflete — como campo restrito de observação e como exemplo conciso — na própria formação do *Manifesto*. Ele mesmo, por colocar-se como instrumento de luta, não apresenta indícios aparentes de sua origem; porque se exprime por um conteúdo de enunciados e não por um conjunto de demonstrações. A demonstração está inteira no imperativo da necessidade. Mas a formação pode ser toda refeita; e, hoje, refazê-la significa entendermos verdadeiramente a doutrina do *Manifesto*.

De fato, há uma análise que, separando abstratamente os fatores de um organismo, os destrói enquanto elementos participantes da unidade do complexo. Mas há outro tipo de análise e só essa tem valor para a compreensão da História: é a que distingue e separa os elementos apenas para reconhecer a necessidade objetiva da participação deles no resultado. Hoje é opinião popular que o socialismo é um fruto normal e, portanto, inevitável da História atual. Sua ação política — que, por certo, admite de agora em diante adiamentos e atrasos, mas não mais reabsorção total e aniquilamento — decididamente começou com a Internacional. Por trás dela, porém, está o *Manifesto*. Sua doutrina é, acima de tudo, a luz teórica levada ao movimento proletário; o qual, de resto, se gerara e continua a gerar-se independentemente da ação de qualquer doutrina. Além disso, ele é mais que essa luz. O comunismo crítico só surge no momento em que o movimento proletário, além de ser resultado de condições sociais, já se fortaleceu a ponto de entender que essas condições são mutáveis e a ponto de perceber com que meios e em que sentido podem ser mudadas. Não bastava que o socialismo fosse um resultado da História; além disso, era necessário entender como era tal resultado, intrinsecamente, e a que acontecimentos conduzia sua agitação. A expressão de tal consciência — a saber: o proletariado, como resultado necessário da sociedade moderna, traz em si a missão de suceder à burguesia, de sucedê-la como força produtora de uma nova ordem de convivência, em que os antagonismos de classes deverão desaparecer — faz do *Manifesto* um momento característico do curso geral da História. Ele é uma revelação — mas não como visão de apocalipse ou promessa de milênio. É a revelação científica e meditada do caminho que percorre a nossa sociedade civil (que a sombra de Fourier me proteja); pela maneira como é expressa, tal revelação assume a palavra decisiva e, diria mesmo, fulminante de quem expressa no fato o próprio fato.

Nessa medida o *Manifesto* nos restitui a história interna de sua origem que, ao mesmo tempo, justifica sua doutrina e explica seu efeito singular e sua maravilhosa eficácia. Sem nos perdermos em muitos detalhes, aqui estão as séries e grupos de elementos que, reunidos e transformados naquela rápida e oportuna síntese, constituem a essência de todo desenvolvimento ulterior do socialismo científico.

O tema imediato, direto e intuitivo é dado pela França e pela Inglaterra, que já tinham colocado na cena política pós-1830 um movimento operário, que às vezes se mescla e às vezes se distingue dos outros movimentos revolucionários, corre dos extremos da revolta instintiva até o desenho prático do partido político (por exemplo a *Carta* e a *democracia social*) e gera diversas formas instáveis e passageiras de comunismo, ou de semi-comunismo, como a que na época era chamada socialismo.

Para reconhecer em tais movimentos não mais o aparecimento fugaz de perturbações meteóricas, mas o fato novo da História, era necessária uma teoria que não fosse nem um simples complemento da tradição democrática nem a condenação subjetiva dos inconvenientes então reconhecidos da economia da concorrência — que, como é sabido, passavam então pelo pensamento e pela fala de muitos. A nova teoria foi, exatamente, a obra pessoal de Marx e Engels; partindo da forma abstrata que a dialética de Hegel já tinha descrito sumariamente e nos aspectos generalíssimos, eles transferiram o conceito do devir histórico por processo de antítese para a explicação concreta das lutas de classes. E, pela primeira vez, entenderam esse movimento histórico, que parecera passagem de uma para outra forma de ideias, como a transição para uma outra forma da anatomia social subjacente, ou seja, de uma para outra forma da produção econômica.

Elevando ao nível de teoria aquela necessidade da *nova revolução social* — que era mais ou menos implícita na consciência instintiva do proletariado e nos seus movimentos apaixonados e súbitos —, essa concepção histórica, no ato de reconhecer a intrínseca e imanente necessidade da revolução, transformava o próprio conceito de revolução. O que parecera possível às seitas de conspiradores, como fato que se possa querer intencional e ao qual se possa estar predisposto por vontade própria, tornava-se um processo a ser facilitado, sustentado e secundado. A revolução se tornava objeto de uma política cujas condições são dadas pela situação complexa da sociedade: um resultado que o proletariado deve alcançar, através de várias lutas e meios variados de organização, ainda não cogitados pela velha tática das revoltas. E isto porque o proletariado não é um acessório, uma excrescência, um mal eliminável desta sociedade em que vivemos; mas é o seu substrato, sua condição essencial, seu efeito inevitável e, por sua vez, a causa que conserva e mantém viva a própria sociedade, que não se pode emancipar, senão emancipando tudo e todos, ou seja, revolucionando integralmente a forma de produção.

Como a Liga dos Justos se tornara Liga dos Comunistas, despojando-se das formas simbólicas e conspiratórias, voltando-se gradualmente para os meios da propaganda e da ação política, algum tempo depois que a insurreição de Barbès e Blanqui fracassou (1839); assim a doutrina nova, que a própria Liga aceitava e fazia sua, superou definitivamente as ideias que guiavam a ação conspiratória e converteu em fim e resultado objetivo de um processo aquilo que os conspiradores pensavam que estivesse na ponta de um projeto deles, ou que pudesse ser a emanação e o eflúvio de seu heroísmo.

E aqui está uma outra linha ascendente na ordem dos fatos, uma outra conexão de conceitos e de doutrinas.

O comunismo conspiratório, o blanquismo da época, nos faz remontar através de Buonarroti e, em parte, através de Bazard e da *Carbonária*, até chegar à conspiração de Babeuf, que foi verdadeiro herói de tragédia antiga, que tromba com o destino, por ignorar a incongruência do próprio projeto com a condição econômica do tempo, ainda não apta a pôr na cena política um proletariado munido de explícita consciência de classe. De Babeuf, através de alguns elementos menos conhecidos do período jacobino, passando Boissel e Fauchet, se remonta ao intuitivo Morelly e ao versátil e genial Mably e, se assim se quiser, até o caótico testamento do cura Meslier, rebelião instintiva e violenta do *bom-senso* contra a selvagem opressão do pobre camponês.

Foram todos igualitaristas esses precursores do socialismo violento, protestatário, conspiratório; como também foram igualitaristas a maioria dos próprios conspiradores. Por singular mas inevitável deslumbramento, todos eles adotaram uma arma de combate — mas interpretando-a e generalizando-a pelo avesso —, aquela mesma doutrina da igualdade que, desenvolvida como *direito natural*, paralelamente à formação da teoria econômica, fora instrumento na mão da burguesia, que conquistava gradualmente sua posição atual, para converter a sociedade do privilégio na do liberalismo político e econômico e do código civil[7]. Por tal ilação imediata — que no fundo era simples ilusão, isto é, por serem todos os homens naturalmente iguais —, eles teriam que ser iguais também nas posses; acreditava-se que o apelo à razão encerrasse em si cada elemento e força de persuasão e propaganda e que a rápida, instantânea e violenta tomada de posse dos instrumentos exteriores do poder político fosse o único instrumento para trazer à ordem os renitentes.

Mas, onde nasceram e como se regulam essas desigualdades, que parecem tão irracionais à luz de um tão simples e simplista conceito de justiça? O *Manifesto* surge como a negação decisiva do princípio de igualdade, assim tão ingênua e toscamente compreendido. No ato em que anuncia como inevitável a abolição das classes na futura forma de produção coletiva, fala destas mesmas classes como um fato, como são, como nasceram e como se tornaram — um fato que não é a exceção nem derroga a exceção a um princípio abstrato mas, pelo contrário, é o próprio processo da História.

Como o proletariado moderno pressupõe a burguesia, esta não vive sem ele. E um e outra são o resultado de um processo de formação, que fundamenta tudo no modo de produzir os meios necessários à vida, isto é, tudo se fundamenta no modo da produção econômica. A sociedade burguesa surgiu da sociedade corporativa e feudal, e dela surgiu lutando e revolucionando o que tinha diante de si, para apoderar-se dos instrumentos e dos meios de produção, que depois, todos eles, culminam na formação e no alargamento e na reprodução e multiplicação do capital. Descrever a origem e o progresso da burguesia, nas suas várias fases, expor seus sucessos no desenvolvimento colossal da técnica e na conquista do mercado mundial, indicar as consequentes transformações políticas, que são a expressão de tais conquistas, as defesas e o resultado, significa fazer ao mesmo tempo a história do proletariado. Este, em sua condição atual, é inerente à época da sociedade burguesa; e teve e terá tantas e tantas fases quantas tem esta própria sociedade, até sua dissolução. O antagonismo

[7] Proliferaram nestes últimos anos muitos juristas, que procuraram nas correções ao *Código Civil* os meios práticos para elevar a condição do proletariado. Mas porque não pedem ao Papa que assuma a chefia da Liga dos Livres pensadores? Entre outros, é notável o caso daquele escritor italiano que, recentemente tratando da *luta de classes*, pediu que, ao lado do Código que garante os direitos do capital, se elabore um outro que garanta os direitos do trabalho.

entre ricos e pobres, entre gozosos e sofridos, opressores e oprimidos, não é algum acontecimento acidental e facilmente removível, como parecera aos entusiastas amantes da justiça. Ao contrário, é um fato de necessária correlação, dado o princípio diretivo da atual forma de produção, como aparece na necessidade do assalariado. Esta necessidade é dúplice em si mesma. O capital só pode apoderar-se da produção, proletarizando-se; e só pode continuar a existir, a ser frutífero, a acumular-se, a multiplicar-se e a transformar-se, se assalariar os proletarizados. E estes, por sua vez, só podem existir e renovar-se entregando-se como mercadoria, como força de trabalho, cujo uso é abandonado ao critério, isto é, às conveniências dos possuidores de capital. A harmonia entre capital e trabalho está toda nisto: o trabalho é a força viva com a qual os proletários continuamente põem em movimento e reproduzem, com novo acréscimo, o trabalho acumulado no capital. Este nexo — que é resultado de um desenvolvimento, que é toda a essência íntima da História moderna, propicia a chave para entender a nova razão da luta de classes, da qual a concepção comunista se tornou auxílio e expressão — é, por outro lado, feito de tal maneira que nenhum protesto do coração e do sentimento, nenhuma argumentação de justiça pode resolvê-lo ou desfazê-lo.

Por tais razões, aqui por mim apresentadas, até onde espero, com plausível popularidade, o comunismo igualitário permanecia vencido. A sua impotência prática era igual à sua incapacidade teórica de perceber as causas das injustiças, ou seja, das desigualdades que queria, corajosa ou irrefletidamente, sepultar e eliminar de repente.

A partir daí, compreender a História se tornava a principal preocupação dos teóricos do comunismo. E como se poderia contrapor à dura realidade da História um almejado e, até mesmo, perfeitíssimo ideal? Nem se poderia afirmar que o comunismo seja o estado natural e necessário da vida humana, de todos os tempos e lugares, em relação ao qual todo o curso das formações históricas deve parecer uma série de desvios e de aberrações. Nem que a ele se pode chegar, ou se transformar, por abnegação espartana e por resignação cristã. Ele pode ser, e efetivamente deve ser e será, a consequência da dissolução desta nossa sociedade capitalista. Mas, nela, a dissolução não pode ser inoculada artificialmente, nem importada *ab extra.* Ela se dissolverá pelo próprio peso, diria Maquiavel. Cairá como forma de produção, que gera em si mesma a constante e progressiva rebelião das forças produtivas contra as relações (jurídicas e políticas) da produção; e no entanto só continua a viver — enquanto viver — porque aumenta continuamente a concorrência que gera as crises e estende vertiginosamente sua esfera de ação — condições intrínsecas de sua morte inevitável. Como aconteceu com a morte natural em outro ramo de ciência, também na forma social, a morte se transformou em caso fisiológico.

O *Manifesto* não apresentou nem devia apresentar o projeto da sociedade futura. Por outro lado, disse como a presente sociedade se dissolverá pela dinâmica progressiva de suas forças imanentes. Para isso, recorreu principalmente à exposição do desenvolvimento da burguesia; e a fez em traços rápidos, que são capítulo exemplar da filosofia da História, suscetível a retoques, acréscimos e, acima de tudo, a amplo desenvolvimento, mas que não admite correção no que lhe é intrínseco[8].

Saint-Simon e Fourier, ainda que não tenham sido reproduzidos no teor de suas ideias, nem imitados no encaminhamento de suas abordagens, permaneciam, por tal elevação teórica, justificados e confirmados. Ambos ideólogos, eles tinham superado a época liberal dentro dela mesma, em uma antecipação de singular genialidade que, no horizonte por eles visualizado, culminava com a Grande Revolução. O primeiro subverteu a interpretação da história do direito à economia e da política à física social e — em meio a muitas incertezas de entendimento idealista e de entendimento positivo — quase encontrou a gênese do *terceiro estado.* O outro, por ignorância de detalhes desconhecidos ou por ele desprezados e por exuberância de engenho não disciplinado, fantasiou uma grande sequência de épocas históricas, vagamente diferenciadas e marcadas por certos sinais do princípio diretivo das formas de produção e de distribuição. Em seguida, alinhavou o argumento da construção de uma sociedade em que os antagonismos atuais desaparecessem. Entre esses antagonismos, com perspicácia genial, descobriu um que estudou com amor especial: *o círculo vicioso da produção.* Sem o saber, concorria com Sismondi que, na mesma época, com outro intuito e por outras vias, a partir do exemplo das crises e dos apontados inconvenientes da grande indústria e da concorrência impiedosa, explicava com timidez o fiasco da ciência econômica recém-elaborada. Do alto da serena meditação sobre o mundo futuro dos harmoniosos, Fourier olhou com sereno desprezo para a miséria dos civilizados e escreveu tranquilo a sátira da História. Ideólogos, tanto um quanto outro, ignoraram a dura luta que o proletariado é convocado a sustentar, antes de por termo à época da exploração e dos antagonismos e,

[8] Tal desenvolvimento é *O Capital*, de Marx, que neste caso eu não me sinto qualificado para chamar de filosofia da História.

por necessidade subjetiva de concluir, se tornaram um projetista e, o outro, um utopista[9]. Mas adivinharam alguns aspectos notáveis dos princípios diretivos da sociedade sem antagonismos. O primeiro concebeu claramente o governo técnico da sociedade, sem domínio do homem sobre o homem. E Fourier adivinhou, divisou e previu, através de tantas extravagâncias de sua luxuriante e irrefreada fantasia, não poucos aspectos notáveis da psicologia e da pedagogia daquela convivência futura, na qual, segundo a expressão do *Manifesto*: "o livre desenvolvimento de cada um é condição do livre desenvolvimento de todos".

O saintsimonismo já se havia dissipado quando o *Manifesto* apareceu. Por outro lado, o fourierismo florescia na França, por sua própria índole, não como partido, mas como escola. Quando a escola tentou alcançar a utopia por meio da lei, os proletários parisienses já tinham sido derrotados nas jornadas de junho por aquela burguesia que, derrotando-os, propiciou a si mesma o domínio de um apogeu, insigne e aventureiro, que durou vinte anos.

Não como voz de uma escola, mas como promessa, ameaça e vontade de um partido, vinha à luz a nova doutrina dos comunistas críticos. Seus autores e sequazes não viviam de fantasia do futuro, mas com o ânimo completamente voltado para a experiência e para as necessidades do presente. Viviam da consciência dos proletários, cujo instinto, ainda não submetido pela experiência, em Paris e na Inglaterra estimulava a subverter o domínio da burguesia, com velocidade de ações não dirigidas por uma tática estudada. Esses comunistas difundiram na Alemanha as ideias revolucionárias, foram os defensores das vítimas de junho e tiveram na *Neue Rheinische Zeitung** um órgão político que, hoje, tantos anos depois, ainda faz escola, especialmente pelos seus textos que esparsamente vêm sendo reproduzidos. Cessadas as contingências históricas, que em 1848 impulsionaram os proletários para a frente da cena política, a doutrina do *Manifesto* não encontrou mais nem base nem terreno de difusão. Esperou anos para difundir-se; porque foram necessários anos antes que o proletariado pudesse, por outras vias e com outros modos, voltar à cena como força política, fazer dessa doutrina seu órgão intelectual e encontrar nela os meios de orientação.

---

[9] Não sou contrário a reconhecer, como Anton Menger, que Saint-Simon não foi verdadeiramente utopista, como foram de forma acentuada, típica e clássica, Fourier e Owen.

* Nova Gazeta Renana. (N. da T.)

Mas, desde o dia em que apareceu, ela foi a crítica antecipada daquele *socialismus vulgaris* que vegetou pela Europa e, especialmente, na França desde o golpe de Estado até o aparecimento da Internacional que, em seu breve período de vida, não teve tempo de vencê-lo, esgotá-lo, eliminá-lo totalmente. Esse socialismo vulgar se alimentava — se não de outras ideias mais desconexas — principalmente das doutrinas e mais ainda dos paradoxos de Proudhon que, já há muito tempo superado por Marx, só foi praticamente vencido durante a Comuna, quando seus sequazes, pela mais salutar lição dos fatos, foram obrigados a contrariar as doutrinas do mestre.

Desde que apareceu, esta nova doutrina do comunismo foi a crítica implícita de todas as formas de socialismo de Estado, de Louis Blanc a Lassalle. O socialismo de Estado, embora ainda mesclado a tendências revolucionárias, se concentrava inteiro na fábula, no *Hokus Pokus*, do *direito ao trabalho*. Esta expressão é insidiosa, se implica questão que se dirija a um governo, mesmo de burgueses revolucionários. É absurdo econômico, se se tem em mente suprimir a variável desemprego, que influi na variação dos salários, ou seja, nas condições da concorrência. Pode ser artifício de politiqueiros, se é empregada para aplacar as turbulências de uma massa agitada de proletários não organizados. É uma futilidade teórica, para quem conceba claramente o curso de uma revolução vitoriosa do proletariado; que não pode deixar de encaminhar a socialização dos meios de produção, mediante a tomada de posse deles; ou seja, não pode deixar de encaminhar à forma econômica, em que não há nem mercadoria nem salariado, onde o direito ao trabalho e o dever de trabalhar se unem na necessidade comum a todos de que todos trabalhem.

A fábula do direito ao trabalho acaba na tragédia das jornadas de junho. A discussão parlamentar que se fez sobre elas em seguida foi paródia. O choroso e retórico Lamartine, aquele grande oportunista, tinha tido ocasião de pronunciar a última ou a penúltima de suas festejadas frases: "a experiência dos povos são as catástrofes"; e bastava isto para a ironia da História.

Mas o *Manifesto*, esse escrito de tão pequeno porte, de estilo tão distante da insinuação retórica de uma fé ou de uma crença, possibilitou a consolidação de muitos pensamentos e a reunião de germes com potencial de largo desenvolvimento. E não foi, porém, nem pretendeu ser o código do socialismo, nem o catecismo do comunismo crítico, nem o *vade mecum* da revolução proletária. Podemos bem deixar as *quintessências* para Schäffle, por conta de quem também deixamos de bom grado a famosa frase:

a *questão social é uma questão de ventre*. O *ventre* de Schäffle por muitos anos se exibiu pelo mundo, para deleite de tantos esportistas do socialismo e para alívio de tantos policiais. O comunismo crítico mal começava com o *Manifesto*: deveria desenvolver-se e, de fato, se desenvolveu.

O complexo de doutrinas que hoje são comumente chamadas marxismo só alcançou a verdadeira maturidade entre os anos 60 e 70. Certamente, desenvolveu-se muito a partir do opúsculo *Trabalho assalariado e Capital*[10], no qual, pela primeira vez em termos precisos, se toca em como da compra e do uso da *mercadoria trabalho* se obtém um produto superior ao custo, o que era o nó da questão não resolvida da mais-valia até as amplas, complicadas e multilaterais considerações do livro *O Capital*. Esse livro esgota a gênese da época burguesa, em toda sua íntima estrutura econômica; e supera intelectualmente essa mesma época porque a explica em seus procedimentos, em suas leis particulares e nos antagonismos que ela organicamente produz e que organicamente a dissolvem.

E corre como variante do movimento proletário que fracassou em 1848 até este de nossos dias, que depois de ter reaparecido na superfície da vida política, em meio a muitas dificuldades, veio se desenvolvendo com tal e tanta constância de processo, mas com lentidão de movimentos estudados. Até poucos anos atrás, esta regularidade de movimento progressivo no proletariado só era notada e admirada na Alemanha, onde a democracia social, como árvore em terreno próprio, da conferência operária de Nuremberg de 1868 em diante, veio crescendo normalmente em processo constante. Mas depois o que acontecia na Alemanha se repetiu de várias formas em outros países.

Ora, nesse desenvolvimento amplo do marxismo e nesse crescimento do movimento do proletariado nos modos compassados da ação política não houve talvez, como dizem muitos, uma atenuação do caráter belicoso da forma originária do comunismo crítico? Ou talvez tenha sido uma passagem da revolução para a assim chamada evolução? Ou, pelo contrário, uma aquiescência do espírito revolucionário às exigências do reformismo?

Estas reflexões e objeções surgiram e surgem continuamente, tanto no seio do socialismo, pela boca dos mais inflamados de ânimo e de fantasia entre seus seguidores, quanto do lado dos adversários, para quem é vanta-

---

[10] Digo opúsculo, referindo-me à forma a que foi reduzido o escrito, com fim de propaganda, em 1884. Originalmente foram arquivos da Neue Rheinische Zeitung, abril de 1849, que reproduziam conferências proferidas no Círculo Operário Alemão de Bruxelas em 1847.

gem generalizar os casos particulares de insucesso, as pausas, as demoras, para afirmar que o comunismo absolutamente não tem futuro.

Quem avaliar o atual movimento proletário e o seu curso variado e complicado sob a impressão do *Manifesto* — quando sua leitura não for acompanhada de outros conhecimentos —, pode facilmente acreditar que existia alguma coisa exageradamente juvenil e prematura na firme autoconfiança daqueles comunistas de cinquenta anos atrás. Nas palavras deles há como um grito de batalha, e o eco da vibrante eloquência de alguns oradores do cartismo, e quase o anúncio de um novo '93, feito de modo a não dar lugar a um novo Termidor.

E todavia, o Termidor veio, e se repetiu muitas vezes no mundo, em formas variadas, e mais ou menos explícitas ou dissimuladas; foram seus autores, de 1848 aos dias de hoje, ex-radicais à francesa, ou ex-patriotas à italiana, ou burocratas à alemã — na ideia, adoradores do deus Estado e, na prática, bons servos do deus dinheiro — ou parlamentares à inglesa, finórios conhecedores dos artifícios e expedientes da arte de governo, ou até mesmo policiais com máscara de anarquistas de Chicago, e similares. De um lado os muitos protestos contra o socialismo, e aqui e ali os argumentos de pessimistas e de otimistas contra a probabilidade do seu sucesso. A muitos parece que a constelação do Termidor não deve mais desaparecer do céu da História; ou seja, falando de forma mais prosaica, para esses o liberalismo, que é a sociedade dos iguais em direito presumido, sinaliza o extremo limite da evolução humana e, para além dele, só pode acontecer o regresso. A isto de bom grado se acomodam todos aqueles que, de maneira geral, recolocam a razão e o fim de todo progresso unicamente na sucessiva extensão da forma burguesa. Sejam otimistas ou pessimistas, todos encontram as colunas de Hércules do gênero humano. Não raras vezes acontece que tal sentimento, na sua forma pessimista, atue inconscientemente sobre muitos dos que, junto com outros *déclassés*, vão engrossar as fileiras do anarquismo.

Há também os que se lançam mais além, e assim se põem a teorizar sobre a objetiva inverossimelhança dos assuntos do comunismo crítico. O enunciado do *Manifesto* — que diz que a simplificação de todas as lutas de classe em uma única luta traz consigo a necessidade da revolução proletária — seria intrinsecamente falacioso para estes polemistas que teorizam. Essa nossa doutrina seria infundada, como a que pretende extrair uma ilação científica e uma regra de conduta prática da argumentada previsão de um fato presumido, o qual, na opinião divergente destes bons e pacíficos opositores, seria um simples *ponto teórico* deslocável e diferenciável ao infinito. A suposta inevitável e resolutiva colisão entre as forças produtivas e a forma de produção nunca aconteceria, segundo eles, porque se dispersa em infinitos atritos particulares, se multiplica nas colisões parciais da concorrência econômica, é retardada e obstruída pelos expedientes e vilências da arte de governo. Em outros termos, a sociedade presente, ao contrário de rachar e dissolver-se, renovaria perpetuamente a obra de seu reaparecimento e retoque. Cada movimento proletário que não fosse reprimido com violência, como aconteceu em junho de 1848 e em maio de 1871, cessaria por lenta exaustão, como aconteceu com o cartismo que acabou no *Trade Unionismo*, cavalo de batalha deste modo de argumentar, honra e vaidade dos economistas vulgares e dos sociólogos baratos. Cada movimento proletário moderno seria meteórico e não orgânico, seria uma perturbação e não um processo; e, à mercê de tais críticos, mesmo contra nossa vontade, nós seríamos ainda hoje *utopistas*.

A previsão histórica, que está no fundo da doutrina do *Manifesto* e que, depois, na sequência, o comunismo crítico ampliou e especificou com a mais larga e minuciosa análise do mundo presente, teve por certo, pelas circunstâncias do tempo em que apareceu pela primeira vez, calor de batalha e vivíssima cor de expressão. Mas não implicava, com não implica ainda hoje, nem uma data cronológica nem a pintura antecipada de uma configuração social, como foi e é próprio das antigas e novas profecias e dos apocalipses.

O heroico Frei Dolcino não havia surgido de novo para ecoar pelas terras o grito de batalha, pela profecia de Gioacchino di Fiore. Nem se comemorava novamente em Münster a ressurreição do reino de Jerusalém. Não mais taboristas ou milenaristas. Não mais Fourier, que esperasse *chez soi*, com hora marcada, por anos a fio, o candidato da humanidade. Não era mais o caso de que o iniciador de uma nova vida começasse por iniciativa própria a conceber, com meios premeditados e de modo unilateral e artificial, o primeiro embrião de uma associação que refizesse, como enxerto, a planta homem: como aconteceu com Bellers, através de Owen e Cabet, até o empreendimento dos fourieristas do Texas, que foi a catástrofe, ou mais ainda, a tumba do utopismo, ilustrada por um singular epitáfio, o emudecimento da eloquência quente de Considerant. Não é mais a seita, que em ato de religiosa abstinência se retira do mundo pudica e timidamente, para celebrar em um círculo reservado a perfeita ideia da comunidade; como os Irmãozinhos nos confins das colônias socialistas da América.

Ao contrário, na doutrina do comunismo crítico é a sociedade inteira que, em um momento de seu processo geral, descobre a causa de seu caminho fatal e, em um ponto saliente da curva, se ilumina para explicar a lei de seu movimento. A previsão, com a qual o *Manifesto* acenava pela primeira vez, não era cronológica, de prenúncio ou de promessa; mas, para dizê-la em uma palavra, que a meu ver exprime tudo suscintamente, *morfológica*.

Sob o estrépito e o brilho das paixões, sobre as quais habitualmente se exercita a conversação cotidiana, mais aquém dos movimentos visíveis das vontades que agem de acordo com planos, que é o que os cronistas e historiadores veem e narram, mais abaixo do aparelho jurídico e político da nossa convivência civilizada, muito atrás das significações que a religião e a arte dão ao espetáculo e à experiência da vida, está e consiste, e se altera e transforma a estrutura elementar da sociedade, que sustenta todo o resto. O estudo anatômico de tal estrutura subjacente é a *Economia*. E porque a convivência humana muitas vezes mudou, ou parcialmente ou integralmente, no seu aparelho exterior mais visível, e nas suas manifestações ideológicas, religiosas, artísticas e similares, antes de tudo é preciso encontrar os móveis e as razões de tais mudanças — que os historiadores habitualmente relatam — nas mutações mais ocultas e menos visíveis à primeira vista dos processos econômicos da estrutura subjacente. Ou seja, é preciso voltar-se para o estudo das diferenças que permeiam as várias formas da produção, quando se tratar de épocas históricas nitidamente distintas, e propriamente ditas — e onde se tratar de explicar a sucessão de tais formas, ou seja, a substituição de uma pela outra, é preciso estudar as causas de erosão e estiolamento da forma que morre —, e por último, quando se quiser entender o fato histórico concreto e determinado, é necessário estudar e explicar os atritos e os contrastes que nascem dos vários concorrentes (ou seja, as classes, suas subdivisões e os laços destas e daquelas), que formam uma determinada configuração.

Quando o *Manifesto* diz que a História até hoje nada mais é que a história das lutas de classes e que nelas está a razão de todas as revoluções, e de todos os retrocessos, ele faz duas coisas a um só tempo. Dá ao comunismo os elementos de uma nova doutrina e aos comunistas o fio condutor para reconhecer, nos intrincados acontecimentos da vida política, as condições do movimento econômico subjacente.

Nos cinquenta anos decorridos daquela época até hoje, a previsão genérica de uma nova *era histórica* tornou-se para os socialistas a arte minuciosa de entender caso a caso aquilo que convém e que se deve fazer; porque, por si mesma, essa era nova está em contínua formação. O comunismo tornou-se uma arte, porque os proletários se tornaram, ou foram levados a se tornar, um partido político. O espírito revolucionário se plasma diariamente na organização proletária. A anunciada conjunção dos comunistas e dos proletários[11] é hoje um fato. Estes cinquenta anos foram a prova sempre crescente da rebelião ampliada das forças produtivas contra as formas da produção.

À parte esta lição intuitiva dos fatos nós, *utopistas*, não temos outra resposta a oferecer àqueles que ainda falam de perturbações meteóricas que, segundo a opinião deles, reverterão todas à calma desta insuperada e insuperável época de civilização. E tal lição basta.

Passados onze anos da publicação do *Manifesto*, Marx encerrava, em clara e transparente fórmula, os princípios retores da interpretação materialista da História; no prefácio de um livro que é o precursor de *O Capital*[12]. Eis reproduzida a passagem:

"O primeiro trabalho que empreendi, para resolver as dúvidas que me assaltavam, foi uma revisão crítica da *Filosofia do Direito*, de Hegel, trabalho cuja introdução apareceu nos *Anais Franco-alemães*, publicados em Paris, em 1844. Minhas investigações me conduziram ao seguinte resultado: as relações jurídicas, bem como as formas do Estado, não podem ser explicadas por si mesmas, nem pela chamada evolução geral do espírito humano; estas relações têm, ao contrário, suas raízes nas condições materiais de existência, em seu conjunto, condições estas que Hegel, a exemplo dos ingleses e dos franceses do século XVIII, compreendia sob o nome de 'sociedade civil'. Cheguei, também, à conclusão de que a anatomia da sociedade deve ser procurada na economia política. Eu havia começado o estudo desta última em Paris e o continuara em Bruxelas, onde eu me havia estabelecido, em consequência de uma sentença de expulsão ditada pelo Sr. Guizot contra mim. O resultado geral a que cheguei e que, uma vez obtido, serviu de guia para meus estudos, pode formular-se, resumidamente, assim:

"Na produção social da própria existência, os homens entram em relações determinadas, necessárias, independentes de sua vontade; estas relações de produção correspondem a um grau determinado de desenvol-

[11] Capítulo II do *Manifesto*.

[12] *Zur kritik der politischen Oekonomie*, Berlim, 1859, p. IV-VI do prefácio. [A tradução da passagem para o português é de Florestan Fernandes. MARX, K. *Contribuição à Crítica da Economia Política*. São Paulo, Florna, 1946. p. 30-32.]

vimento de suas forças produtivas materiais. O conjunto dessas relações de produção constitui a estrutura econômica da sociedade, a base real sobre a qual se eleva uma superestrutura jurídica e política e à qual correspondem formas sociais determinadas de consciência. O modo de produção da vida material condiciona o processo de vida social, política e intelectual. Não é a consciência dos homens que determina a realidade; ao contrário, é a realidade social que determina sua consciência. Em certa fase de seu desenvolvimento, as forças produtivas da sociedade entram em contradição com as relações de produção existentes ou, o que não é mais que sua expressão jurídica, com as relações de propriedade, no seio das quais elas se haviam desenvolvido até então. De formas evolutivas das forças produtivas, que eram, essas relações convertem-se em seus entraves. Abre-se, então, uma era de revolução social. A transformação que se produziu na base econômica transtorna mais ou menos lenta ou rapidamente toda a colossal superestrutura. Quando se consideram tais transformações, convém distinguir, sempre, a transformação material das condições econômicas de produção — que podem ser verificadas, fielmente, com a ajuda das ciências físicas e naturais — e as formas jurídicas, políticas, religiosas, artísticas ou filosóficas, em resumo as formas ideológicas, sob as quais os homens adquirem consciência desse conflito e o levam até ao fim. Do mesmo modo que não se pode julgar uma tal época de abalos pela consciência que ela tem de si mesma. É preciso, ao contrário, explicar esta consciência pelas condições da vida material, pelo conflito que existe entre as forças produtivas sociais e as relações de produção. Uma sociedade jamais desaparece antes que estejam desenvolvidas todas as forças produtivas que possa conter, as relações de produção novas e superiores não tomam jamais seu lugar antes que as condições materiais de existência dessas relações tenham sido incubadas no próprio seio da velha sociedade. Eis por que a humanidade não se propõe nunca senão os problemas que ela pode resolver, pois, aprofundando a análise, ver-se-á, sempre, que o próprio problema só se apresenta quando as condições materiais para resolvê-lo existem ou estão em vias de existir. Esboçados, em largos traços, os modos de produção asiáticos, antigos, feudais e burgueses modernos, podem ser designados como outras tantas épocas progressivas da formação social econômica. As relações de produção burguesas são a última forma antagônica do processo de produção social, antagônica não no sentido de um antagonismo individual, mas de um antagonismo que nasce das condições de existência sociais dos indivíduos; as forças produtivas que se desenvolvem no seio da sociedade burguesa criam, ao mesmo tempo, as condições materiais para resolver este antagonismo. Com esta formação social termina, pois, a pré-História da sociedade humana".

Enquanto Marx assim escrevia, já há muitos anos havia abandonado a arena política, à qual só retornaria mais tarde, nos tempos da Internacional. A reação havia derrotado a revolução na Itália, na Áustria, na Hungria, na Alemanha, quer a revolução patriótica, quer a liberal ou a democrática. A burguesia, de sua parte, vencera ao mesmo tempo os proletários na França e na Inglaterra. As condições indispensáveis ao desenvolvimento do movimento democrático e proletário *desapareceram de uma penada.* As fileiras, não certamente muito numerosas, dos comunistas do *Manifesto,* que se haviam mesclado à revolução, e logo após participaram de todas as ações de resistência e de insurreição popular contra a reação, assistiram finalmente ao bloqueio de sua atividade com o memorável processo de Colônia. Os sobreviventes do movimento tentaram um recomeço em Londres; mas rapidamente Marx, Engels e outros deram as costas aos revolucionários profissionais, e retiraram-se da ação imediata. A crise passou. Persistia uma longa pausa. Ela era o sintoma da lenta desaparição do movimento cartista, ou seja, do movimento proletário do país que é a *coluna vertebral* do sistema capitalista. Naquele momento a História não dava razão às ilusões dos revolucionários.

Antes de dedicar-se quase que exclusivamente à prolongada incubação dos fundamentos que ele já havia encontrado na crítica da economia política, Marx ilustrou a história do período revolucionário de 1848-50 em vários escritos, em particular as lutas de classes na França, narrando-as de tal maneira que, se a revolução, na forma que assumia naquele momento, estava falida, não por isso se desmentia a teoria revolucionária da História[13], traço apenas esboçado no *Manifesto* mas que já assumia seu papel de condutor de toda a exposição.

Mais ainda, o texto que tem como título *O Dezoito Brumário de Luís Bonaparte*[14] foi a primeira tentativa de plasmar a nova concepção histórica no relato de uma ordem de fatos, compreendidos em parâmetros temporais precisos.

---

[13] Os artigos publicados na *Neue Rheinische Zeitung, Politisch-Oekonomische Revue,* Hamburgo, 1850, foram recentemente reproduzidos por Engels (Berlim, 1895) em opúsculo precedido de um prefácio seu. O título do opúsculo é precisamente *As Lutas de Classe na França de 1848 a 1850.*

[14] Este escrito de Marx foi publicado em uma revista de Nova York, em 1852. Depois foi muitas vezes reproduzido na Alemanha. Hoje pode ser lido também em francês. Lille, 1891, e. Delory.

Não é certamente pequena a dificuldade em passar do movimento aparente ao movimento real da História, para aí descobrir o nexo íntimo. É grande a dificuldade de passar os indícios passionais, oratórios, parlamentares, eleitorais e assemelhados ao interior das engrenagens sociais, para nelas descobrir, explicando-as, os vários interesses dos grandes e dos pequenos burgueses, dos camponeses, dos artesãos e dos operários, dos padres e dos soldados, dos banqueiros, dos usurários e da canalha; esses interesses, conscientemente ou inconscientemente, não importa, operam escondendo-se, elidindo-se, combinando-se ou fundindo-se na desarmônica vida dos civilizados.

A crise havia passado, e havia passado precisamente nos países que constituíam o terreno histórico do qual o comunismo crítico havia surgido. Entender a reação nas suas causas econômicas repostas era tudo o que os comunistas críticos poderiam ter feito, porque, naquele momento, entender a reação era como continuar a obra da revolução. Sucede assim que, em outras condições e formas, vinte anos depois, quando Marx, em nome da Internacional, no opúsculo sobre *A Guerra Civil na França*, escreve uma apologia da Comuna, seja esta simultaneamente a sua crítica objetiva.

A heroica resignação com a qual Marx deixou a arena política depois de 1850 possui uma réplica no seu afastamento da *Internacional*, depois do Congresso de Haia em 1972. Os dois fatos podem interessar aos biógrafos porque neles se encontra o seu caráter pessoal; no qual, efetivamente, tanto as ideias como o temperamento, tanto a política como o pensamento tornam-se uma unidade. Mas nestes fatos particulares existe um significado mais estrito, e de maior importância para nós. O comunismo crítico não fabrica as revoluções, não prepara as insurreições, não arma as sublevações. De fato ele forma um todo com o movimento proletário; mas observa e sustenta esse movimento na plena compreensão das conexões que têm, ou pode e deve ter, com o conjunto de todas as relações da vida social. Resumindo: não é um seminário no qual se forma o estado maior dos capitães da revolução proletária, mas é apenas a consciência de tal revolução e, sobretudo, em determinadas contingências, a consciência de sua dificuldade.

O movimento proletário vem crescendo de forma colossal nestes últimos trinta anos.

Atravessou muitas dificuldades, passando por tantas vicissitudes de passos para trás e de passos adiante, e tem paulatinamente assumido formas políticas, com métodos passo a passo escolhidos e lentamente experimentados. Os comunistas não festejaram tudo isso com a ação mágica da doutrina, divulgada e comunicada com a capacidade persuasiva da palavra e da escrita. Desde o princípio souberam ser a ala à extrema esquerda de cada movimento proletário, mas, à medida em que este se desenvolvia e se especificava, era necessidade e ao mesmo tempo dever para os comunistas considerar, nos programas e nas ações práticas dos partidos, as várias contingências do desenvolvimento econômico e, consequentemente, da situação política.

Nestes cinquenta anos desde a publicação do *Manifesto*, a diversidade e a complexificação do movimento proletário tornaram-se tais e tantos que já não existe, nem existirá, uma mente capaz de abraçá-las, penetrá-las, entendê-las e explicá-las em suas causas e relações verdadeiras. A Internacional unitária, que teve sua existência entre 1864-73, fez aquilo que tinha por ofício: uma aproximação preliminar nas tendências gerais e nas ideias comuns e indispensáveis ao conjunto do proletariado, e depois devia desaparecer. Ninguém pensará, ou poderá pensar, em reconstruir algo que com ela se pareça.

Duas causas, entre outras, contribuíram para a ampla diversidade e complexificação do movimento proletário. Em muitos países a burguesia tem sentido a necessidade de limitar, em causa própria, muitos dos abusos que se seguiram à primeira e súbita introdução do sistema industrial; e daí o nascimento da legislação operária, ou, como alguns dizem pomposamente, social. A mesma burguesia, ou por defesa, ou sob a pressão das circunstâncias, foi obrigada a ampliar as condições gerais de liberdade em muitos países e, em particular, estender o direito de voto. Por estas duas circunstâncias, que trouxeram o proletariado para dentro da cerca da vida política cotidiana, crescem enormemente a sua capacidade de movimento; e com maior agilidade e flexibilidade, agora à disposição dele, permitiram ao proletariado enfrentar-se com a burguesia na arena dos comícios e nas seções parlamentares. E posto que é do processo das coisas que emerge o processo das ideias, correspondem assim a este desenvolvimento, prático, multiforme do proletariado — que é tanto diversificado em suas formas e imbricações que ninguém mais pode colocá-lo sob os olhos e repensá-lo em seu conjunto —, um gradual desenvolvimento das doutrinas do comunismo crítico em sua tarefa de entender a História e entender a vida presente, até a minuciosa descrição das menores partículas da economia. Este, em resumo, tornou-se uma *ciência*, se este nome for tomado com a devida discrição.

Mas tudo isso não é, como insistentemente dizem alguns, um desvio da doutrina simples e imperativa do *Manifesto*? Ou como repetem outros:

o que se ganha em extensão e complexidade não seria perdido em intensidade e precisão?

Tais perguntas nascem, segundo me parece, de um conceito equivocado do movimento proletário atual, e de uma ilusão de ótica sobre a intensidade da energia e sobre o valor revolucionário de manifestações passadas já há muitos anos.

Qualquer que seja a concessão que a burguesia faça no ordenamento econômico — até a redução máxima da jornada de trabalho — permanece sempre verdadeiro o fato de que a necessidade da exploração, sobre a qual toda a ordem social presente se apoia, possui limites intransponíveis, além dos quais o capital, como instrumento de produção privado, perde a sua razão de ser. Se uma atual concessão pode acalmar uma forma imediata de inquietação no proletariado, a mesma concessão não pode deixar de despertar o desejo de outras, e novas, e sempre crescentes. A necessidade da legislação operária, nascida na Inglaterra, antecipando o movimento cartista, desenvolvendo-se posteriormente com ele, obtém seus primeiros sucessos no período de tempos imediatamente posterior à queda do próprio cartismo. Os princípios e as razões deste movimento, em suas relações intrínsecas de causa e efeito, foram estudados criticamente por Marx no *Capital*, para depois passarem aos programas dos partidos socialistas por mediação da Internacional. E assim, finalmente, todo esse processo, concentrando-se na reivindicação da jornada de oito horas, transformou-se na festa do 1º de maio como uma resenha internacional do proletariado, na qual são registrados os sinais de seus avanços. Por outro lado, a competição política à qual o proletariado se habitua não democratiza os usos e costumes e, assim, não constrói uma verdadeira democracia; mas mesmo esta, no longo prazo, não poderá se acomodar à forma política atual que, como órgão da sociedade exploradora, é uma hierarquia burocrática, uma burocracia judiciária, uma sociedade de mútuo socorro entre os capitalistas e o militarismo a serviço dos impostos alfandegários protetores, dos eternos juros da dívida pública, da renda da terra, e de cada uma das formas de interesse do capital. Os dois mencionados fatos, portanto, que aparentam desviar-se ao infinito das previsões do comunismo — isso segundo a opinião dos furiosos e dos hiper-críticos — convertem-se, ao contrário, em meios e condições novas que confirmam aquelas previsões. Os aparentes desencaminhadores da revolução tornam-se, em suma, seus motores.

Sequer é necessário, por outro lado, exagerar a amplidão da expectativa revolucionária dos comunistas de cinquenta anos atrás. Dada a atual situação política da Europa de hoje, se algum crédito deve ser-lhes dado, é o de terem sido precursores, e o foram de fato: se eles tinham alguma expectativa, era a de que as condições políticas da Itália, Áustria, Hungria, Alemanha e Polônia se aproximassem das formas modernas, o que acabou acontecendo, pouco tempo mais tarde e pelo menos em parte, mas por outro caminho. Se neles havia esperança, era esta, a de que o movimento proletário da França e da Inglaterra, continuasse e se desenvolvesse. A reação engrandecida varreu muita coisa, desviou e procrastinou muitos desenvolvimentos que estavam então implícitos ou em plena marcha. Também varreu do campo do socialismo a velha tática revolucionária — e estes últimos anos não criaram uma nova. Eis tudo[15].

Nem o *Manifesto* quer ser melhor e mais do que o primeiro fio condutor de uma ciência e de uma prática, que apenas a experiência e os anos poderiam desenvolver. Ele diz respeito ao andamento geral do movimento proletário e concerne, por assim dizer, apenas ao esquema e ao ritmo.

Indubitavelmente reflete-se aí o impacto que a experiência dos dois movimentos, que há pouco observamos, causava sobre os comunistas daqueles tempos; o da França e sobretudo o cartismo que, rapidamente, foi tomado pela paralisia, pelo malogro da manifestação insurrecional de 10 de abril de 1848. Mas, em tal esquema nada aparece idealizado que posteriormente se converta em uma taxativa tática de guerra; como de fato aconteceu muitas vezes que os revolucionários houvessem reduzido a um catecismo precipitado o que não poderia ser mais do que um simples produto do desenvolvimento das coisas.

Aquele esquema tornou-se posteriormente mais amplo e complexo, graças à expansão do sistema burguês, que se apossou do mundo, do qual compreende uma parte muito maior. O ritmo do movimento tornou-se mais variado e mais lento, precisamente porque a massa operária entrou em cena como verdadeiro e próprio partido político; assim, mudando o modo e a cadência da ação, não se perde o movimento.

Como, mesmo antes do aperfeiçoamento das armas e de outros meios de defesa, a tática da insurreição já se mostrava inoportuna — como a complexificação do estado moderno faz parecer insuficiente a ocupação improvisada de um *Hôtel de Ville*, para impor a todo um povo a vontade e o ideário de uma minoria, ainda que corajosa e progressista —, da mesma forma, a massa proletária não está mais disponível à palavra de ordem

[15] Engels aprofunda esta questão do desenvolvimento objetivo da nova tática revolucionária, no prefácio do citado opúsculo e em outros escritos.

de poucos chefes, nem baliza suas ações pelas prescrições dos capitães os quais podem, quando muito, criar sobre as ruínas de um governo de classe ou de camarilha um outro do mesmo gênero. A massa proletária tem feito e faz sua própria educação democrática onde quer que ela tenha se envolvido na política. Isto é, elege e avalia os seus representantes, e apropria-se pelo exame, das suas ideias e propostas que, em razão de seus estudos e conhecimentos, foram capazes de intuir e prever; e já sabe, ou pelo menos começa a entender segundo os diferentes países, que a conquista do poder político não deve nem pode ser feita por outros em seu nome, mesmo que seja pelos grupos de corajosos já mencionados, e que, sobretudo, aquela conquista não pode acontecer por um golpe de mão. Em resumo, massa proletária, ou sabe, ou saberá compreender que a ditadura do proletariado — que deverá preparar a socialização dos meios de produção — não pode advir de uma insurreição de uma turba dirigida por *alguns*, mas deve ser e será o resultado dos próprios proletários, que são, já em si, e por longo exercício, uma organização política.

O desenvolvimento e a extensão do sistema burguês foram rápidos e colossais nestes cinquenta anos. Enfim ele corroe a velha e santa Rússia e cria, não na América nem na Austrália, ou na Índia, como era de se esperar, mas finalmente no Japão novos e modernos centros de produção, complicando as condições de concorrência e os interesses do mercado mundial. Os efeitos das transformações políticas ou já estão em curso, ou não se farão esperar longamente. Igualmente rápidos e colossais foram os progressos do proletariado. Sua educação política aponta cada dia um novo passo na conquista do poder político. A rebelião das forças produtivas contra a forma da produção, ou seja, a luta do trabalho vivo contra o trabalho acumulado, faz-se cada dia mais patente. O sistema burguês está agora na defensiva, o que transparece no estado e na posição em que se encontra nesta contradição singular: o pacífico mundo da indústria tornou-se um enorme acampamento em cujo interior vegeta o militarismo. A época da indústria pacífica transforma-se, pela ironia das coisas, na época da descoberta contínua de novos e mais poderosos meios de guerra e de destruição.

O socialismo impôs-se. Finalmente os semissocialistas, finalmente os charlatães que atravancam a imprensa e as assembleias de nossos partidos, nem sempre sem nos causar embaraços, são de qualquer maneira uma homenagem que a vaidade e a ambição prestam, a seu modo, à nova potência que surge no horizonte. Apesar da proibição antecipada do socialismo científico, que não é dado à compreensão de todos, os boticários da *questão social* pululam e se multiplicam a cada instante, sempre tendo qualquer coisa de particular a sugerir ou propor para curar ou eliminar esta ou aquela doença social: nacionalização do solo, monopólio dos grãos por parte do Estado, controle estatal do sistema hipotecário, municipalização dos meios de transportes, orçamento democrático, greve geral e assim vai sem nunca ter fim! Mas a *democracia social* elimina todas as fantasias semelhantes, porque o instinto da própria situação induz os proletários, tão pronto adquiram algum traquejo na arena política, a entender o socialismo de modo integral[16]. Isso significa que eles devem visar sobretudo somente uma coisa: à abolição do trabalho assalariado, que apenas uma forma de sociedade torna possível, e inclusive necessária, a eliminação das classes, isto é, a associação que não produz mercadorias; e que tal forma de sociedade não é mais o *estado*, é antes seu oposto, ou seja, a direção técnica e pedagógica da convivência humana, o *selfgovernment* do trabalho. Não mais jacobinos, nem aqueles heroicamente gigantes de 93, nem as caricaturas de 1848!

Democracia social! — Mas não é esta, repetem muitos, uma evidente atenuação da doutrina do comunismo, que foi expressa em termos tão vibrantes e resolutos no *Manifesto*?

Parece ocioso lembrar como o nome democracia social teve na França, de 1837 a 1848, significados muito diferentes entre si, que pouco depois se diluíram num vago sentimento. Nem vale a pena explicar como os alemães conseguiram exprimir nesta denominação, cujo significado neste caso deve ser buscado apenas no contexto do próprio fato, todo o rico e amplo desenvolvimento de seu socialismo, desde o episódio de Lassalle, superado e exaurido de uma vez por todas até os nossos dias. Certamente que democracia social pode significar, significou e significa tantas coisas que nem foram, nem são, nem serão jamais nem o comunismo nem a preparação consciente da revolução proletária. Certa é a opinião de que o socialismo contemporâneo, mesmo nos países onde seu desenvolvimento é mais claro, preciso e avançado, carrega sobre si muita escória, da qual deve ir se liberando paulatinamente ao longo de seu caminho; e finalmente também é certo que tantos intrujões e hóspedes ingratos em nosso seio fazem, da denominação exageradamente lata de democracia social, escudo e armadura. Mas urge que aqui se diga algo muito distinto, e se fixe a atenção sobre um ponto de capital importância.

---

[16] Aviso ao leitor: Malon dava a esta palavra um outro significado! E além do mais, de resto, *ne sutor ultra crepidam*. [Não (suba) o sapateiro acima da sandália.]

Antes de mais nada, convém destacar a primeira palavra do termo composto, não com o intuito de resolver qualquer questão, mas para prevenir equívocos e deformações. Democrática foi a formação da Liga dos Comunistas; democrático foi seu procedimento, até mesmo na acolhida dada à nova doutrina pela discussão; democrática foi sua conduta ao envolver-se com a revolução de 1848, bem como em sua participação na resistência insurrecional contra a reação invasora; democrático foi, por fim, o modo de sua dissolução. Naquele primeiro incunábulo dos nossos partidos atuais, naquela, por assim dizer, primeira célula de nosso organismo complexo, elástico e desenvolvidíssimo, além da consciência da missão precursora a cumprir, estava já a forma e o método de convivência, os únicos que convém aos preparadores da revolução proletária. A seita estava superada de fato. O predomínio imperativo e fantástico do indivíduo já tinha sido eliminado. Predominavam a disciplina que se saciava nas fontes da experiência e da necessidade, e a doutrina, que deve ser a exata consciência reflexa daquela necessidade. O mesmo se passou na Internacional, cujo procedimento parece autoritário somente àqueles que não lograram nela introduzir ou fazer valer a autoridade própria, inoportuna ou fátua. Assim é que é (e deve ser) nos partidos proletários, e onde isto não é assim, ou ainda não pode ser, a agitação proletária elementar e confusa gera apenas ilusões ou dá pretexto às intrigas. O que assim não é será o bando, no qual ao lado do iludido sentam-se o louco e o espião. Ou será a seita dos *Irmãos Internacionais,* que como parasita grudou-se à Internacional, expondo-a ao descrédito. Ou a cooperativa, que degenera em empresa ou se vende a um poderoso. Ou o partido operário apolítico, que estuda, entre outras coisas, as contingências do mercado para introduzir a tática de greves nos meandros sinuosos da concorrência. Ou finalmente a malta dos descontentes, em sua maioria desajustados e pequenos burgueses, que especulam sobre o socialismo como somente um entre outros tantos motes da moda política. Todos estes e outros semelhantes obstáculos, a democracia social encontrou atravessados no seu caminho. E muitas vezes teve, como deve sempre de quando em quando, delas se desembaraçar. Nem sempre a arte da persuasão basta. A maioria das vezes foi conveniente e convém resignar-se; esperar que os enganados tragam a lição da dura escola do desengano, pois esta nem sempre é recebida de boa vontade por meio de argumentos.

Tais dificuldades intrínsecas do movimento proletário, que a matreira burguesia pode fomentar abundantemente, e que de fato aproveita, formam uma parte nada desprezível da história interna do socialismo destes últimos anos.

O socialismo não encontrou impedimentos ao seu progresso apenas nas condições gerais da concorrência econômica e na resistência do aparato político; mas também nas próprias condições da massa proletária e na mecânica, nem sempre clara, além de inevitável, dos seus movimentos lentos, variados, complexos, bastante conflituosos e contraditórios. E isso obscurece aos olhos de muitos a simplificação ampliada e aguçada de toda a luta de classes, na única luta entre capitalistas e trabalhadores proletarizados[17].

Da mesma forma como, em desacordo com o hábito dos utopistas, o *Manifesto* não havia prescrito a ética e a psicologia da sociedade futura, também não ditou a mecânica de seu processo de formação e desenvolvimento, nos quais nos encontramos. Já foi muito o que alguns pioneiros fizeram ao abrir a via, sobre a qual convém se colocar para entendê-la e experimentá-la. Ademais, o homem é um animal experimental por excelência, tanto porque tem uma história, como porque faz sozinho a sua própria história.

Neste caminho do socialismo contemporâneo, que é seu desenvolvimento porque é sua experiência, fazemo-nos presentes na massa dos camponeses.

O socialismo, que em seus inícios fixou-se e envolveu-se prática e teoricamente no estudo e na experiência dos antagonismos entre capitalistas e proletários no âmbito da produção industrial propriamente dita, posteriormente aproximou-se às massas nas quais vegeta o *idiotismo do campo*. Conquistar o campo está na ordem do dia: mesmo que o quintessencialista Schäffle já o tenha há muito povoado, na defesa da ordem, com os crânios anticoletivistas dos campônios. A eliminação, ou o engajamento da indústria doméstica por obra do capital; a ampliação da agroindústria na forma capitalista; o desaparecimento da pequena propriedade, ou sua erosão pela hipoteca; a dispersão das reivindicações comunais; a usura, as taxas e o militarismo, todas essas coisas juntas começam a operar milagres até mesmo naqueles crânios, presumivelmente dominados pelo conservadorismo.

Nessa tarefa engajou-se, antes de qualquer um, o socialismo alemão, conduzido pelo próprio fato de sua colossal expansão das cidades aos pequenos centros, tocando inevitavelmente os confins do campo. As provações serão demoradas e nada fáceis, até mesmo duras, o que explica, desculpa e desculpará um bocado dos erros que foram e serão perpetra-

[17] A história das *Trade-Unions* ensina, tanto mais quanto mais obscura for aos olhos de muitos, a necessária evolução do socialismo.

dos durante os primeiros passos[18]. Até o ponto em que os camponeses não sejam conquistados, suportaremos sempre sobre os ombros aquele idiotismo rural, que faz ou renova inconscientemente sua presença porque idiotismo, o 18 brumário, o 2 de dezembro...

O desenvolvimento da sociedade na Rússia caminhará provavelmente *pari passu* com aquela conquista do campo. Quando aquele país tiver entrado na era liberal, com todos os defeitos e inconvenientes que lhe são próprios, ou seja, com todas as formas de exploração e proletarização autenticamente modernas, mas também com as vantagens e recompensas do desenvolvimento político do proletariado, a democracia social não terá mais que temer as ameaças de súbitos perigos externos, e vencerá os internos ao mesmo tempo em que conquistar os camponeses.

O caso da Itália é sem dúvida instrutivo. Este país, que já desde o fim da Idade Média foi conduzido à época capitalista, abandonou por séculos o movimento da História. Caso típico e documentado de decadência, que se pode estudar precisamente em suas fases! Voltou parcialmente à História nos tempos da dominação napoleônica. Ressurgida para a unidade e transformada em um estado moderno, posteriormente à época da reação e das conspirações, do jeito e com os percalços que todos conhecem, a Itália apresenta recentemente todos os inconvenientes do parlamentarismo, e do militarismo, e das finanças ao novo estilo, mas ao mesmo tempo não apresenta a forma plena da produção moderna, com a consequente capacidade de concorrência em igualdade de condições. Impossibilitada de competir com os países de indústria avançada, pela ausência absoluta de carvão mineral, pela escassez do ferro e pelas deficiências na formação da mão de obra e das habilidades técnicas, espera agora, ou se ilude, acreditando que as aplicações da eletricidade possam lhe fornecer os meios de recuperar o tempo perdido, como se nota pelas notícias de várias tentativas nessa direção, de Biella a Schio. Um estado moderno numa sociedade quase que exclusivamente agrária, e uma boa parte de agricultura ultrapassada — isso cria um sentimento universal de privação, isso dá a consciência generalizada da incongruência de tudo e de cada coisa!

Daqui vêm a incoerência e a inconsistência dos partidos, daqui vêm as fáceis oscilações da demagogia à ditadura, daqui provêm a chusma, a turba,

[18] Ao escrever pela primeira vez estas palavras pretendia referir-me aos socialistas franceses principalmente. Mas a recente discussão do programa agrário proposto à democracia social da Alemanha confirma as razões efetivas das dificuldades por mim indicadas.

a infinita legião dos parasitas da política, e logo dos projetistas, dos fantasiadores e dos inventores de ideias. Resplandece este espetáculo singular em luz vivíssima: o de um desenvolvimento social bloqueado, retardado , encruado e, por isso, incerto, o talento aguçado que se não é sempre o fruto e a expressão de muita e verdadeira cultura moderna, conduz exclusivamente a si mesmo, por velho hábito de civilização milenar, e veste-se de um refinamento cerebral quase insuperável. Por razões óbvias, a Itália não foi terreno propício para uma formação auto-genética de ideias e de tendências socialistas. Filippo Buonarroti, italiano, sendo já amigo do mais novo dos Robespierre, tornou-se o colaborador de Babeuf e foi pouco mais tarde o renovador do babeufismo na França depois de 1830! O socialismo estreou na Itália nos tempos da Internacional, em sua forma confusa e incoerente do bakuninismo, e não como movimento proletário de massa, mas, ao contrário, como de pequenos burgueses, dos *déclassés* e dos revolucionários por impulso e por instinto[19]. Mais recentemente, nestes últimos anos, o socialismo foi-se firmando e concretizando em uma forma que reproduz, mas com muita incerteza, vale dizer com pouca precisão, o tipo geral da democracia social[20]. Pois bem, o primeiro sinal de vida que o proletariado produziu por si mesmo, na Itália, consistiu nas sublevações dos camponeses da Sicília, às quais se seguiram outras do mesmo tipo sobre o continente, e outras mais provavelmente as sucederão em seguida. Isso não é bastante significativo?

Depois desta incursão no campo do socialismo contemporâneo, volta-se prazerosamente o pensamento e o ânimo à memória daqueles nossos primeiros precursores de cinquenta anos atrás, que registraram no *Manifesto* a tomada de posse de um posto avançado na estrada do progresso. E isso não deve ser compreendido em referência particular e exclusiva aos únicos teóricos das fileiras, isto é, a Marx e Engels. Um e outro exerceram em cada caso e sempre — ou da cátedra, ou da tribuna, ou com seus escritos — uma influência nada desprezível sobre a política e sobre a ciência, tamanha a potência e originalidade de seus intelectos e a extensão de seus

[19] Diferente foi o caso da Alemanha. Lá, depois de 1830, o socialismo vindo de fora se difundiu como corrente literária e sofreu as alterações filosóficas das quais Grün foi um representante típico. Mas ainda antes que aparecesse a nova doutrina, o socialismo proletário tinha alcançado, na propaganda e nos escritos de Weitling, uma forma de notável e característica originalidade. Como Marx dizia no Vorwärts (Paris) de 1844, aquele era o gigante no berço.

[20] A isto muitos chamaram marxismo. O marxismo é e permanece doutrina. Nem os partidos tiram substância e nome de uma doutrina. *"Moi je ne suis pas marxiste"*, dizia — adivinhem quem — Marx em pessoa.

conhecimentos, como também jamais foram derrotados na estrada da vida na Liga dos Comunistas. Mas pretendo falar daqueles homens que, na algaravia fútil e orgulhosa da literatura burguesa, seriam chamados obscuros; daquele sapateiro Bauer, dos alfaiates Lessner e Eccarius, do miniaturista Pfänder, do relojoeiro Moll[21], de Lochner, ou como quer que se chamem os demais que primeiro iniciaram conscientemente o nosso movimento. Permanece como marco de suas presenças o mote: *Proletários de todos os países, uni-vos.* Fica como resultado de sua obra: *a passagem do socialismo da utopia à ciência.* A sobrevivência do instinto deles e de seu primitivo impulso na nossa obra de hoje é o título inesquecível, como o que aqueles precursores conquistaram para si a gratidão de todos os socialistas.

Como italiano volto a este primeiro início do socialismo moderno de muito bom grado, porque da minha parte, pelo menos, não permanece sem efeito uma recente advertência de Engels: "E assim a descoberta que, sempre e em toda parte, as condições e os acontecimentos políticos encontram a sua explicação nas respectivas condições econômicas, não teria sido feita de nenhuma maneira por Marx no ano de 1845, mas sim pelo Sr.Loria em 1886. Pelo menos este logrou impor tal crença aos seus concidadãos, e já que seu livro foi traduzido na França, também a alguns franceses, e pode agora andar pela Itália orgulhoso e inchado, como o descobridor de uma teoria que faz época; até que os socialistas de seu país não encontrem tempo para arrebatar ao ilustre Loria a pena de pavão roubada"[22].

Quero terminar; mas ainda é necessário que eu me demore.

De todas as partes e de todos os campos levantam-se protestos, emergem lamentos, franquiam-se objeções contra o materialismo histórico. Daqui e dali engrossam o coro as vozes dos socialistas sentimentais, senão histéricos. E ademais reaparece, como advertência, a questão dos *ventres*. E são tantos os que esgrimem lógica com as categorias abstratas do egoísmo e do altruísmo; e para muitos vêm sempre na medida a já inevitável luta pela existência.

[21] Foi ele que estabeleceu pela primeira vez as relações entre a Liga e Marx e negociou a redação do *Manifesto*. Morreu logo depois na insurreição de 1849, no combate de Murg.

[22] No prefácio ao terceiro volume de *O Capital*, de Marx, Hamburgo, 1894, p. XIX-XX. A data de 1845 se refere ao livro Die heilige Familie [A Sagrada Família], Frankfurt 1845, que Marx e Engels escreveram em colaboração. É necessário ler esse livro, antes de tudo, se se quer compreender a origem teórica do materialismo histórico.

Moral! Mas já não escutamos o bastante desta moral da época burguesa, da Fábula das Abelhas daquele Mandeville, que foi coetâneo da primeira formação da Economia clássica? E a política correlata a esta moral não foi explicada, com as marcas de insuperável e inolvidável classicismo, pelo primeiro grande escritor político da época capitalista, Maquiavel: não o inventor mas, ao contrário, o fiel e perspicaz secretário e redator do maquiavelismo? E a justa lógica do egoísmo e do altruísmo não se encontra bem debaixo dos olhos, desde o reverendo Malthus, juntamente com o superficial, vazio, prolixo e aborrecido, que é o já indispensável Spencer? Luta pela existência! Mas pretende observar, estudar e entender uma que seja mais intuitiva para nós do que aquela que emerge e agiganta-se nas agitações proletárias? Ou talvez queiram reduzir a explicação de tal luta — que se desenrola e se exercita no campo *supranatural* da sociedade, onde o próprio homem cria-se através da História, com o trabalho, com a técnica e com as instituições, e que o próprio homem pode modificar com outras formas de trabalho, de técnicas e de instituições — àquela explicação mais geral da luta, que plantas e animais, e inclusive os homens enquanto puramente animais, travam no ambiente imediato da natureza?

Mas permaneçamos em nosso próprio argumento.

O comunismo crítico não refuta a si mesmo, e nem se refutará jamais, ao recolher todas as ricas e múltiplas sugestões — ideológicas, éticas, psicológicas e pedagógicas — que possam advir do conhecimento e do estudo de quantas formas de comunismo e socialismo tenham existido: da Falea da Calcedônia e Cabet[23]. Ou melhor, é precisamente com o estudo e o conhecimento de tais formas que se desenvolve e se estabelece a consciência do contraste do socialismo científico em relação a todos os outros. E quem em semelhante empresa vai querer refutar que Thomas Moore foi de um espírito heroico e um insigne escritor do socialismo? E quem deixará de considerar Robert Owen digno de um tributo de admiração extraordinária? Não foi ele o primeiro a acrescentar à ética do comunismo este princípio indiscutível: o caráter e a moral dos homens são o resultado necessário das condições nas quais vivem, e das circunstâncias nas quais se encontram e se desenvolvem? E, além disso, ao repensar a História, os comunistas críticos sentem-se no dever de tomar partido a favor de todos os oprimidos, quaisquer que tenham sido seus destinos — e, na verda-

[23] Detenho-me neste nome porque Cabet foi exatamente contemporâneo do *Manifesto*. Ou talvez eu devesse descer às formas esportivas de Bellamy e Hertzka?

de, sempre tiveram o destino de permanecerem oprimidos, ou então de abrir caminho, depois de breves e efêmeras vitórias, a novos domínios de novos opressores!

Este é um ponto no qual os comunistas críticos distinguem-se claramente de todas as outras formas e modos de comunismo e de socialismo antigos, modernos ou contemporâneos: e este ponto é de importância capital.

Essas outras formas são incapazes de admitir que as ideologias passadas tenham perdido a efetividade, e que as pretéritas tentativas do proletariado tivessem sido sempre superadas e vencidas, por um puro acidente da História, ou por um capricho, por assim dizer, das circunstâncias. Todas aquelas ideologias, em que pese o fato de terem refletido, de fato, o sentimento implícito ou imediato dos antagonismos sociais, vale dizer, das reais lutas de classes, com grande senso de justiça e com devoção profunda a um forte ideal, revelam todas a ignorância das verdadeiras causas e da natureza efetiva desses antagonismos, contra os quais levantavam com prontidão em rebeliões bastante heroicas. Aqui está seu caráter de utopia! E assim nos damos conta do fato que as condições de opressão de outros tempos, inda que mais bárbaras e cruéis que as atuais, não deixaram espaço àquela acumulação de energia, àquela continuidade de resistência e de ação, que se encontram, fazem-se e desenrolam-se no proletariado dos nossos tempos. A mudança da sociedade em sua estrutura econômica, a formação do novo proletariado no âmbito da grande indústria e do estado moderno, a emergência deste proletariado no cenário político – são coisas novas, em suma, que têm produzido a necessidade de novas ideias. Por isso o comunismo crítico não moraliza, não prediz, não anuncia, nem prega e nem cria utopias: já está com as "mãos na massa" e ali colocou a sua moral e o seu idealismo.

Em consequência de tal orientação nova — que aos sentimentais parece dura, porque demasiadamente verdadeira, realista — estamos em condições de reconstruir regressivamente a história do proletariado e dos demais oprimidos por outros métodos de opressão que a precederam. E aí vemos as várias fases e nos damos conta do insucesso do cartismo; pouco mais adiante o fracasso da Conspiração dos Iguais; e aprofundando-nos um pouco mais encontramos vários motins, resistências e guerras, como a famosa dos camponeses da Alemanha, e pouco mais adiante vemos a *Jacquerie*, os Ciompi e Frei Dolcino. E no interior de todos estes fatos e acontecimentos, distinguimos as formas e os fenômenos relativos ao devir da burguesia, à medida que esta dilacera, assola, vence e desagrega o sistema feudal. Podemos fazer o mesmo com as lutas de classes no mundo antigo; mas só parcialmente e com menor clareza. Essa história do proletariado e das outras classes oprimidas, e das vicissitudes de suas revoltas, já está aqui delineada o suficiente para entender como e por que foram prematuras, ou imaturas, as ideologias do comunismo de antanho.

Se a burguesia não atingiu ainda e em todos os lugares o termo de sua evolução, em certos países já chegou quase ao seu ápice. Subordina, nas nações mais avançadas, os vários e multiformes modos de produção do passado, direta e indiretamente, às ações e à lei do capital. E assim simplifica, ou tende a simplificar, as diversas lutas de classes, que por sua multiplicidade acabaram por se anular no passado, naquela luta exclusiva entre o capital — que cada produto do trabalho humano indispensável à vida converte em mercadoria — e a massa proletarizada — que oferece no mercado a sua força de trabalho, transformada em simples mercadoria. O segredo da História simplificou-se. Vemos a sequência do discurso. E como a presente, isto é, a moderníssima luta de classes é a simplificação de todas as demais, assim o comunismo do *Manifesto* simplificou, em enunciados teóricos rígidos e gerais, a multiforme influência ideológica, ética, psicológica e pedagógica das outras formas de comunismo, não negando-as, mas elevando-as de patamar. Estamos no discurso; e até o comunismo torna-se discurso: ou seja, é ciência. Por isso o *Manifesto* não apresenta retórica de protesto, nem demandas. Não lamenta o pauperismo para eliminá-lo. Não verte lágrimas sobre o nada. As lágrimas das coisas já se derramaram sozinhas, como força espontaneamente reivindicadora. A ética e o idealismo consistem agora nisto: *colocar o pensamento científico a serviço do proletariado.* Se esta ética não parece suficientemente moral aos sentimentais, que no mais das vezes não passam de histéricos e vaidosos, eles que vão suplicar o altruísmo ao grande pontífice Spencer. Ele lhes dará a negligente, insípida e inconcludente definição, e disto se fartam.

Mas trata-se, portanto, de estender somente o fator econômico à explicação de toda a História?

Fatores históricos! Mas esta é a expressão dos empiristas da pesquisa, ou dos analistas abstratos, ou da ideologia que repete Herder. A sociedade é um complexo, ou mais propriamente um organismo, como dizem aqueles que de boa vontade adotaram tão ambígua imagem e, consequentemente, se perdem ao matutar sobre o valor e o uso analógico desta expressão. Esse complexo formou-se e transformou-se muitas vezes. Qual é a explicação dessa transformação?

Muito antes de Feuerbach ter dado o golpe de misericórdia na explicação teológica da História (o homem fez a religião, e não a religião o homem!), o velho Balzac a tinha feito sátira, tornando os homens marionetes de Deus. Vico já não tinha descoberto que a Providência não opera *ab extra* na História, mas antes atua na qualidade de convicção que os homens possuem da própria existência? E o mesmo Vico, um século antes de Morgan, já não havia reduzido toda a História a um processo, que o homem realiza por si mesmo por experimentações sucessivas, que são a descoberta das línguas, das religiões, dos costumes e do direito? Não parecia a Lessing que a História fosse uma educação do gênero humano? Não tinha visto então Jean-Jacques que as ideias nascem das carências? Saint-Simon não chegou muito perto, nos momentos em que não se dava às fantasias de épocas orgânicas e inorgânicas, da gênese real do *terceiro estado*: e suas ideias, traduzidas em prosa, não resultaram em Augustine Thierry, um verdadeiro inovador das pesquisas sobre o passado?

Nos primeiros cinquenta anos deste século, e especialmente entre 1830 e 50, as lutas de classes — que os historiadores antigos e os da Itália do Renascimento haviam descrito tão vivamente, ainda que o estreito âmbito das cidades-repúblicas não lhes tivesse dado oportunidades de experiência — tinham crescido dos dois lados do Canal da Mancha em proporções e evidência sempre maiores. Nascidas no âmbito da grande indústria, ilustradas pela memória e pelo estudo da Grande Revolução, as lutas de classes tornaram-se cristalinamente instrutivas, porque, com maior ou menor clareza e consciência, encontraram a sua atual e sugestiva expressão nos programas dos partidos políticos: por exemplo, livre comércio, a taxa sobre os grãos na Inglaterra etc. A concepção da História mudava a olhos vistos na França, tanto na ala direita como na esquerda dos partidos literários, desde Guizot a Louis Blanc, ao superficial e modesto Cabet. A sociologia era a carência daquele tempo, buscando sua expressão teórica no escolástico tardio Comte, encontrando certamente o artista em Balzac, que foi o verdadeiro reinventor da psicologia das classes. Recolocar nas classes e em seus atritos o sujeito real da História, e o mover-se desta no movimento daquele, eis o que se andava buscando e descobrindo: e isto carecia de uma teoria precisa que o compreendesse.

O homem fez sua História, não por uma evolução metafórica, e nem por trilhar um caminho do progresso pré-mapeado. Fez criando para si mesmo as condições; isto é, formando para si, por meio do trabalho, um ambiente artificial, e desenvolvendo sucessivamente as habilidades técnicas, e acumulando e transformando os produtos do seu labor, no interior desse ambiente. Possuímos apenas uma História: não podemos confrontar a real, que efetivamente aconteceu, com uma outra meramente possível.

Onde encontrar as leis de tal formação e desenvolvimento? As formações antiquíssimas não as têm imediatamente evidentes. Mas esta sociedade burguesa, posto que nascida recentemente, e não tendo atingido ainda seu pleno desenvolvimento sequer em cada parte da Europa, conserva em si os traços embriogenéticos da sua origem e de seu processo, e os coloca em evidência nos países nos quais ela surge debaixo dos nossos olhos, por exemplo, no Japão. Como sociedade que transforma todos os produtos do trabalho humano em mercadoria, por meio do capital, como sociedade que supõe o proletariado, ou o cria, e que contém a inquietude, a turbulência, a instabilidade das contínuas inovações, essa sociedade nasceu em tempos certos, com modos reconhecíveis e claros, ainda que variados. De fato, nos diversos países existem diferentes modos de desenvolvimento: entre os quais, por exemplo, os que começam antes que os demais e depois estancam, como a Itália; ou como a Inglaterra que se mantém por três séculos de expropriação econômica das formas de produção precedentes, ou da velha propriedade como se diz na linguagem dos juristas. Em um país ela se faz gradualmente, combinando-se com as forças preexistentes, e, sofrendo a influência delas, se adapta, como foi o caso da Alemanha; e eis que em outro país rompe as amarras e a resistência de forma violenta, como na França, onde a Grande Revolução representa o caso mais intenso e vertiginoso de ação histórica do qual se tenha notícia, e por isso mesmo é a maior escola de Sociologia.

Como já apontei, esta formação da sociedade moderna, ou seja, burguesa, foi tipicamente reconstruída no *Manifesto* em breves e magistrais traços; aí está dado o seu perfil anatômico geral, nas suas sucessivas feições de corporação, comércio, manufatura e grande indústria, às quais se agregam as indicações dos órgãos e aparelhos derivados e complexos, que são o direito, as constituições políticas, entre outros. Eis que a matéria-prima da teoria para explicar a História com base nas lutas de classe já estava aí implícita.

Esta mesmíssima sociedade burguesa, que revolucionou todas as formas de produção precedentes, havia iluminado a si mesma e seu processo, criando a doutrina de sua estrutura, ou seja, a Economia. Esta não nasceu e cresceu, com efeito, na inconsciência que caracterizava as sociedades primitivas; mas sim na luz meridiana do mundo moderno da Renascença em diante.

A Economia, como todos sabem, nasce fragmentariamente em suas origens nos primórdios da época burguesa, que foi aquela do comércio e dos grandes descobrimentos geográficos; ou seja, na primeira fase do mercantilismo. E nasce para responder certas questões em particular; por exemplo: é legítimo o lucro? Aos estados e às nações convém acumular dinheiro? E outras mais. Cresceu em seguida estendendo-se a aspectos mais complexos do problema da riqueza, e desenvolveu-se na transição do mercantilismo à manufatura; por fim, mais rápida e resolutamente na transição desta para a criação da grande indústria. Foi a Economia a alma intelectual da burguesia que conquistava a sociedade. Seus principais delineamentos como disciplina já se encontravam praticamente concluídos às vésperas da Grande Revolução; e foi insígnia para as rebeliões contra as velhas formas do feudo, da corporação, do privilégio, das restrições ao trabalho e outros, vale dizer, foi insígnia de liberdade. Porque, de fato, o *direito natural*, que vem se devolvendo desde seus precursores de Groccio a Rousseau, a Kant e à Constituição de 93, não foi mais do que a duplicação e o complemento ideológico da Economia; tanto que, frequentemente, coisa e complemento se confundem na mente e nos postulados dos escritores, como é o caso dos fisiocratas. Como doutrina a Economia separou, distinguiu e analisou os elementos e a forma do processo da produção, circulação e distribuição, reduzindo o todo a categorias; dinheiro, dinheiro-capital, juros, lucro, renda da terra, salário, e assim por diante. Fluiu segura, com constante aperfeiçoamento analítico, e mais distintamente de Petty a Ricardo. Única dona do campo, encontrou raras objeções[24]. Trabalhou sobre dois pressupostos, que pouco ou nada se deram ao trabalho de defender, tanto pareciam-lhe evidentes: que a ordem social que ilustrava fosse a ordem natural; e que a propriedade privada dos meios de produção formasse uma coisa só com a liberdade humana — o que fazia do assalariado e da inferioridade dos assalariados indispensáveis condições de existência. Em outras palavras, não viu o condicionamento histórico das formas que afirmava e explicava. Os mesmos antagonismos que encontrou pelo caminho, em suas tentativas de uma sistematização consequente muitas vezes tentada e jamais bem sucedida, tratou de eliminá-los logicamente; como é o caso de Ricardo em seu intento de combater a imerecida renda da terra.

No princípio do século explodem violentas crises, e aqueles primeiros movimentos operários têm sua origem imediata e direta no desemprego agudo. A ilusão da ordem natural é posta às avessas! A riqueza gerou a miséria! A grande indústria, alterando todas as relações da vida, aumentou os vícios, as doenças, a sujeição: ela é, em suma, causa de degeneração! O progresso gerou

[24] Como é, por exemplo, o caso de Mably com relação a Mercier de la Rivière, compilador do fisiocratismo; para não falar de Goldwin, Hall e outros.

o regresso! Como fazer para que o progresso não gere outra coisa que o progresso; isto é, prosperidade, saúde, segurança, educação e desenvolvimento intelectual igualmente a todos? Nesta questão está todo o Owen; que guarda em comum com Fourier e Saint-Simon este traço: o de não se valer de agora em diante da abnegação ou da religião, e de querer resolver e superar os antagonismos sociais, sem diminuir a energia técnica e industrial do homem, mas antes incrementando-a. Por este caminho Owen tornou-se comunista; e foi o primeiro a se tornar comunista no âmbito e na experiência da grande indústria moderna. O antagonismo parece primeiramente estar todo colocado na contradição entre o modo de distribuição e o modo de produção. É necessário, ademais, superar este antagonismo em uma sociedade que produza coletivamente. Owen tornou-se utópico. Tal sociedade perfeita precisa ser preparada experimentalmente; e nisso se engajou com heroica constância, com inigualável abnegação, com a precisão matemática de particularidades argumentadas e pensadas.

Posto tal antagonismo imediato entre produção e distribuição, seguiram-se na Inglaterra, de Thompson a Bray, muitos escritores de um socialismo que não se pode propriamente chamar utópico, mas sim unilateral, porque tem como meta corrigir os vícios revelados e denunciados da sociedade burguesa com um ou mais remédios[25]. Com efeito, qualquer um que entre pela primeira vez no caminho do socialismo tem como uma primeira etapa colocar em contradição a produção com a distribuição. E somente depois nascem espontaneamente estas perguntas ingênuas: por que não abolir o pauperismo; não acabar com o desemprego; não tolher a intermediação da moeda; não patrocinar a troca direta dos produtos na proporção do trabalho que contém; não dar ao trabalhador o produto integral do seu trabalho?, e semelhantes dúvidas. Estas perguntas resolvem os fatos duros, tenazes e resistentes da vida real enquanto puros pensamentos, e visam combater o sistema capitalista como se fosse um mecanismo, do qual se retiram ou ao qual se agregam peças, rodas e engrenagens.

Os comunistas críticos romperam decididamente com todas estas tendências. Eles foram os sucessores e continuadores da Economia Clássica[26]. Esta é a doutrina da estrutura da presente sociedade. Agora não é dado a

---

[25] São aqueles que há alguns anos Anton Menger achou ter descoberto como autores do socialismo científico e, depois, como autores plagiados!

[26] Por isso os críticos à moda de Wieser e similares propõem abandonar a teoria do valor de Ricardo, porque ela leva ao socialismo!

ninguém combater esta estrutura, prática e evolucionariamente, sem se dar conta, antes de mais nada, de seus elementos, formas e relações de maneira precisa, aprofundando suficientemente a doutrina que ilumina. Estas formas, elementos e relações originam-se, sim, sob dadas condições históricas; mas que agora se fazem presentes, e são resistentes, conexas e correlatas entre si, e por isso constituem sistema e necessidade. Como ultrapassar semelhante sistema com um ato de negação lógica, e como eliminá-lo com raciocínios? Eliminar o pauperismo? Mas se é condição necessária do capitalismo! Dar ao operário o fruto integral do seu trabalho? Mas onde andará o lucro do capital? E onde e como o dinheiro gasto em mercadorias poderia crescer um pouco, se entre todas as mercadorias que encontra, e com as quais se troca, não existisse sequer uma que produza a quem a compra mais do que aquilo que lhe custa; e se esta mercadoria não fosse precisamente a força de trabalho tomada em troca de salário? O sistema econômico não é uma série ou uma sequela de raciocínios abstratos; mas é antes um conexo e um complexo de fatos, onde se urde uma complicada tessitura de relações. Pretender que este sistema de fatos, que a classe dominante — que vem se constituindo a duras penas, através de séculos, com a violência, a astúcia, a inteligência, a ciência — baixe as armas, curve-se, ou se abrande, para dar lugar aos clamores dos pobres, ou ao raciocínio de seus advogados, é coisa de maluco. Como pedir a abolição da miséria, sem revirar todo o resto? Pedir a esta sociedade que mude, ou melhor, que ponha seu direito, que é a sua defesa, de cabeça para baixo, é chamar pelo absurdo. Pedir a este estado que deixe de ser o escudo e o baluarte desta sociedade e deste direito é querer o ilógico[27]. Este socialismo unilateral, que sem ser estritamente utópico parte do preconceito de que a História admita a sua errata sem revolução, ou seja, sem mudanças fundamentais na estrutura elementar e geral da própria sociedade, ou é uma ingenuidade ou um estorvo. Sua incoerência com as duras leis do processo das coisas já se fazia clara em Proudhon — reprodutor inconsciente ou plagiador direto de alguns socialistas unilaterais ingleses — que queria entender, encerrar ou mudar a História na ponta de uma definição, ou com as armas de um silogismo.

[27] Nascia então, especialmente na Prússia, a ilusão de uma monarquia social que, passando acima da época liberal, harmonicamente resolvesse a assim chamada questão social. Esta quimera reproduziu-se, em seguida, em infinitas variedades de socialismo catedrático e de Estado. Assim, às várias formas de utopismo ideológico e religioso veio juntar-se uma nova: a utopia burocrática e fiscal; ou seja, a utopia dos cretinos.

Os comunistas críticos reconhecem o direito da História de fazer seu caminho. A fase burguesa é superável, e será superada. Mas enquanto dura tem suas leis. A relatividade destas está nos fatos de terem se formado e desenvolvido em condições determinadas; mas relatividade não quer dizer simples oposto de necessidade, ou seja, fugacidade, mera aparência ou, antes, bolha de sabão. Podem desaparecer e desaparecerão, pela mesma mutação da sociedade. Mas não cedem ao arbítrio subjetivo, que anuncia uma correção, proclama uma reforma ou formula um projeto. O comunismo está do lado do proletariado porque apenas nele consiste a força revolucionária, que rompe, viola, subverte e dissolve a presente forma social, e nela introduz pouco a pouco novas condições ou antes, para ser mais preciso, com o próprio fato de mover-se demonstra que novas condições se criam para eles, e se estabelecem e se desdobram desde o momento presente.

A teoria da luta de classes era encontrada. Dava-se ao conhecimento pelos dois pilares: nas origens da burguesia, cujo processo intrínseco já estava estabelecido pela ciência da Economia; e nesta aparição do novo proletariado, condição e efeito ao mesmo tempo dessa nova forma de produção. A relatividade das leis econômicas foi descoberta; ao mesmo tempo se reconfirmava em sua relativa necessidade. E nisso encontra-se todo o método e razão da nova concepção materialista da História. Erram aqueles que, chamando-a interpretação econômica da História, acreditam poder entender e fazer entender tudo. Esta outra designação convém melhor a certos intentos analíticos[28] que, tomando separadamente, daqui os dados das formas e categorias econômicas e dali, por exemplo, o direito, a legislação, a política, o costume, estudam em seguida os influxos recíprocos dos vários lados da vida, abstratamente e sugestivamente distintos. O nosso caso é totalmente diferente. Aqui nos encontramos na concepção orgânica da História. Aqui é a totalidade e a unidade da vida social que se tem diante da mente. Aqui é a própria economia (falo do ordenamento de fato, não da ciência sobre ele) que comparece resoluta no fluxo de um processo, para aparecer depois em tantos estados morfológicos, cada um deles fazendo-se fundamento relativo do restante, que lhe é correspondente e congruente. Não se trata, em suma, de estender o assim chamado fator econômico, abstratamente isolado, a todo o resto, como fabulam seus detratores, mas trata-se ao contrário e acima de tudo de conceber histori-

[28] Por exemplo, Rogers.

camente a *economia*, e explicar as demais mudanças históricas, pelas mudanças dela. E aí reside a resposta a todas as críticas, que se levantam de todos os campos da douta ignorância, ou da ignorância mal doutrinada, incluindo a de socialistas que são imaturos, sentimentais ou histéricos. E em tal resposta fica bem claro porque Marx escreveu, em *O Capital*, não o *primeiro* livro do comunismo crítico, mas o último grande livro sobre a *economia burguesa*.

O *Manifesto* foi escrito quando a orientação histórica não havia avançado muito além do mundo clássico, da antiguidade germânica apenas anunciada, e da tradição bíblica há pouco tempo apenas ter sido nivelada às condições prosaicas de qualquer história profana. Diferente é a nossa orientação agora, porque emerge para a pré-História ariana, e para as antiquíssimas formações do Egito, e as da Mesopotâmia, que precedem quaisquer lembranças das tradições semíticas. E depois recua mais ainda na linha da assim chamada pré-História, ou seja, da história não escrita. A genial exploração e combinação de Morgan desfraldou o íntimo conhecimento da *sociedade antiga*, ou seja, pré-política, e a chave para entender como dela saíram as formações posteriores, que têm suas características na monogamia, no desenvolvimento da família paterna, no aparecimento da propriedade, inicialmente nobiliárquica, posteriormente familiar e finalmente individual, e no sucessivo estabelecer-se das alianças dos povos, das quais posteriormente se origina o Estado. E tudo isso é ilustrado: tanto o conhecimento sobre o processo técnico na descoberta e no uso dos meios e instrumentos de trabalho, como o entendimento das ações que aquele processo exerceu sobre o complexo social, dirigindo-o em certa direção e fazendo-o percorrer certas etapas. Tais descobertas e combinações são ainda passíveis de muitas correções, especialmente pela diversidade de modos específicos pelos quais pode ter se dado, em distintas partes do mundo, a passagem da barbárie à civilização. Por enquanto, porém, é indiscutível o fato: já são claros para nós os traços gerais embriogenéticos do desenvolvimento humano, do comunismo primitivo àquelas formações complexas tais como os Estados de Atenas e Roma, por exemplo, com as respectivas constituições dos cidadãos em classes censitárias, e que representavam até bem pouco a Coluna de Hércules da pesquisa. As classes, que o *Manifesto* pressupunha, foram enfim determinadas em seu processo de formação; e nisso já se reconhece o esquema geral de razões e causas econômicas peculiares e próprias, ou seja, feitas de tal forma que não repetem as categorias da ciência econômica desta nossa era burguesa. O sonho de Fourier, de enquadrar a época da civilização na série de um longo e vasto processo, foi realizado. Foi cientificamente elucidado o problema da *origem da desigualdade entre os homens*, o que Jean-Jacques havia tentado com argumentos de genial dialética, mas com poucos dados concretos.

Em dois pontos, extremamente importantes para nós, está esclarecido o processo humano. Nas origens da burguesia, tão recente e tão iluminada pela ciência da Economia! E na antiga formação da sociedade de classes, na passagem da barbárie superior à civilização (isto é, na época do Estado), segundo a denominação de Morgan. Aquilo que está no meio é o de que até agora trataram os cronistas e historiadores propriamente ditos e depois, juristas, teólogos e filósofos. Perpassar e revestir todo esse campo de conhecimento com a nova concepção histórica não é tarefa fácil. Nem convém ser afoito, esquematizando. Antes de mais nada é útil reter o quão possível é a relativa *Economia* de cada período[29], para explicar especialmente as classes que neles se desenvolveram; não abstraindo de dados hipotéticos ou incertos, e não generalizando nossa condição naquelas de cada tempo em particular. Nesta direção correm falanges de doutrinados. Assim, por exemplo, é unilateral o que é dito sobre a mais remota origem da burguesia no *Manifesto*, como nascida entre os servos da Idade Média, progressivamente incorporados às cidades. Este modo de gênese foi particular da Alemanha e em poucos países que repetiram o processo. Não é o caso da Itália, da França Meridional e da Espanha, que ademais foram os países que primeiro assistiram aos começos da primeira História da burguesia, ou seja, da civilização moderna. Nessa primeira fase encontram-se as premissas de toda a sociedade capitalista, como Marx adverte em nota ao primeiro volume do *Capital*[30]. Esta primeira fase, que alcança sua forma perfeita nas comunas italianas, é a pré-História da acumulação capitalista, que Marx estudou tão detalhadamente na seriação clara e acabada da evolução da Inglaterra. Mas já basta deste assunto.

Os proletários apenas podem mirar o futuro. Aos socialistas científicos urge antes de tudo o presente, como aquilo onde espontaneamente se desenvolvem e amadurecem as condições do futuro. O conhecimento do passado recompensa e interessa apenas na medida em que possa iluminar

[29] Até há poucos anos quem teria pensado na descoberta e na autêntica interpretação de um direito babilônico?

[30] Nota número 189 na página 682 da quarta edição alemã. Corresponde à página 315 da tradução francesa.

e orientar criticamente a explicação do presente. Por hora é suficiente que os comunistas críticos, já há cinquenta anos, tenham especulado e encontrado as matérias-primíssimas da nova e definitiva filosofia da História. Em breve tempo, tal conhecimento irá se impor pela impossibilidade experimentada de provar o contrário: e a descoberta parecerá o ovo de Colombo. E talvez mesmo antes que uma série de doutos usem e apliquem extensamente tal concepção, plasmando-a, isto é, ao refazer a narração de toda a História de forma contínua, os sucessos do proletariado serão tais que a época burguesa parecerá superável a todos, porque próxima de ser superada. Entender é superar (Hegel).

Quando o *Manifesto*, já há cinquenta anos, elevava os proletários de compadecidos miseráveis a coveiros predestinados da burguesia, na imaginação de seus escritores, que mal dissimulavam o idealismo de sua paixão intelectual na gravidade do estilo, bastante estreito devia aparecer o perímetro desse cemitério antevisto. O perímetro provável, imagina-se, não abarcava então mais do que a França e a Inglaterra, e acabaria apenas tangenciando os extremos confins de outros países, como, por exemplo, a Alemanha. Agora esse mesmo perímetro parece imenso, pela extensão rápida e colossal da forma de produção burguesa, que amplia, generaliza e multiplica, de contragolpe, o movimento do proletariado, e torna-se vastíssima a cena sobre a qual se esparrama a perspectiva do comunismo. O cemitério cresce a perder de vista. Quanto mais forças de produção o feiticeiro vai evocando, mais forças de rebelião suscita e prepara contra si mesmo.

A tantos quantos foram os comunistas ideológicos, religiosos e utópicos, ou mais diretamente proféticos e apocalípticos, pareceu sempre no passado que o reino da justiça, da igualdade e da felicidade devesse ter por teatro o mundo inteiro. No momento quem faz a conquista do mundo é a era dos civilizados, isto é, a sociedade que se rege sobre os antagonismos das classes, e sobre a dominação de classes, na forma da produção burguesa (o Japão ensina!). A coexistência de duas nações em um e mesmo Estado, que foi já apreciado pelo divino Platão, perpetua-se. A conquista da Terra pelo comunismo não é para amanhã. Mas, quanto mais se alargam os confins do mundo burguês, mais povos dele farão parte, abandonando e superando as formas inferiores de produção, e assim mais precisas e seguras tornar-se-ão as esperanças do comunismo: sobretudo porque diminuem, no campo e na prova da concorrência, os condutores da conquista e da colonização. A Internacional dos Proletários, que era embrionária apenas na Liga dos Comunistas de cinquenta anos atrás, tornada agora interoceânica, diz e afirma intuitivamente a cada primeiro de maio que os proletários de todo o mundo são real e ativamente unidos. Os próximos coveiros da burguesia, e seus netos e bisnetos, recordarão perpetuamente a data do *Manifesto* dos comunistas.

Roma, 7 de abril de 1895

Labriola, Antonio. In Memoria del Manifesto dei Comunisti. *Milão, Avanti!, 1960. Traduzido para esta edição por Edison Nunes e Marília Fontana Garcia.*

O *MANIFESTO COMUNISTA* DE MARX E ENGELS

Jean Jaurès

MEU CARO Péguy,

Você me pediu para reunir os estudos socialistas que publiquei, nos últimos meses, no *Petite République*, para os Cahiers de la Quinzaine; você se propõe a enviar um exemplar desse volume a cada um de seus assinantes. Fico feliz de assim entrar em comunicação direta com espíritos livres, habituados à crítica independente e íntegra. Ainda que esses artigos não tenham sido destinados, inicialmente, a aparecerem reunidos, não tenho qualquer escrúpulo em reproduzi-los desta forma, pois jamais considerei artigo de jornal como um trabalho precipitado e superficial; e, em respeito ao proletariado que lê os jornais socialistas, neles ponho em prática toda minha consciência de escritor.

Não preciso advertir que eles não pretendem esgotar os assuntos de que tratam. Evidentemente, são apenas um fragmento ou, sobretudo, uma preparação de uma obra mais ampla, mais dogmática e mais documentada, em que gostaria de definir exatamente o que é, no início do século XX, o socialismo, sua concepção, seu método e seu programa.

Mas os estudos aqui reunidos já tocam, com suficiente precisão e extensão, em problemas da maior importância e que atormentam nosso partido. Ele está muito dividido atualmente e, sem dúvida, você me acusaria de ter a mania de "unidade mística" se eu dissesse que essas divisões são superficiais. Não as considero irredutíveis, mas elas têm graves conflitos ou, no mínimo, graves mal-entendidos sobre os métodos. A própria ampliação de nosso partido, a força crescente de nossas ideias — perdoe-me essa recaída de otimismo — criaram os conflitos, colocando para todos nós a questão do método. Como se realizará o socialismo? Eis um problema que não podemos escamotear: e dar respostas incertas e vagas é escamoteá-lo. Ou ainda, repetir, em 1901, as respostas dadas há meio século por nossos ancestrais e por nossos mestres, é nos iludirmos.

Há um fato incontestável e que domina tudo. O proletariado cresceu em número, em coesão e em consciência. Os operários, os assalariados, mais numerosos, mais agrupados, têm agora um ideal. Eles não querem só evitar os piores defeitos da sociedade atual: querem realizar uma ordem social baseada em outro princípio. Querem substituir a propriedade individual e capitalista, que garante a dominação de uma parte dos homens sobre os outros homens, pelo comunismo da produção, um sistema de cooperação social universal que faça, por direito, todo homem um associado. Eles dissociaram, assim, seu pensamento do pensamento burguês. Colocam a serviço de seu ideal comunista uma organização deles, uma organização de classe, a força crescente dos sindicatos operários, das cooperativas operárias e a parte crescente de poder político que conquistaram do Estado ou dentro do Estado. Sobre essa ideia geral e principal todos os socialistas estão de acordo. Podem atribuir causas diferentes a esse crescimento do proletariado; ou, pelo menos, podem atribuir uma boa parte à força da organização econômica ou da ação política. Mas todos eles discutem que, pela própria necessidade da evolução capitalista que desenvolve a grande indústria e pela ação correspondente dos proletários, estes sejam a força indefinidamente crescente chamada a transformar o próprio sistema da ação de classe que o proletariado deve exercer. Uns querem que ele se misture o menos possível aos conflitos da sociedade que deve destruir, e que reserve todas as suas energias para a ação decisiva e libertadora. Outros acreditam que ele deve, desde agora, exercer sua grande função pública. Kautsky lembrava recentemente, no Congresso Socialista de Viena, as famosas palavras de Lassalle: "O proletariado é a rocha sobre a qual será construída a Igreja do futuro". E acrescentava: "O proletariado não é de modo algum só isso: é também a rocha em que se quebram, desde hoje, as forças da reação". E eu diria que ele não é precisamente uma rocha, uma força compacta e imóvel. É uma grande força coerente, mas ativa, que se mistura, sem se perder, a todos os movimentos amplos e aumenta a vida universal. Mas todos, quaisquer que sejam a altura e a extensão da ação de classe por nós atribuída ao proletariado, o concebemos como uma força autônoma, que pode cooperar com outras forças, mas que jamais se baseia nelas ou é absorvida por elas; e que guarda sempre, para sua obra distinta e superior, sua capacidade de resistência distinta. É mérito decisivo de Marx, o único talvez que resiste plenamente à prova da crítica e aos golpes do tempo, ter unido e confundido a ideia socialista e o movimento operário. No primeiro terço do século XIX, a força operária era exercida, desenvolvia-se, lutava contra a força esmagadora do capital, mas não tinha consciência do objetivo a que aspirava; não sabia que, na forma comunista da propriedade, estava o término de seu esforço, a realização de sua tendência. E, por outro lado, o socialismo não sabia que, no movimento da classe operária, estava sua realização viva, sua força concreta e histórica. A glória de Marx é ter sido o mais preciso, o mais forte dos que acabaram com o que havia de empirismo no movimento operário, com o que havia de utópico no pensamento socialista. Por uma aplicação suprema do método hegeliano, ele unificou a ideia e o fato, o pensamento e a história. Colocou a ideia no movimento e o movimento na ideia, o pensamento socialista na vida proletária, a vida proletária no pensamento socialista. A partir de então, o socialismo e o proletariado são inseparáveis: o socialismo só realizará todas as suas ideias com a vitória do proletariado; e o proletariado realizará todo o seu ser com a vitória do socialismo.

À questão cada vez mais inevitável — como se realizará o socialismo? — convém, então, responder: pelo próprio crescimento do proletariado que se une a ele. É a primeira resposta, essencial: e quem não aceitá-la em seu verdadeiro sentido e em todo o seu sentido coloca-se necessariamente fora do pensamento e da vida socialistas. Por mais geral que seja, essa resposta não é vã, pois implica a obrigação, para cada um de nós, de contribuirmos sem cessar para a força de pensamento, de organização, de ação e de vida do proletariado. Além disso, em certo sentido, é a única certa. É impossível sabermos, com certeza, por que meio exato, sob que modo determinado e em que momento a evolução política e social vai consumar-se em comunismo. Mas certamente tudo o que aumenta a força intelectual, econômica e política da classe proletária acelera essa evolução, anima, amplia e aprofunda o movimento.

Mas essa resposta inicial, por mais forte e substancial que seja, não é suficiente. Precisamente porque o proletariado já cresceu, porque ele começa a colocar a mão no mecanismo político e econômico, a questão torna-se mais precisa: qual será o mecanismo da vitória? À medida que a força proletária se realiza, ela se incorpora a formas precisas, ao sufrágio universal, ao sindicato, à cooperativa, às diversas formas de poderes públicos e do Estado democrático. E não podemos considerar a força proletária independentemente das formas em que ela parcialmente já se organizou e dos mecanismos dos quais ela parcialmente se apropriou. Não há então utopia em buscar, hoje, com precisão, qual será o método da realização socialista e qual será o modo de execução. Não se trata de voltar à utopia e de se separar da vida do proletariado mas, ao contrário, trata-se de nela ficar, progredir e se determinar com ela. Ela não é mais "o espírito flutuando nas águas": ela já se incorporou a instituições econômicas e políticas; essas instituições, o sufrágio universal, a democracia, o sindicato, a cooperativa têm um grau determinado de desenvolvimento, uma força e uma direção conquistadas; e é preciso saber se o comunismo proletário poderá se realizar por elas, existir por meio delas ou se, ao contrário, somente se dará por meio de uma suprema ruptura.

Para dizer a verdade, os socialistas sempre procuraram prever e determinar sob que forma, por quais procedimentos históricos o proletariado triunfaria. E se hoje sofremos, se há em nosso partido incerteza e mal-estar, é porque ele associa de maneira confusa os métodos em parte antiquados que nossos mestres nos legaram e as necessidades ainda malformuladas dos novos tempos.

Marx e Blanqui acreditavam em uma tomada revolucionária do poder pelo proletariado. Mas o pensamento de Marx era muito mais complexo. Seu método da revolução tinha múltiplos aspectos. É, então, baseado sobretudo em Marx que quero discuti-la. Ora, em todo e qualquer sentido que a tomamos, ela é antiquada. Ela tem origem em hipóteses históricas esgotadas ou em hipóteses econômicas inexatas. Em primeiro lugar, as lembranças da Revolução Francesa e das sucessivas revoluções que dela repercutiram, na França e na Europa, dominavam o espírito de Marx. A característica comum de todos os movimentos revolucionários, de 1789 a 1796, de 1830 a 1848, é que foram movimentos revolucionários burgueses, aos quais a classe operária se mistura para superá-los. Nesse longo período, a classe operária não era extremamente forte para tentar uma revolução em benefício próprio; tampouco era extremamente forte para tomar pouco a pouco, e de acordo com a nova legalidade, a direção da revolução. Mas ela podia fazer e fazia duas coisas. Em primeiro lugar, ela se misturava a todos os movimentos revolucionários burgueses, para neles exercer e aumentar sua força; para se tornar uma força necessária, ela tirava proveito dos perigos que a nova ordem, ameaçada por todas as forças contrarrevolucionárias, corria. E, em segundo lugar, quando assim sua força aumentou, quando a esperança e a ambição despertaram no coração dos proletários, quando as diversas frações revolucionárias da burguesia estavam esgotadas ou desacreditadas por suas lutas recíprocas, a classe operária tentava, por uma espécie de golpe de surpresa, apoderar-se da revolução e torná-la sua. Foi assim que, sob a Revolução Francesa em

1793, o proletariado parisiense apoiou, por meio da Comuna, a Convenção e exerceu uma espécie de ditadura. Foi assim que, um pouco depois, Babeuf e seus amigos tentaram tomar o poder revolucionário, por um ataque improvisado e ousado e em benefício da classe operária. Ainda assim, após 1830, o proletariado francês, depois de ter desempenhado o grande papel constatado por Armand Carrel, tentou conduzir a burguesia vitoriosa e sobretudo superá-la. É esse ritmo de revolução que se impõe inicialmente no pensamento de Marx. Certamente, em novembro de 1847, no momento em que, com Engels, escreveu o *Manifesto Comunista,* sabe perfeitamente que o proletariado cresceu: é o proletariado que ele considera a verdadeira força revolucionária; e é contra a burguesia que se fará a revolução. Ele escreve: "O progresso da indústria, de que a burguesia é agente passivo e inconsciente, substitui o isolamento dos operários, resultante de sua competição, por sua união revolucionária mediante a associação. Assim, o desenvolvimento da grande indústria destruiu o terreno em que a burguesia assentou o seu regime de produção e de apropriação dos produtos. A burguesia produz, sobretudo, seus próprios coveiros. Sua queda e a vitória do proletariado são igualmente inevitáveis".

E mais: "O objetivo imediato dos comunistas é o mesmo que o de todos os demais partidos proletários: constituição dos proletários em classe, derrubada da supremacia burguesa, conquista do poder político pelo proletariado". Eis o que também é muito preciso: "Acompanhamos a guerra civil mais ou menos latente na sociedade atual até o ponto em que ela explode em uma revolução aberta e em que, por desmoronamento evidente da burguesia, o proletariado fundamentará sua dominação". Assim, é por uma revolução violenta contra a classe burguesa que o proletariado conquistará o poder e realizará o comunismo. Mas, ao mesmo tempo, parece a Marx que é a própria burguesia que, tendo de completar seu próprio movimento revolucionário, dará o sinal de desmoronamento. Contra o absolutismo ou o que dele resta, contra o feudalismo ou o que dele resta, a burguesia vai se levantar, e quando ela tiver desencadeado os acontecimentos, quando ela tiver aberto a crise, o proletariado, mais potente hoje do que eram os niveladores de Lilburne em 1648 na Revolução Inglesa, e os proletários de Chaumette em 1793, tomará revolucionariamente a revolução burguesa. Ele começará lutando ao lado da burguesia, e logo que ela se tornar vitoriosa, ele a expropriará de sua vitória. Na Alemanha, escrevem em 1847 Marx e Engels, o partido comunista lutará ao lado da burguesia em todas as ocasiões nas quais a burguesia retomar seu papel revolucionário; com ela, combaterá a monarquia absoluta, a propriedade fundiária feudal, a pequena burguesia. Mas em nenhum instante se esquecerá de suscitar, entre os operários, a consciência de classe mais clara possível da oposição que existe entre a burguesia e o proletariado e que os torna inimigos.

É preciso que as condições sociais e políticas que acompanham o triunfo da burguesia se voltem contra a própria burguesia, assim como as armas que logo os operários alemães saberão utilizar. É preciso que após a queda das classes reacionárias na Alemanha, a luta contra a burguesia avance sem demora.

"É para a Alemanha, sobretudo, que se volta a atenção dos comunistas, porque a Alemanha se encontra nas vésperas de uma revolução burguesa, e porque realizará essa revolução nas condições mais avançadas da civilização europeia e com um proletariado infinitamente mais desenvolvido que o da Inglaterra no século XVII e o da França no século XVIII; por conseguinte, a ser o prelúdio imediato de uma revolução proletária."

Assim, é com base em uma revolução burguesa vitoriosa que se enxertará a revolução proletária. O espírito de Marx, com sua ironia um pouco sarcástica, deleitava-se com esses jogos de pensamento. Que a História mistificasse a burguesia, arrancando-lhe das mãos sua vitória ainda quente, era para ele uma alegria ardente. Mas tratava-se de um plano de revolução proletária extremamente complicado e contraditório. Em primeiro lugar, se o próprio operariado não tem força para dar o sinal da revolução, se ele é obrigado a contar com as surpresas felizes da revolução burguesa, como é possível ter certeza de que ele terá, contra a burguesia vitoriosa, a força que não tinha antes do movimento burguês? Ou, em sua tentativa de revolução contra o velho mundo absolutista e feudal, a burguesia será vencida: e, sob essa derrota, o proletariado será abatido bem antes de ter combatido por si mesmo. Ou ela triunfará: romperá o despotismo dos reis, a força dos nobres e dos padres, absorverá a propriedade feudal, abolirá os entraves corporativos; e ela vai se lançar em um movimento tão vivo, tão entusiasta na via aberta por ela, que o proletariado ficará impotente para criar, de repente, um movimento novo e contrário. E, em vão, ele vai se esforçar para proceder de surpresa e de maneira violenta, tentar organizar "sua ditadura", e conquistar "a democracia" por meio da força; sua potência real não poderá ser aumentada artificialmente acima do nível em que se encontrava antes da revolução burguesa. Não faltou clarividência a Miquel, quando escreveu a Marx sua famosa carta de 1850 e previu uma retomada da revolução: "O partido operário poderá triunfar sobre a alta burguesia e sobre os restos do alto feudalismo, mas ele será fuzilado, nos flancos, pelos democratas. Talvez possamos dar, por algum tempo, uma direção antiburguesa à revolução, podemos destruir as condições essenciais da produção burguesa, mas não nos é possível abater a pequena burguesia. Obter o máximo possível, esse é meu lema. Devemos impedir durante o maior tempo possível, após a primeira vitória, qualquer organização dos pequenos burgueses e, principalmente, nos opor de punhos cerrados a qualquer assembleia constituinte. O terrorismo particular e a anarquia local devem substituir, para nós, o que nos falta em geral." Mas, assim, não será substituído "o que nos falta em geral". É certo que, quando uma classe ainda não está pronta historicamente, quando ela é obrigada a esperar o sinal e o meio de sua própria ação dos mesmos que ela pretende substituir, quando sua revolução, tomando sua força do movimento inimigo é apenas uma revolução parasitária, ela não pode esperar algum sucesso a não ser que mantenha a revolução aberta e "permanente", que ela prolongue a agitação de todos os elementos sociais. Mas desse modo ela simplesmente ganha tempo ou aumenta as chances de uma reação que se apodera, ao mesmo tempo, do proletariado e da burguesia. É a tática à qual a classe operária está condenada, quando ainda se encontra em um período de preparação insuficiente. E, se uma das características do socialismo utópico é não se basear na força própria da classe operária, o *Manifesto Comunista* de Marx e Engels ainda faz parte do período da utopia. Robert Owen e Fourier contam com a generosidade das classes superiores. Marx e Engels esperam, para o proletariado, o favor de uma revolução burguesa. O que o *Manifesto* propõe não é o método de revolução de uma classe garantida por si mesma e cuja hora, finalmente, chegou; é o expediente de revolução de uma classe impaciente e fraca, que quer precipitar, por artifício, o andamento das coisas.

Do mesmo modo, no final desse esforço paradoxal, após essa espécie de desvio proletário da revolução burguesa, Marx não vê uma vitória plena do proletariado e do comunismo, mas um regime singularmente misturado de propriedade capitalista e de comunismo, de violência à propriedade e à organização do crédito. Algo singular. Após ter constatado que é a evolução da indústria e o crescimento do proletariado industrial que criam uma força revolucionária, o *Manifesto* prevê, inicialmente, no programa imediato da revolução comunista vitoriosa, apenas a expropriação da renda fundiária. Ele recua para trás de Babeuf, cuja glória é ter feito entrar, no plano comunista, a produção industrial assim como a produção agrícola. Ele recua quase até Saint-Just, que parece ter previsto a possibilidade, pela nação, de absorver as fazendas. Diz Marx:

"Vimos que o primeiro passo da revolução operária é o advento do proletariado como classe dominante, a conquista da democracia.

"O proletariado utilizará sua supremacia política para arrancar pouco a pouco todo capital à burguesia, para centralizar todos os instrumentos de produção nas mãos do Estado, isto é, do proletariado organizado em classe dominante, e para aumentar, o mais rapidamente possível, o conjunto das forças produtivas.

"Isto naturalmente só poderá realizar-se, a princípio, por uma violação despótica do direito de propriedade e das relações de produção burguesas, isto é, pela aplicação de medidas que, do ponto de vista econômico, parecerão insuficientes e insustentáveis, mas que no desenrolar do movimento ultrapassarão a si mesmas e serão indispensáveis para transformar radicalmente todo o modo de produção.

"Essas medidas, é claro, serão diferentes nos vários países.

"Todavia, nos países mais adiantados, as seguintes medidas poderão geralmente ser postas em prática:

1. Expropriação da propriedade latifundiária e emprego da renda da terra em proveito do Estado.
2. Imposto fortemente progressivo.
3. Abolição do direito de herança.
4. Confisco da propriedade de todos os emigrados e rebeldes.
5. Centralização do crédito nas mãos do Estado por meio de um banco nacional com capital do Estado e com o monopólio exclusivo.
6. Centralização, nas mãos do Estado, de todos os meios de transporte.
7. Multiplicação das fábricas e dos instrumentos de produção pertencentes ao Estado, preparação das terras incultas e melhoramento das terras cultiváveis, segundo um plano geral.
8. Trabalho obrigatório para todos, organização de exércitos industriais, particularmente para a agricultura.
9. Combinação de trabalho agrícola e industrial, medidas capazes de fazer desaparecer gradualmente a distinção entre a cidade e o campo.
10. Educação pública e gratuita de todas as crianças; abolição do trabalho das crianças nas fábricas, tal como é praticado hoje. Combinação da educação com a produção material etc."

Estranho programa, em que o comunismo agrário do século XVIII e alguns elementos do que denominamos, hoje, o programa de Saint-Mandé, são colocados juntos: Marx e Engels, na ordem industrial, contentam-se inicialmente com a nacionalização das estradas de ferro; não há sequer a nacionalização das minas, aceita hoje pelos socialistas radicais. Mas o que me impressiona não é o caos do programa, a coexistência do comunismo agrícola com o capitalismo industrial. Não é a contradição entre o artigo que abole a herança e retira, assim, o capital industrial das novas gerações, e o conjunto de artigos que deixam subsistir a propriedade individual. A História demonstra que formas diversas e mesmo contraditórias frequentemente coexistiram. Durante muito tempo a produção corporativa e a produção capitalista funcionaram lado a lado: os séculos XVII e XVIII inteiros são feitos da mistura das duas, e durante muito tempo também o trabalho agrícola e a servidão coexistiram. Além disso, estou convencido de que, na evolução revolucionária que nos conduzirá ao comunismo, a propriedade coletivista e a propriedade individual, o comunismo e o capitalismo serão por muito tempo justapostos. É a própria lei das grandes transformações. Marx e Engels tinham perfeitamente o direito, sem se renegarem, de dizer em 1872 que não faziam muito caso de seu programa de 1847. "Essa passagem, hoje, deveria ser modificada em diversos termos. Os imensos progressos realizados pela grande indústria nos últimos vinte anos, os progressos paralelos efetuados pela classe operária organizada em partido... fazem parecer velhas mais de uma passagem desse programa". No máximo, é possível surpreender-se que eles não tenham, desde 1847, ampliado a parte do comunismo industrial.

Mas o que surpreende é que tenham acreditado que o proletariado era capaz de confiscar em benefício próprio as revoluções burguesas e de conquistar, por um golpe de autoridade, a democracia, uma vez que o supunham incapaz, em seguida à sua vitória, e, mesmo nos países mais avançados, de instituir amplamente o comunismo industrial. O que, sobretudo, impressiona no *Manifesto* não é o caos do programa, que se poderia elucidar, mas o caos dos métodos. É por um golpe de força que o proletariado se instala, inicialmente, no poder; é por um golpe de força que ele o toma dos revolucionários burgueses. Ele "conquista a democracia", ou seja, de fato, ele a suspende, pois substitui a vontade da maioria dos cidadãos livremente consultados pela vontade ditatorial de uma classe. É ainda por meio da força, por meio do poder ditatorial, que ele comete essas primeiras "infrações despóticas" à propriedade, previstas no *Manifesto*. Mas, em seguida, para todo o desenvolvimento da revolução, para a elaboração e organização da nova ordem, é ainda a ditadura do proletariado que subsiste, ou ele se esconde sob a lei da democracia, do sufrágio universal e das transações? É impossível supor que Marx e Engels tenham sonhado em suspender por muito tempo a democracia, em benefício da ditadura proletária. Como poderiam, se a própria revolução proletária surgiu de um amplo movimento pela democracia? Como poderiam, se deixam subsistir a força econômica da burguesia, a forma capitalista da indústria? Deixar ao patronato, pelo menos em um período provisório cujo fim nem tentam indicar, a direção das oficinas, das manufaturas e das fábricas, e manter esse mesmo patronato sem direito político, fora da cidade, é impossível. É contraditório fazer dos burgueses cidadãos passivos e lhes deixar ainda, em grande medida, o domínio da produção. É contraditório organizar o crédito do Estado e não submeter o funcionamento desse crédito ao controle de toda a nação. Uma classe que tem origem na democracia, que, em lugar de se submeter à lei da democracia, prolongasse sua ditadura além dos primeiros dias da revolução, não seria mais do que um bando acampado no território abusando dos recursos do país. Então, ou Marx e Engels encaminham o proletariado a um caos de barbárie e de impotência, ou preveem que, após os primeiros atos políticos e econômicos que terão dado à classe operária um grande impulso e marcado-a com um selo socialista da democracia, ele vai se misturar de novo na vida nacional e na legalidade do sufrágio universal. Mas o que significa isto? E se a democracia não está nada preparada para o movimento comunista, ela não vai contrariar os efeitos das primeiras medidas ditatoriais do proletariado, em vez de estendê-los? E se, ao contrário, a democracia está preparada para ele, se o proletariado pode, simplesmente pela força legal, conseguir que ela desenvolva no sentido comunista as primeiras instituições revolucionárias, é na realidade a conquista legal da democracia que se torna o método soberano da revolução. Todo o resto, repito, é apenas o expediente, talvez necessário no momento, de uma classe ainda débil e mal preparada. Mas os socialistas de hoje, que ainda falam em "ditadura impessoal do proletariado" ou que preveem a tomada brusca do poder e a violência feita à democracia, recuam ao tempo em que o proletariado ainda era fraco e em que se encontrava reduzido a meios artificiais de vitória.

De fato, a tática do *Manifesto*, que consiste para o proletariado em desviar para ele movimentos que ele mesmo não pôde suscitar, essa tática da força crescente e ousada, mas ainda subordinada, a classe operária empregou instintivamente em todas as crises da sociedade democrática e burguesa. Marx admitira a ideia da Revolução Francesa e de Babeuf. Após 1830, os movimentos operários de Paris e de Lyon prolongaram-se em uma confusa afirmação proletária da revolução da burguesia. Em 1848, os proletários de

Paris, de Viena, de Berlim tentaram, em audaciosas jornadas, desviar o movimento da revolução para o socialismo. As famosas palavras de Blanqui, "Não se cria um movimento, deriva-o", são a própria expressão dessa política. É a fórmula ativa do *Manifesto Comunista* de Marx, é a palavra de ordem de uma classe que ainda se sente menor, mas chamada a altos destinos. Em 1870, o dia 31 de outubro, sucedendo ao 4 de setembro, é uma retomada do método marxista e blanquista. Na própria Comuna, a crescente ação do proletariado socialista substituindo a democracia pequeno-burguesa é ainda uma aplicação da tática do *Manifesto*: enxertar a revolução proletária na revolução democrática e burguesa.

Lassalle tivera uma ambição mais ousada. Ele não queria deixar a revolução, mesmo a burguesa, tomar inicialmente uma forma burguesa. Queria captá-la, por assim dizer, em sua própria fonte, e desviá-la desde logo para o proletariado. Assim, quando, em 1863, irrompeu o conflito entre a representação prussiana e o ministério prussiano, quando a burguesia progressista e liberal da Alemanha se agitou para defender o direito constitucional ameaçado por Bismarck, foi possível se perguntar se o conflito não chegaria a uma revolução. Nesta, o que então teria sido colocado não fora a questão social, a questão da propriedade. Ela não foi de origem comunista e proletária mas, ao contrário, de origem burguesa e parlamentar. Não foi como a retomada da revolução burguesa alemã, que Marx anunciava em novembro de 1847, e que abortou em 1848 e 1849.

Mas essa revolução alemã, por mais burguesa que fosse em suas origens, Lassalle não queria que ela o fosse, sequer um momento, em sua manifestação e em sua marcha. Segundo ele, era o proletariado alemão organizado que devia suscitar a revolução do conflito burguês e se encarregar, logo em seguida, da força nova dos acontecimentos. Ele proclamava que a burguesia não tinha audácia, que ela tentaria, no máximo, voltar à federação alemã de 1848, e que era preciso, ao contrário, instituir toda a unidade da Alemanha democrática. Ele dizia com voz forte e emocionada: "Objetivos miseravelmente medíocres só podem suscitar uma conduta miseravelmente medíocre; somente uma grande ideia, somente o entusiasmo por objetivos fortes criam a devoção, o espírito de sacrifício, a valentia!" E que direito a burguesia alemã, que havia deixado a liberdade perecer em 1848, teria hoje como guardiã da liberdade? Da mesma forma, e Lassalle fazia constar isso triunfalmente, os dirigentes da burguesia liberal declaravam antecipadamente recusarem qualquer revolução. Seria, então, o proletariado quem passaria desde logo para o primeiro plano, se a crise se tornasse revolucionária. Dizia Lassalle: "Acho M. De Benningsen muito inábil ao nos lembrar que ele e seu partido não querem revolução! Pois nós o lembramos, sem cessar, queremos lhe dar essa alegria de não esquecê-lo. Levantamos as mãos e nos engajamos, se, de uma forma ou de outra, o grande abalo se der, para lembrar aos nacional-liberais que até o último momento eles declararam não querer revolução".

Era, então, ao proletariado que seria, por assim dizer, adjudicada, desde o primeiro momento, a revolução. Lassalle, consciente do crescimento da classe operária, e também impaciente de colher todos os frutos da vida, não aceita, como Marx em 1847, um período fundamental da revolução burguesa. Ainda que tenha sua origem em um conflito entre a burguesia liberal e o absolutismo real, a revolução passará desde o primeiro dia para as mãos operárias. Trata-se ainda da aplicação do método marxista, mas em uma espécie de caso limite em que o período burguês é reduzido a zero. Desse poder revolucionário repentinamente conquistado, Lassalle se propunha, é certo, a fazer uma utilização muito moderada. Ele se limitaria a instituir o sufrágio universal, a suprimir os impostos indiretos, a emancipar a imprensa do jugo do capital e a subvencionar amplamente, com recursos do Estado, associações operárias de produção: nada de expropriação, nada de aplicação extensa de um plano comunista.

Assim, há 120 anos, o método de revolução operária a que Babeuf deu a principal aplicação, a que Marx e Blanqui deram a fórmula e que consiste em se beneficiar das revoluções burguesas para aí se introduzir astuciosamente o comunismo proletário, foi tentado ou proposto muitas vezes e de muitas formas. Certamente, deu grandes resultados. Foi por meio dele que, em diversas jornadas históricas, a classe operária tomou consciência de sua força e de seu destino. Foi por meio dele que, ainda de forma indireta e enviesada, o proletariado experimentou o poder. Foi por meio dele que a questão da propriedade e do comunismo esteve constantemente na ordem do dia na Europa, de acordo com o conselho do *Manifesto*. "Em todos estes movimentos, [os comunistas] põem em primeiro lugar, como questão fundamental, a questão da propriedade, qualquer que seja a forma, mais ou menos desenvolvida, de que esta se revista". Enfim, foi por meio desse método que o proletariado agiu, bem antes de ter a força decisiva. Mas era uma quimera esperar que o comunismo proletário pudesse ser enxertado na revolução burguesa. Era uma quimera pensar que as agitações revolucionárias da burguesia dariam ao proletariado oportunidade de um golpe de força feliz. De fato, essa tática jamais chegou ao fim. Logo a burguesia revolucionária soçobrou, levando com ela o proletariado. Logo a burguesia revolucionária vitoriosa teve força para conter e fazer recuar o movimento operário. E, além disso, mesmo se por surpresa um movimento proletário se impôs, de repente, por agitações de outra ordem e de outra origem, a que ele chegou? Ele seria rapidamente enfraquecido em um movimento puramente democrático por uma série de compromissos. Da Comuna vitoriosa sairia, no máximo, uma República radical.

Hoje, o modo determinado pelo qual Marx, Engels e Blanqui concebiam a revolução proletária foi eliminado pela História. Inicialmente, o proletariado mais forte não continua a contar com o favor de uma revolução burguesa. É por sua própria força e em nome de suas próprias ideias que ele quer agir na democracia. Ele não fica à espreita de uma revolução burguesa para derrubar a burguesia como um cavaleiro, de bruços, para dominar sua montaria. Ele tem sua organização própria, sua força própria. Ele tem, por meio dos sindicatos e das cooperativas, uma força econômica crescente. Ele tem, por meio do sufrágio universal e da democracia, uma força legal indefinidamente elástica. Ele não se reduz a ser o parasita aventureiro e violento das revoluções burguesas. Ele prepara metodicamente, ou melhor, ele começa metodicamente sua própria revolução por meio da conquista gradual e legal do poder da produção e do poder do Estado. Da mesma forma, ele esperaria em vão a chance de uma revolução burguesa, para dar um golpe de força e estabelecer uma ditadura de classe. O período revolucionário da burguesia terminou. Pode ser que, para a salvaguarda de seus interesses econômicos e sob a ação da classe operária, a burguesia da Itália, da Alemanha, da Bélgica seja levada a estender os direitos constitucionais do povo, a reivindicar a plenitude do sufrágio universal, a verdade do regime parlamentar, a responsabilidade dos ministros perante o Parlamento. Pode ser que a ação combinada da democracia burguesa e do proletariado faça recuar, em toda parte, a prerrogativa real ou a autocracia imperial até o ponto em que a monarquia só exista nominalmente. É certo que a luta pela democracia plena não terminou na Europa, mas, nessa luta, a burguesia vai desempenhar somente um papel acessório, como é visível, neste momento, na Bélgica. E, além disso, já existem em todas as Constituições da Europa Central e Ocidental muitos elementos de democracia para que a passagem para a democracia plena se realize sem crise revolucionária. Assim, o proletariado não pode mais, como haviam pensado Marx e Blanqui, abrigar sua revolução por trás das revoluções burguesas. Ele não pode mais tomar e redirecionar em seu benefício as agitações revolucionárias da burguesia que se esgotaram. Agora, é sem cobertura, no amplo terreno da legalidade democrática e do sufrágio universal, que o proletariado socialista prepara, estende, organiza sua revolução. É para essa ação revolucionária metódica direta e legal que Engels, no final de sua vida, convidava o proletariado europeu com as famosas palavras que, de fato, relegavam o *Manifesto Comunista* ao passado. A partir de então, uma vez terminada a ação revolucionária da burguesia, qualquer meio violento empregado pelo proletariado simplesmente uniria contra ele todas as forças não proletárias. E é por isso que sempre interpretei a greve geral não como um meio de violência, mas como um dos maiores mecanismos de pressão legal que, para assuntos bem demarcados e importantes, pode dirigir o proletariado disciplinado e organizado.

Mas se a hipótese histórica da qual procede a concepção revolucionária do *Manifesto Comunista* esgotou-se, de fato; se o proletariado não pode mais contar com os movimentos revolucionários da burguesia para desenvolver sua própria força de revolução, se não pode mais fazer surgir sua ditadura de classe de um período de democracia caótica e violenta, pelo menos, ele pode esperar seu advento, de repente, de uma brusca destruição econômica da burguesia, de um cataclismo do sistema capitalista, finalmente sem escapatória, impossibilitado de viver e liquidado? Aí também estava uma perspectiva de revolução proletária aberta por Marx. Para suscitar a ditadura de classe do proletariado, ele contava com o advento político revolucionário da burguesia e, ao mesmo tempo, com sua decadência econômica. Um dia, a partir de si próprio, sob a ação cada vez mais intensa e mais frequente das crises por ele desencadeadas, e pela miséria a que teria reduzido os explorados, o capitalismo deveria sucumbir. Não é possível discutir seriamente que este tenha sido, no *Manifesto*, o pensamento de Marx e Engels.

"Todas as sociedades anteriores, como vimos, basearam-se no antagonismo entre classes opressoras e classes oprimidas. Mas para oprimir uma classe é preciso garantir-lhe condições tais que lhe permitam, pelo menos, existir como escravo. O servo, apesar de sua servidão, conseguiu tornar-se membro da Comuna, da mesma forma que o pequeno burguês, sob o jugo do absolutismo feudal, elevou-se à categoria de burguês. O operário moderno, pelo contrário, longe de se elevar com o progresso da indústria, desce cada vez mais abaixo das condições de sua própria classe. O trabalhador cai no pauperismo, e este cresce ainda mais rapidamente do que a população e a riqueza. É, pois, evidente que a burguesia torna-se incapaz de continuar desempenhando o papel de classe dominante e de impor à sociedade, como lei suprema, as condições de existência de sua classe. Não pode exercer o seu domínio porque não pode mais assegurar a existência de seu escravo, mesmo no quadro de sua escravidão, porque é obrigada a deixá-lo cair numa tal situação, que deve nutri-lo em lugar de se fazer nutrir por ele. A sociedade não pode mais existir sob sua dominação, o que quer dizer que a existência da burguesia é, doravante, incompatível com a da sociedade".

E é nesse momento que, tendo a exploração burguesa e capitalista atingido, por assim dizer, o limite de tolerância vital das classes exploradas, produz-se uma comoção inevitável, uma sublevação irresistível, e a guerra civil latente entre as classes se desata, enfim, pela "destruição violenta da burguesia".

Eis aí exatamente o pensamento de Marx e Engels naquela data. Sei que procuramos, agora, lançar um véu sobre a brutalidade desses textos. Sei que perspicazes intérpretes marxistas dizem que Marx e Engels só pretenderam falar de uma pauperização "relativa". Assim, quando os teólogos querem estabelecer uma relação entre os textos da Bíblia e a realidade cientificamente constatada, dizem que no Gênese, a palavra *dia* designa um período geológico de vários milhões de anos. Eu não contradigo isso. São artifícios e complacências da exegese que permitem passar sem dor do dogma professado durante muito tempo à verdade mais conhecida. E, uma vez que espíritos "revolucionários" têm necessidade dessas atenções, quem pensaria em contrariá-los? Entretanto, se Marx só quisesse falar de uma pauperização relativa, como teria concluído que o capitalismo levaria seus escravos a caírem abaixo mesmo do mínimo vital e os obrigaria, assim, por uma sequência de reflexos irresistíveis, a levarem a burguesia a se arruinar violentamente?

Costuma-se dizer também que Marx e Engels quiseram apenas definir a tendência abstrata do capitalismo, em que se transformaria a sociedade burguesa, por sua própria lei, se a organização operária não contrariasse, por um esforço inverso, essa tendência à opressão e à depressão. E, certamente, como Marx, que fazia do proletariado a própria essência e a forma viva do capitalismo, não teria reconhecido essa ação proletária? Mas parece que no pensamento de Marx essa ação ao mesmo tempo que garante, de fato, ao proletariado, algumas vantagens econômicas parciais, resume-se sobretudo a aumentar sua consciência de classe, a nele desenvolver o sentimento de seus males e o de sua força.

"Ora, a indústria, desenvolvendo-se, não só aumenta o número dos proletários, mas concentra-os em massas cada vez mais consideráveis; sua força cresce e eles adquirem maior consciência dela. Os interesses, as condições de existência dos proletários se igualam cada vez mais, à medida que a máquina extingue toda diferença de trabalho e quase por toda parte reduz o salário a um nível igualmente baixo. Em virtude da concorrência crescente dos burgueses entre si e devido às crises comerciais que disso resultam, os salários se tornam cada vez mais instáveis; o aperfeiçoamento constante e cada vez mais rápido das máquinas torna a condição de vida do operário cada vez mais precária; os choques individuais entre o operário e o burguês tomam cada vez mais o caráter de choques entre duas classes. Os operários começam a formar uniões contra os burgueses e atuam em comum na defesa de seus salários; chegam a fundar associações permanentes a fim de se prepararem, na previsão daqueles choques eventuais. Aqui e ali a luta se transforma em motim.

"Os operários triunfam às vezes; mas é um triunfo efêmero. O verdadeiro resultado de suas lutas não é o êxito imediato, mas a união cada vez mais ampla dos trabalhadores. Esta união é facilitada pelo crescimento dos meios de comunicação criados pela grande indústria e que permitem o contato entre operários de localidades diferentes. Ora, basta este contato para concentrar as numerosas lutas locais, que têm o mesmo caráter em toda parte, em uma luta única, uma luta de classes. Mas toda luta de classes é uma luta política. E a união que os burgueses da Idade Média levavam séculos a realizar, com seus caminhos vicinais, os proletários modernos realizam em alguns anos por meio das vias férreas.

"A organização do proletariado em classe e, em seguida, em partido político, é incessantemente destruída pela concorrência que fazem entre si os próprios operários. Mas renasce sempre, e cada vez mais forte, mais firme, mais poderosa. Aproveita-se das divisões internas da burguesia para obrigá-la ao reconhecimento legal de certos interesses da classe operária, como, por exemplo, a lei da jornada de dez horas de trabalho na Inglaterra."

Se reproduzi esse excelente quadro do movimento operário moderno, não foi para discutir cada uma de suas características: haveria em vários pontos, principalmente sobre o nivelamento de salários, muitas reservas a serem feitas. Mas eu quis que o leitor pudesse, de maneira proveitosa, pensar sobre a mesma questão que me faço aqui: em que medida Marx admitiu que a organização econômica e política dos proletários acabava com a tendência à pauperização que, segundo ele, é a própria lei do capitalismo? Acho que podemos responder: em uma medida muito fraca. Sem dúvida, os operários assim agrupados em classe e em partido obtêm, sobretudo graças às divisões da classe proprietária, algumas vantagens parciais; mas parece que sua união no combate é o único benefício substancial que retiram do próprio combate. Portanto, a força de coesão e de protesto dos operários aumenta em vista de uma sublevação geral; suas chances de executar o movimento revolucionário e de precipitar o desmoronamento da burguesia aumentam. Mas, de fato, e no âmago mesmo de sua vida efetiva, eles se submetem à lei de proletarização, ao se oporem a ela apenas com contrapesos extremamente fracos. É realmente essa contradição entre a pauperização crescente a que se submete o proletariado e sua força crescente de reivindicação e de ação organizada que Marx vê como o motor das grandes insurreições próximas, como a força imediata da revolução. As melhorias concretas obtidas pelo esforço operário compensam simplesmente de maneira imperfeita a depreciação concreta a que se submete a vida operária pela lei da produção burguesa. No conflito das tendências disputadas pelo proletariado, no presente, a tendência aviltante tem a primazia: é sobretudo ela que trata da condição real da classe operária.

E, já que falamos de tendências, era neste sentido que se inclinava visivelmente todo o pensamento de Marx e de Engels. Quase diria que Marx tinha necessidade, em sua concepção dialética da História moderna, de um proletariado infinitamente empobrecido. Para que o proletariado fosse o momento humano na dialética hegeliana de Marx, para que fosse verdadeiramente a própria ideia da humanidade, deveria ser tão privado de qualquer direito social, que nele só subsistisse a humanidade ilimitada em miséria e em direito. E como se poderia esperar entender Marx sem descer às origens dialéticas, às fontes profundas do pensamento? Sua "crítica à filosofia hegeliana do direito", publicada em 1844, nos anais *germano-franceses*, é em relação a isso um documento decisivo. Diz ele: "Onde está, então, a possibilidade positiva da emancipação alemã? Resposta: Na formação de uma classe com elos radicais, de uma classe da sociedade burguesa, que não seja uma classe da sociedade burguesa, de um Estado, que seja a dissolução de todo o Estado, na formação de uma esfera que tenha um caráter universal por meio do sofrimento universal e que não reivindique qualquer direito particular, porque essa não é uma injustiça particular, mas a injustiça total que se realiza sobre ela; uma esfera que possa fazer apelo a algum título histórico, mas somente enquanto humanidade, que não seja em oposição particular a qualquer consequência, mas em oposição geral a todos os princípios do Estado alemão; enfim, de uma esfera que não possa se emancipar sem se emancipar de todas as outras esferas da sociedade e, sem por isso, emancipar todas as outras esferas da sociedade; que, em poucas palavras, seja a perda total do homem e que só possa, em consequência, encontrar-se por meio da restituição completa do homem".

Sei que é da Alemanha e das condições particulares de sua emancipação que Marx fala aqui. Sei que ele reconhece para as classes sociais da França um idealismo histórico mais alto; que, segundo ele, elas têm o hábito de se considerarem guardiãs do interesse universal e que, para que se realize a emancipação completa, na França, será suficiente que essa ação idealista passe da burguesia, em que a missão humana é limitada e contrariada por preocupações com a propriedade, ao proletariado francês, em que a missão humana pode desenvolver sua universalidade sem obstáculos.

Sim, trata-se da Alemanha e do proletariado alemão. Mas quem não vê que, para Marx, apesar das diferenças étnicas e históricas, é uma imagem do proletariado, e até mesmo, por sua absoluta pobreza, a imagem suprema? É, então, sob uma transposição hegeliana do cristianismo que Marx apresenta pela segunda vez o movimento moderno de emancipação. Do mesmo modo que o Deus cristão desceu à mais baixa situação da humanidade sofredora para elevar toda a humanidade, do mesmo modo que o Salvador, para de fato salvar todos os homens, teve de se reduzir a esse grau de pobreza muito próximo da animalidade, abaixo da qual não se pode encontrar homem algum, do mesmo modo que esse rebaixamento infinito de Deus era a condição do restabelecimento infinito do homem, também na dialética de Marx, o proletariado, o Salvador moderno, tinha de estar privado de qualquer garantia, despido de qualquer direito, reduzido ao mais profundo nada histórico e social, para se erguer elevando toda a humanidade. E como o Deus-homem, para continuar sua missão, teve de continuar pobre, sofrendo e humilhado até o dia triunfal da ressurreição, até essa vitória particular sobre sua morte que libertou toda a humanidade da morte, assim continua o proletariado, com mais razão ainda, sua missão dialética até a insurreição final e, até a ressurreição revolucionária da humanidade, ele carrega, como uma cruz cada vez mais pesada, a principal lei da opressão e do enfraquecimento do capitalismo. Daí, em Marx, uma tendência original a dificilmente admitir a ideia de um restabelecimento parcial do proletariado. Daí uma espécie de alegria, em que entra um certo misticismo dialético, para constatar as forças de destruição que pesam sobre o proletariado.

Marx se enganou. Não é da privação absoluta que poderia vir a libertação absoluta. Por mais pobre que fosse o proletariado alemão, ele não era a pobreza suprema. Em primeiro lugar, no operariado moderno há, desde logo, toda a parte de humanidade conquistada pela abolição das primeiras selvagerias e barbáries, pela abolição da escravidão e da servidão. Em seguida, por mais medíocres que fossem, de fato, naquele momento não eram inteiramente desprovidos dos valores históricos próprios dos proletários alemães. Sua história, desde a Revolução Francesa, não era inteiramente vazia. E, sobretudo, por sua simpatia pela ação emancipadora dos proletários franceses, dos operários do 14 de julho, dos 5 e 6 de outubro, do 10 de agosto, das seções parisienses, tinham parte dos valores históricos do proletariado francês, que se tornaram valores universais, como a Declaração dos Direitos do Homem que se tornara um símbolo universal, como a Queda da Bastilha que se tornara uma libertação universal. No próprio momento em que Marx escrevia para o proletariado alemão essas palavras de rebaixamento místico e de ressurreição mística, os proletários alemães, além do próprio Marx, voltavam seu coração e seus olhos para a França, para a grande pátria dos valores históricos do proletariado. Mas o que há de estranho no fato de Marx, com essa concepção dialética fundamental, ter associado a supremacia da evolução capitalista à tendência ao enfraquecimento? O que há de surpreendente em que, ainda em *O Capital,* ele tenha escrito: "a opressão, a escravidão, a exploração, a miséria aumentam", mas também "a resistência da classe operária cresce sem cessar e cada vez mais disciplinada, unida e organizada pelo próprio mecanismo da produção capitalista", colocando ainda em equilíbrio uma força de depressão que age no próprio momento e uma força de resistência e de organização que parece, sobretudo, preparar o futuro?

Engels fazia da inflexibilidade do sistema capitalista, de sua impotência para se adaptar à menor reforma, uma ideia tão rígida e tão estrita que comete os mais graves e decisivos erros na interpretação dos movimentos sociais. É difícil imaginar erros mais grosseiros do que os que ele comete, a cada passo, em seu célebre livro sobre "a situação das classes trabalhadoras na Inglaterra". Por toda parte, ele viu incompatibilidades, impossibilidades, contradições insolúveis que só podiam ser resolvidas pela revolução. Ele anuncia, em 1845, como iminente e absolutamente inevitável na Inglaterra uma revolução operária e comunista, que será a mais sangrenta que a História já viu. Os pobres estrangularão os ricos e incendiarão os castelos. Não dá possibilidade de dúvida sobre isto. "Em nenhum lugar é tão fácil profetizar como na Inglaterra, porque, aqui, todos os acontecimentos sociais são de uma nitidez e de uma acuidade extremas. A revolução *deve* chegar, e já é extremamente tarde para introduzir uma solução pacífica". Estranha visão desse país, a Inglaterra, sempre tão hábil nas transformações e nos compromissos! Ele leva tão longe sua intransigência social que chega a manter, sobre as grandes questões precisas colocadas naquele momento, a linguagem dos conservadores mais cabeçudos. Assim como eles, qualquer progresso político e social lhe parecia impossível no sistema presente. Os cartistas acuam a Inglaterra ou ao abismo ou à completa revolução comunista. Pedem o sufrágio universal: mas ele é inconciliável com a monarquia; pedem a jornada de dez horas, mas no sistema capitalista ela é inconciliável com as exigências da produção; e seu efeito, realmente excelente, será obrigar a Inglaterra a entrar, sob pena de se arruinar, em vias inteiramente novas. Escreve Engels: "Sobre a economia nacional, os argumentos dos fabricantes que a lei das dez horas aumenta os custos de produção, que por isso a indústria inglesa vai se tornar incapaz de lutar contra a concorrência estrangeira, que o salário do trabalhador necessariamente cairá são meio verdadeiros, mas somente provam uma coisa: que a grandeza industrial da Inglaterra só pode ser mantida por meio do tratamento bárbaro infligido aos operários, por meio da destruição de sua saúde, por meio da decadência social, física e intelectual de gerações inteiras. Naturalmente, se a jornada de dez horas se tornasse uma medida legal definitiva, a Inglaterra seria arruinada; mas porque essa lei ocasionaria, após ela, necessariamente outras medidas que obrigariam a Inglaterra a entrar em uma via inteiramente diferente daquela que ela tem seguido até então, essa lei será um progresso".

Que espírito de desconfiança em relação a reformas parciais! Que limites estreitos atribuídos às faculdades de transformação do regime industrial! E quando, em 1892, cinquenta anos depois, Engels reedita esse livro, ele não pensa em nenhum momento em se perguntar por que vício de pensamento, por que erro sistemático foi induzido a ideias falsas sobre o movimento político e social da Inglaterra. Ele prefere deleitar-se com uma obra que a História quase toda desmentiu. Portanto, é natural supor que Engels, com esse modo inicial de compreender as coisas, tendeu sempre, como Marx, a dar às forças de depressão que abatem a classe operária no regime capitalista a primazia sobre as forças de elevação.

Mas, qualquer que seja a interpretação sobre esse ponto dada ao pensamento incerto e obscuro de Marx e Engels, pouco importa. O essencial é que, hoje, nenhum socialista aceita a teoria da pauperização absoluta do proletariado. Uns, abertamente, outros com precauções infinitas, alguns com uma maliciosa bonomia vienense, todos declaram que não é verdade que, no conjunto, a condição econômica material dos proletários esteja piorando. Tendências de repressão e tendências de elevação, afinal de contas, e na realidade imediata da vida, não são as tendências depressivas que os conduzem. Consequentemente não é mais permitido repetir, depois de Marx e Engels, que o sistema capitalista perecerá porque sequer garante, para aqueles que explora, o mínimo necessário à vida.

Também, consequentemente, torna-se pueril esperar que um cataclismo econômico, ameaçando o proletariado em sua própria vida, provoque, sob a revolta do instinto vital, "o desmoronamento violento da burguesia". Assim, as duas hipóteses, uma histórica e a outra econômica, de onde deveria sair, no pensamento do *Manifesto Comunista*, a repentina revolução proletária, a revolução da ditadura operária, estão igualmente arruinadas.

Nem haverá na ordem política uma revolução burguesa em que o proletariado revolucionário possa, de repente, montar; nem haverá na ordem econômica um cataclismo, uma catástrofe que, nas ruínas do capitalismo destruído, suscite um dia a dominação de classe do proletariado comunista e um novo sistema de produção. Essas hipóteses não foram vãs. Se o proletariado não pôde se apropriar de alguma das revoluções burguesas, no entanto, ele avançou há 120 anos por meio das agitações da burguesia revolucionária e ainda continuará a tirar partido dos inevitáveis conflitos internos da burguesia, sob as novas formas que a democracia desenvolve. Mesmo não havendo uma reação total e revolucionária do instinto vital do proletariado sob um cataclismo total do capitalismo, tem havido inúmeras crises que, ao confirmarem a profunda desordem da produção capitalista, naturalmente excitaram os proletários a prepararem uma nova ordem. Mas o erro começa quando se espera, de fato, a queda repentina do capitalismo e o advento repentino do proletariado, seja a partir de um grande abalo político da sociedade burguesa ou de um grande abalo econômico da produção burguesa.

Não é pelo contragolpe imprevisto das agitações políticas que o proletariado chegará ao poder, mas por meio da organização metódica e legal de suas próprias forças sob a lei da democracia e do sufrágio universal. Não é pelo desmoronamento da burguesia capitalista, é pelo crescimento do proletariado que a ordem comunista se instalará gradualmente em nossa sociedade. Para quem aceita essas verdades doravante necessárias, métodos precisos e certos de transformação social e organização progressiva não demoram a aparecer. Os que francamente não as aceitam, aqueles que não levam verdadeiramente a sério os resultados decisivos do movimento operário há um século, aqueles que recuam até o *Manifesto Comunista* tão visivelmente ultrapassado pelos acontecimentos, ou que misturam aos pensamentos diretos e verdadeiros, que a realidade presente lhes sugere, restos de pensamentos antigos de onde a verdade se distanciou, condenam-se a viver no caos.

Mas eu só poderia justificar particularmente essa afirmação geral por meio da análise minuciosa de todas as tendências presentes do socialismo francês e do socialismo internacional. Eu só poderia também legitimar plenamente o método que indiquei por meio de estudos precisos e por meio da exposição de um programa "de evolução revolucionária".

Não quero, nessa introdução, acrescentar senão umas poucas palavras que têm relação direta com o assunto do volume. Alguns de nossos oponentes costumam dizer que esse método de evolução submetida à lei da democracia corre o risco de enfraquecer e de obscurecer o ideal socialista. É exatamente o contrário. São os apelos enfáticos à violência, é a espera quase mística de uma catástrofe libertadora que isentam os homens de precisarem seu pensamento, de determinarem seu ideal. Mas aqueles que se propõem a conduzir a democracia, por caminhos amplos e seguros, para o comunismo pleno, aqueles que não podem contar com o entusiasmo de uma hora e com as ilusões de um povo excitado, esses são obrigados a dizer com a mais decisiva clareza para que forma de sociedade querem encaminhar os homens e as coisas, e por meio de quais instituições e leis esperam levar à ordem comunista. Quanto mais o partido socialista se misturar à nação, aceitando de maneira definitiva a democracia e a legalidade, mais ele será obrigado a definir sua própria concepção: e em uma atmosfera menos agitada, o objetivo final vai se tornar mais preciso. Sob pena de se perder no empirismo mais vulgar e de se dissolver em um oportunismo sem regra e sem objetivo, ele deverá ordenar todos os seus pensamentos, toda a sua ação em vista do ideal comunista. Ou melhor, esse ideal deverá estar sempre presente e ser sempre discernível em cada um de seus atos, em cada uma de suas palavras. Não sei se Bernstein não foi levado, pela necessidade da polêmica, a esclarecer sobretudo o lado crítico de sua obra. Seria, de qualquer maneira, um grande erro e uma grande falta dissolver nas brumas do futuro o objetivo do socialismo. O comunismo deve ser a ideia diretriz e visível de todo o movimento. O socialismo "crítico" deve ser, mais do que tudo, agitador e construtivo. E uma das formas principais de ação é dissipar os equívocos com que os partidos radicais da democracia burguesa ainda iludem os espíritos...

Jaurès, Jean. "Le Manifeste Communiste de Marx et Engels." Texto publicado no nº 24 da revista Spartacus. *Paris, fevereiro de 1948. Traduzido para esta edição por Wanda Caldeira Brant.*

NOVENTA ANOS DO *MANIFESTO COMUNISTA*

Leon Trótski

CUSTA ACREDITAR que apenas dez anos nos separam do centenário do *Manifesto do Partido Comunista*! Este manifesto, o mais genial entre todos os da literatura mundial, surpreende-nos ainda hoje pela sua atualidade. Suas partes mais importantes parecem ter sido escritas ontem. Sem dúvida alguma, seus jovens autores (Marx tinha 29 anos e Engels 27) souberam antever o futuro como ninguém antes e como poucos depois deles.

No prefácio à edição de 1872, Marx e Engels afirmaram que, mesmo tendo certos trechos do *Manifesto* envelhecido, não tinham o direito de modificar o texto original, visto que, no decorrer dos 25 anos então passados, ele já se transformara em um documento histórico. De lá para cá mais de 65 anos transcorreram. Algumas de suas partes envelheceram ainda mais. Consequentemente, neste ensaio, apresentaremos, de forma mais reduzida, as ideias do *Manifesto* que até nossos dias conservam integralmente sua força e aquelas que necessitam de modificações ou complementos.

I

A concepção materialista da História, formulada por Marx pouco tempo antes da aparição do texto e que nele se encontra aplicada com perfeita maestria, resistiu completamente à prova do conhecimento e aos golpes da crítica hostil. Constitui-se, atualmente, em um dos mais preciosos instrumentos do pensamento humano. Todas as outras interpretações do processo histórico não possuem qualquer valor científico. Podemos afirmar, com segurança, que atualmente é impossível não apenas ser um militante revolucionário, mas simplesmente um homem politicamente instruído sem que nos apropriemos da concepção materialista da História.

II

"Até hoje, a história de todas as sociedades que existiram até nossos dias tem sido a história das lutas de classes." O primeiro capítulo do *Manifesto* começa por esta frase.

Esta tese, que constitui a mais importante conclusão da concepção materialista da História, em pouco transformou-se em elemento da luta de classes. A teoria que trocava o "bem-estar comum", "a unidade nacional" e "as verdades eternas da moral" pela luta entre interesses materiais, considerados como a força motriz da sociedade, sofreu ataques particularmente ferozes da parte de reacionários hipócritas, doutrinários liberais e democratas idealistas. A eles acrescentaram-se mais tarde, desta vez a partir do próprio movimento operário, os ataques dos revisionistas, isto é, dos partidários da revisão do marxismo em favor da colaboração e conciliação de classes. Finalmente, em nossa época, os desprezíveis epígonos da Internacional Comunista (os stalinistas) tomaram o mesmo caminho: a política daquilo a que se dá o nome de "frentes populares" decorre, inteiramente, da negação das leis da luta de classes. Entretanto, vivemos na época do imperialismo que, levando todas as contradições sociais ao seu extremo, demonstra o triunfo teórico do *Manifesto do Partido Comunista.*

III

A anatomia do Capitalismo, visto este como um estágio determinado da evolução econômica da sociedade, foi destrinchada por Marx de forma cabal em *O Capital* (1867). Mas, já no *Manifesto* as linhas fundamentais foram traçadas com clareza: a) a retribuição do trabalho na medida indispensável à produção; b) a apropriação da mais-valia pelos capitalistas; c) a concorrência como lei fundamental das relações sociais; d) a ruína das classes médias, isto é, da pequena burguesia das cidades e do campesionato; e) a concentração da riqueza nas mãos de um número cada vez mais reduzido de possuidores em um dos polos sociais, e o crescimento numérico do proletariado em outro; f) a preparação das condições materiais e políticas para o regime socialista.

IV

A tendência do capitalismo em abaixar o nível de vida dos operários, a torná-los cada vez mais pobres. Esta tese foi violentamente atacada. Os padres, os professores, os ministros, os jornalistas, os teóricos social-democratas e os dirigentes sindicais levantaram-se contra a teoria da "pauperização progressiva". Invariavelmente enumeravam sinais do bem-estar crescente dos trabalhadores, tomando a aristocracia operária por todo o proletariado, ou tomando uma tendência temporária por uma situação perdurável. Paralelamente, a própria evolução do mais poderoso capitalismo, o dos Estados Unidos, transformou milhões de operários em párias, sustentados à custa da caridade estatal ou privada.

V

Em oposição ao *Manifesto*, que descrevia as *crises comerciais-industriais como uma série de crescentes catástrofes*, os revisionistas afirmavam que o desenvolvimento nacional e internacional dos monopólios garantiria o controle do mercado e o domínio gradual das crises. Não há dúvida de que a passagem do século anterior ao atual caracterizou-se por um desenvolvimento tão impetuoso do sistema que as crises pareciam "acidentais". Mas esta época está irremediavelmente ultrapassada. Em última análise, também com respeito a esta questão, a verdade está do lado do *Manifesto*.

VI

"O governo moderno não é senão um comitê para gerir os negócios comuns de toda a classe burguesa." Nesta fórmula concentrada, que para os dirigentes social-democratas aparecia como um paradoxo jornalístico, encontra-se, na verdade, a única teoria científica sobre o Estado. A democracia criada pela burguesia não é, como pensavam Bernstein e Kautsky, uma concha vazia que se pode, tranquilamente, encher com um conteúdo de classe desejável. A democracia burguesa só pode servir à burguesia. O governo de "Frente Popular" dirigido por Blum ou Chautemps, Caballero ou Negrin é tão somente "um comitê para gerir os negócios comuns de toda a classe burguesa". Quando este comitê se sai mal em seus negócios, a burguesia expulsa-o do poder a pontapés.

VII

"(...) toda luta de classes é uma luta política. (...) A organização do proletariado em classe e, portanto, em partido político..." Os sindicalistas e anarco-sindicalistas, durante muito tempo, e ainda hoje, vêm procurando fugir à compreensão dessas leis históricas. O sindicalismo "puro" recebe, atualmente, um golpe fulminante em seu principal refúgio, os Estados Unidos. O anarco-sindicalismo sofreu uma derrota irreparável em sua última cidadela, a Espanha. Como nas outras, também nesta questão o *Manifesto* demonstrou estar certo.

VIII

O proletariado não pode conquistar o poder por meio das leis promulgadas pela burguesia. "Os comunistas (...) proclamam abertamente que seus objetivos só podem ser alcançados pela derrubada violenta da ordem social existente." O reformismo tentou explicar esta tese do *Manifesto* pela imaturidade do movimento operário da época e pelo insuficiente desenvolvimento da democracia. A sorte das "democracias" italiana e alemã e de muitas outras demonstrou que se alguma coisa não estava madura eram as próprias ideias reformistas.

IX

Para a transformação socialista da sociedade é necessário que a classe operária concentre em suas mãos o poder capaz de varrer todos os obstáculos políticos que se anteponham em sua trajetória até a nova ordem. "O proletariado organizado em classe dominante", eis o que é sua ditadura. Ao mesmo tempo, trata-se da única e verdadeira democracia proletária. Sua amplidão e sua profundidade dependem das condições históricas concretas. Quanto maior for o número de Estados que se lançarem no caminho da revolução socialista, mais livres e flexíveis serão as reformas da ditadura, mais ampla e profunda será a democracia operária.

X

O desenvolvimento internacional do capitalismo determina o caráter internacional da revolução proletária. Uma das primeiras condições para a emancipação da classe operária consiste em sua ação comum, pelo menos nos países civilizados. O desenvolvimento do capitalismo uniu de forma tão estreita as diversas partes do nosso planeta, as "civilizadas" e "não civilizadas", que o problema da revolução socialista adquiriu, completa e definitivamente, um caráter mundial. A burocracia soviética tentou liquidar o *Manifesto* nesta questão fundamental, mas a degenerescência bonapartista do Estado soviético é a mortal ilustração do engodo que significa a teoria do "socialismo em um só país".

XI

"Uma vez desaparecidos os antagonismos de classe no curso do desenvolvimento, e sendo concentrada toda a produção propriamente falando nas mãos dos indivíduos associados, o poder público perderá seu caráter político." Em outras palavras, o Estado extingue-se. Resta a sociedade liberta de sua camisa de força. E é exatamente isso o socialismo. O teorema inverso: o monstruoso crescimento da

imposição e violência estatais na URSS demonstra que a sociedade soviética se afasta do socialismo.

XII

"Os operários não têm pátria." Esta frase do *Manifesto* foi frequentemente considerada pelos filisteus como um simples trocadilho de agitação. Na verdade, ele oferece ao proletariado a única diretriz justa a respeito da "pátria" capitalista. A supressão deste princípio pela II Internacional conduziu não apenas à destruição da Europa durante quatro anos, mas também à atual estagnação da cultura mundial. Diante da nova guerra que se aproxima, cujo caminho foi aberto pela III Internacional, o *Manifesto* permanece, ainda hoje, o mais seguro conselheiro sobre a questão da "pátria" capitalista.

Vemos, portanto, que esta pequena obra dos dois jovens autores continua a fornecer indicações indispensáveis a respeito das questões mais fundamentais e candentes da luta libertadora. Que outro livro poderia, mesmo que de longe, estar à altura do *Manifesto do Partido Comunista*? Entretanto, isso não significa, absolutamente, que, após noventa anos de desenvolvimento sem par das forças produtivas e de grandiosas lutas sociais, o *Manifesto* não tenha necessidade de retificações e complementos. O pensamento revolucionário nada tem em comum com a idolatria. Os programas e os prognósticos verificam-se e corrigem-se à luz da experiência, que é para o pensamento humano a suprema instância. Entretanto, mesmo correções e complementos não podem ser aplicados com sucesso se não nos servimos do mesmo método que se encontra à base do *Manifesto*, como, além disso, o prova a própria experiência histórica. Mostraremos isso servindo-nos dos exemplos mais importantes.

I

Marx ensina que nenhuma ordem social deixa a cena antes de ter esgotado suas possibilidades criadoras. O *Manifesto* fustiga o capitalismo porque ele bloqueia o desenvolvimento das forças produtivas. Contudo, na sua época e mesmo durante várias décadas seguintes, este entrave possuía apenas um caráter relativo. Se, na segunda metade do século XIX, tivesse sido possível à economia se organizar sobre fundamentos socialistas, o ritmo de seu crescimento teria sido incomparavelmente mais rápido. Esta tese, teoricamente incontestável, não modifica o fato de que as forças produtivas continuaram a crescer em escala mundial, e sem interrupção, até a Primeira Guerra Mundial. Foi unicamente nos últimos vinte anos que, malgrado as mais modernas conquistas científicas e técnicas, se abriu a época da estagnação direta e da própria decadência da economia mundial. A humanidade começa a viver sobre o capital acumulado e a próxima guerra ameaça destruir por longo tempo as próprias bases da civilização. Os autores do *Manifesto* pensavam que o capital seria liquidado muito antes de passar de sua fase de relativo reacionarismo à sua fase de absoluto reacionarismo. Esta transformação, porém, só se consumou aos olhos da atual geração, fazendo de nossa época a época de guerras, revoluções e do fascismo.

II

O erro de Marx e Engels a respeito dos prazos históricos decorria, de um lado, da subestimação das possibilidades posteriores inerentes ao capitalismo e, de outro, da superestimação da maturidade revolucionária do proletariado. A revolução de 1848 não se transformou em revolução socialista, como o *Manifesto* havia previsto, mas criou, para a Alemanha, a possibilidade de um formidável desenvolvimento. A Comuna de Paris demonstrou que o proletariado não pode arrancar o poder à burguesia sem ter à sua frente um partido revolucionário experiente. Ora, o longo período de desenvolvimento capitalista que se seguiu à Comuna conduziu não à educação de uma vanguarda revolucionária mas, contrariamente, à degenerescência burguesa da burocracia operária que se tornou, por sua vez, o principal obstáculo à vitória da revolução proletária. Esta "dialética" os autores do *Manifesto* não podiam prever.

III

Para o *Manifesto,* o capitalismo é o reino da livre concorrência. Referindo-se ao crescente desenvolvimento do capitalismo, o texto não tira deste fato a necessária conclusão a respeito dos monopólios, que se transformam na força dominante do capital em nossa época, premissa importante da economia socialista. Foi apenas mais tarde, em *O Capital,* que Marx constatou a tendência para a transformação da livre concorrência em monopólio. A caracterização científica do capitalismo monopolista foi dada por Lênin em seu livro *Imperialismo, Estágio Superior do Capitalismo.*

IV

Tomando como base sobretudo o exemplo da "Revolução Industrial" inglesa, os autores viam de maneira muito retilínea o processo de liquidação das classes médias, com a proletarização completa do artesanato, do pequeno comércio e do campesinato. Na verdade, as forças elementares da concorrência ainda não finalizaram esta obra, ao mesmo tempo, progressista e bárbara. O capital arruinou a pequena burguesia bem mais rapidamente do que a proletarizou. Por outro lado, a política consciente do Estado burguês, desde muito tempo, visa conservar artificialmente as camadas pequeno-burguesas. O crescimento da técnica e a racionalização da grande produção, ao mesmo tempo em que engendram um desemprego orgânico, freiam a proletarização da pequena burguesia. Houve um extraordinário aumento do exército de técnicos, administradores, empregados de comércio, em uma palavra, daquilo a que chamamos "novas classes médias". O resultado de tudo isso é que as classes médias, cujo desaparecimento o *Manifesto* previa de modo tão categórico, constituem, mesmo em um país altamente industrializado como a Alemanha, quase a metade da população. Mas a conservação artificial das camadas pequeno-burguesas, desde há muito caducas, em nada atenua as contradições sociais; torna-as, pelo contrário, particularmente mórbidas. Somando-se ao exército permanente de desempregados, ela é a expressão mais nociva do apodrecimento capitalista.

V

O *Manifesto,* escrito para uma época revolucionária, contém, no final do segundo capítulo, dez reivindicações que respondem ao período da imediata transição do capitalismo ao socialismo. No prefácio de 1872, Marx e Engels mostraram que estas reivindicações se encontravam parcialmente superadas e que, de qualquer modo, não tinham mais que um significado secundário. Para eles as palavras de ordem revolucionárias transitórias davam definitivamente lugar ao "programa mínimo" da social-democracia que, como sabemos, não ultrapassava os limites da democracia burguesa.

Na verdade, os autores do *Manifesto* indicaram de modo preciso a principal correção a ser feita em seu programa transitório: "Não basta que a classe operária se utilize da máquina estatal para pô-la a serviço de seus próprios fins". A correção tinha em vista o fetichismo a respeito da democracia burguesa. Ao Estado burguês, Marx opôs, mais tarde, o Estado do tipo da Comuna. Este "tipo" tomou, a forma mais precisa de sovietes. Em nossos dias não pode haver programa revolucionário sem sovietes e sem controle operário. Quanto ao mais, isto é, às dez reivindicações do *Manifesto* que, na época da pacífica atividade parlamentar, pareceram "caducar", é preciso que se diga que recobraram, hoje, toda sua antiga importância. Por outro lado, o que caducou sem apelação foi o "programa mínimo" social-democrata.

VI

Para justificar a esperança de que "a ser o prelúdio imediato de uma revolução proletária", o *Manifesto* baseia-se no fato de que as condições gerais da civilização europeia então, assim como as do proletariado, eram bem mais desenvolvidas do que na Inglaterra do século XVII ou na França do século XVIII. O erro deste prognóstico não está apenas na questão do prazo. Alguns meses mais tarde, a revolução de 1848 mostrou, precisamente, que em presença de uma maior evolução nenhuma das classes burguesas é capaz de levar a revolução até o fim: a grande e a média burguesia estão muito ligadas aos proprietários fundiários e muito unidas pelo medo das massas; a pequena burguesia muito dispersa e muito dependente, por intermédio de seus dirigentes, da grande burguesia. Como demonstrou a posterior evolução dos acontecimentos na Europa e na Ásia, a revolução burguesa, isoladamente, não pode mais realizar-se. A purificação da sociedade dos males feudais só é possível se o proletariado, liberto das influências dos partidos burgueses, for capaz de se colocar à frente do campesinato e estabelecer sua ditadura revolucionária. Em função disso, a revolução burguesa mescla-se com a primeira fase da revolução socialista para, nesta, dissolver-se em seguida. A revolução nacional torna-se, assim, apenas um elo da revolução proletária internacional. A transformação dos fundamentos econômicos e de todas as relações sociais adquire um caráter permanente.

Para os partidos revolucionários dos países atrasados da Ásia, América Latina e África, a compreensão clara da relação orgânica entre a revolução democrática e a revolução socialista internacional é uma questão de vida ou de morte.

VII

Mostrando como o capitalismo arrebanha em seu turbilhão os países atrasados e bárbaros, o *Manifesto* nada diz a respeito da luta dos povos coloniais e semicoloniais pela sua independência. À medida que Marx e Engels pensavam que a vitória da revolução socialista, "nos países civilizados pelo menos", era uma questão a ser resolvida nos anos seguintes, o problema das colônias resolver-se-ia igualmente não como o resultado de um movimento autônomo dos povos oprimidos, mas, simplesmente, como a consequência da vitória do proletariado nas metrópoles capitalistas. Esta é a razão pela qual as questões da estratégia revolucionária nos países coloniais e semicoloniais nem mesmo estão esboçadas no *Manifesto*. Mas elas exigem soluções particulares. Dessa forma, é evidente que se a "pátria nacional" tornou-se o pior obstáculo à revolução proletária nos países capitalistas avançados, mantém-se ainda como fator relativamente progressista nos países atrasados, que são obrigados a lutar por sua existência nacional independente. "Os comunistas", declara o *Manifesto*, "apoiam em toda parte qualquer movimento revolucionário contra a ordem social e política existente." O movimento das raças de cor contra os opressores imperialistas é um dos mais poderosos e importantes movimentos contra a ordem social existente, e é esta razão pela qual necessita do total apoio, indiscutível e sem reticências, do proletariado de raça branca. O mérito de haver desenvolvido a estratégia revolucionária dos povos oprimidos é, sobretudo, de Lênin.

VIII

O trecho que mais envelheceu no *Manifesto* — não quanto a seu método, mas quanto a seus objetivos — é a crítica da literatura "socialista" da primeira metade do século XIX (capítulo 3) e a definição da posição dos comunistas em relação aos diversos partidos de oposição (capítulo 4). As tendências e os partidos enumerados pelo texto foram varridos tão radicalmente pela revolução de 1848, ou pela contrarrevolução que se seguiu, que a História já não os menciona sequer. Entretanto, mesmo com respeito a este trecho, o *Manifesto* encontra-se mais próximo de nós do que o estava em relação à geração anterior. Na época de prosperidade da II Internacional, quando o marxismo parecia reinar absolutamente no movimento operário, as ideias do socialismo anteriores a Marx podiam ser consideradas como definitivamente ultrapassadas. Hoje isso já não é mais verdade. A decadência da social-democracia e da Internacional Comunista provoca, a cada passo, monstruosos reavivamentos ideológicos. O pensamento senil recai, por assim dizer, na infância. À procura de fórmulas salvadoras, os profetas da época de declínio geral do capitalismo redescobrem doutrinas há muito enterradas pelo socialismo científico.

No que diz respeito ao problema dos partidos de oposição, as décadas que nos separam do *Manifesto* provocaram as mais profundas mudanças: não apenas os velhos partidos foram há muito substituídos por novos, como também o próprio caráter dos partidos e de suas mútuas relações modificou-se radicalmente. O *Manifesto*, portanto, deve ser complementado pelos documentos dos quatro primeiros congressos da Internacional

Comunista, pela literatura fundamental do bolchevismo e pelas decisões das conferências do movimento pela IV Internacional.

Lembramos acima que, segundo Marx, nenhuma ordem social deixa a cena da História antes de haver esgotado todas as suas possibilidades. Entretanto, uma ordem social, mesmo já tendo caducado, não cede seu lugar sem opor resistência a uma nova ordem. A sucessão dos regimes sociais supõe a mais áspera luta de classes, isto é, a revolução. Se o proletariado, por uma razão ou por outra, se mostra incapaz de derrubar a ordem burguesa que sobrevive, não resta ao capital financeiro, em luta para manter seu domínio abalado, senão transformar a pequena burguesia, por ele levada ao desespero e à desmoralização, em um exército de terror e do fascismo. A degenerescência burguesa da social-democracia e a degenerescência fascista da pequena burguesia estão entrelaçadas como causa e efeito.

Em nossos dias, a III Internacional leva a cabo, em todos os países, como uma obscenidade ainda maior, a obra do engodo e a desmoralização dos trabalhadores. Golpeando a vanguarda do proletariado espanhol, os mercenários sem escrúpulos de Moscou não apenas abrem caminho para o fascismo, como também realizam uma boa parte de seu trabalho. A longa crise da revolução internacional, que cada vez mais se transforma em crise da cultura humana, reduz-se, no fundo, à crise da direção revolucionária do proletariado.

Como herdeira da grande tradição de que o *Manifesto do Partido Comunista* é o mais precioso elo, a IV Internacional educa novos quadros para resolver antigas tarefas. A teoria nada mais é do que a realidade generalizada. Em uma atitude honesta com respeito à teoria revolucionária exprime-se a apaixonada vontade de refundir a realidade social. O fato de que ao sul do continente negro nossos camaradas de ideias traduziram pela primeira vez o *Manifesto* é uma evidente confirmação de que, em nossos dias, o pensamento marxista só está vivo sob a bandeira da IV Internacional. O futuro pertence-lhe. Quando se comemorar o centenário do *Manifesto do Partido Comunista*, a IV Internacional será a força revolucionária determinante em nosso planeta.

Trotsky, Leon. "Noventa Años del Manifiesto Comunista.*" Coyoacán, México, 1937. Texto escrito como prefácio à primeira edição do* Manifesto *publicada no idioma dos boeres, povo da África do Sul.*

O MANIFESTO COMUNISTA DE 1848

Harold Laski

O *MANIFESTO do Partido Comunista* foi publicado em fevereiro de 1848. De seus dois autores, Karl Marx estava então com 30 anos, e Friedrich Engels com 28. Ambos, além de possuírem um amplo conhecimento da literatura do socialismo, relacionavam-se com a maior parte dos setores de agitação socialista na Europa Ocidental. Eram amigos íntimos havia quatro anos, cada um deles publicara livros e artigos que marcaram época na história da doutrina socialista. Marx vinha de uma tempestuosa carreira de jornalista e filósofo social; já era incômodo aos governos reacionários a ponto de ter que se refugiar em Paris e Bruxelas. Engels havia passado aproximadamente quinze meses de sua aprendizagem em comércio na firma de seu pai em Manchester, em fins de 1843, após o serviço militar e sua conversão ao socialismo, completada com a adesão à ideia de Moses Hess de que o problema central da Filosofia alemã era a questão social, questão essa que só poderia ser resolvida em termos socialistas. Conhecera, então, profundamente as condições da Inglaterra. Compreendeu a razão do conflito entre os maiores partidos políticos, as implicações do socialismo irlandês, então sob a liderança de Daniel O'Connell, e todos os problemas do movimento cartista; apreciou a significação do cartismo e juntou-se às suas fileiras. Tomou consciência da importância da obra de Robert Owen e sua influência. Engels fora um leitor fervoroso do *Northern Star* e, após o verão de 1843, mantivera relações cordiais com George Julian Harney, na época, depois de Feargus O'Connor, a principal figura do jornal e um dos poucos cartistas conscientes das condições e dos movimentos da Europa continental. Engels já escrevera várias vezes no jornal de Owen, *Novo Mundo Moral*, destacando-se entre suas contribuições um ensaio muito bom sobre *O Car-*

tismo, de Carlyle, e uma notável crítica à economia política clássica. Após seu retorno a Barmen, do outono ao fim do inverno de 1844-45, publicou *A Situação da Classe Operária na Inglaterra*[1], sem dúvida influenciado pelo trabalho anterior e muito interessante de Buret[2], mas com uma vivacidade e um poder de generalização filosófica muito além do alcance deste. Estava convencido de que o antagonismo entre as classes médias e o proletariado era a chave essencial da história do futuro.

Nenhuma aliança na História é mais famosa do que a de Marx e Engels, e as qualidades de um complementavam as do outro. Marx era essencialmente o pensador que, vagarosa e angustiadamente, atingia o centro do problema. Às vezes escritor de notável brilhantismo, não raro era difícil e obscuro, porque seu pensamento se tornava rápido ou profundo demais para ser posto em palavras. Excepcionalmente erudito — sua preeminência em cultura era reconhecida por todos os jovens hegelianos da Alemanha em sua época —, possuía algo da natureza pouco prática do *gelehrte* alemão, uma preferência pela sistematização, e uma tendência a um gênio irascível, em geral causada pela exaustão nervosa de uma cabeça que não cessa nunca de refletir. Possuía uma fantástica tenacidade mental, uma paixão pela liderança, uma ânsia de ação, jamais totalmente satisfeita; devido às dificuldades encontradas desde o início de sua carreira, sofria de uma melancolia lúgubre, um desejo de reconhecimento, que o tornava frequentemente desconfiado ou soberbo e, apesar da abnegação nobre que marcou toda a sua vida, era introvertido, de modo que, fora de sua família e de um pequeno círculo de amigos, dos quais Engels era sempre o mais íntimo, achava normalmente mais fácil ter, em relação aos outros, o desprezo ou o ódio do que o respeito e a afeição. Havia também traços afáveis no caráter de Marx, mas aparecem mais claramente em sua vida privada do que em sua faceta de agitador ou de filósofo social. Além disso, seu imenso poder de diagnose e de estratégia raramente permitia-lhe disfarçar a convicção íntima de superioridade intelectual, de modo a permanecer em termos cordiais com os componentes de cada fase do movimento, que ele estava ansioso — em geral, altruisticamente — por dominar.

Engels possuía uma mente viva e ágil. Era sempre simpático, geralmente otimista, com grandes facilidades tanto na ação prática quanto em se dar

---

1 Publicado em inglês por George Allen & Unwin Ltd. (No Brasil: Global, 1986.)

2 *La Misére des Classes laborieuses en France et en Angleterre* (Paris, 1840, dois volumes).

bem com os outros. Desde cedo, soube onde ir, mas tinha autocrítica suficiente para reconhecer que não poderia nem caminhar sozinho nem ser o líder da expedição. De muita leitura, com uma imensa capacidade de lidar com grandes quantidades de material, era mais acessível do que profundo. Totalmente destituído de inveja ou vaidade, possuía uma natureza tranquila que jamais se perdia nas dificuldades do pensamento. Após um breve momento de dúvida por ocasião do primeiro encontro com Marx, aceitou a posição de *fidus Achates* e nunca lhe ocorreu, numa amizade de quarenta anos, marcada apenas por um curto desentendimento, pôr em dúvida seu dever de ajudar Marx da maneira que lhe fosse possível. Era melhor organizador do que Marx, tendo uma intuição mais imediata das necessidades práticas da situação. Era mais rápido em descobrir o que fazer do que em reconhecer as profundas relações históricas, das quais provinha a necessidade de ação. Se Marx lhe proporcionava certos rasgos de filosofia que por si não alcançaria, ele expunha a Marx as realidades econômicas com uma perspectiva nova, que Marx dificilmente perceberia. Por exemplo, mostrou a Marx a importância da Grã-Bretanha na evolução histórica da metade do século XIX, numa época em que este ainda considerava a Alemanha como o fator central desse desenvolvimento. De qualquer modo, mesmo sem ele, Marx seria um grande filósofo social da esquerda, mas, com ele, pôde levar a sua magnífica capacidade intelectual a imensas implicações práticas. A aliança dos dois realizou-se quando os partidários do socialismo formavam grupos incoerentes em doutrina e ação. Ao terminar, já haviam lançado as bases de um movimento mundial que possuía uma filosofia bem integrada da História e um método claro de ação para o futuro, diretamente proveniente dessa filosofia.

Quando Marx e Engels escreveram o *Manifesto Comunista*, eram não somente amigos íntimos, mas também reuniam uma perspectiva fundada em firmes bases filosóficas com um profundo conhecimento histórico e contemporâneo incomparável, naquele tempo, em suas relações com os problemas do desenvolvimento social. Ambos haviam-se entusiasmado pela dialética hegeliana; praticamente desde os primeiros contatos com ela, atraíram-se primeiro pela esquerda hegeliana, superando-a depois, a ponto de, como disse Marx, virar Hegel de cabeça para baixo. Os dois conheciam pessoalmente a tirania dos príncipes alemães, sempre brutais, sempre mesquinhos e sempre burocráticos. Perceberam que o poder estatal era utilizado para manter um determinado sistema de relações jurídicas, baseado numa dada forma histórica de produção; compreenderam que nada se poderia esperar da aristocracia e muito pouco das classes médias, e que somente um proletariado conscientizado poderia dele apoderar-se. Compreenderam que sem essa tomada de consciência nada poderia impedir a exploração dos assalariados por seus patrões, e que todo agente social, desde o pietismo das igrejas e a pressão dos jornais, limitados pela censura, até a utilização deliberada do exército e da polícia serviria para enfraquecer qualquer rebelião contra essa exploração. Sabiam que toda sociedade é uma sociedade de classes, que sua educação, sua justiça e seus hábitos eram sujeitos aos interesses da classe que possuía os instrumentos do poder econômico. Perceberam que, conforme o famoso aforismo de Marx, "as ideias dominantes de uma época são as ideias da classe dominante". Compreenderam também que a liberdade nunca é outorgada de cima, mas precisa ser conquistada de baixo; no entanto, só pode ser conquistada por homens que possuam tanto uma filosofia quanto qualidades práticas. Ambos desmascararam a superficialidade das igrejas oficiais, ressaltando as incoerências entre a prática oficial e a real. Além disso, como Marx acrescentou mais tarde na famosa adição às *Teses sobre Feuerbach*, compreenderam a missão prática da Filosofia. "Até aqui", escrevia Marx, "era missão dos filósofos interpretar o mundo: agora é nossa missão transformá-lo". Fora para garantir tal transformação que se aliaram.

A base histórica de sua teoria era já bastante ampla quando escreveram o *Manifesto Comunista*. Marx não era apenas um filósofo competente ou um jurista de cultura: já lera muito sobre a história alemã; fizera um estudo profundo do século XVIII na França, sobretudo das consequências de 1789; sempre insaciável, iniciara estudos notáveis de história e teoria econômica inglesa, que culminariam na publicação do primeiro volume de *O Capital*[3], em 1867. Engels conhecia detalhadamente o movimento operário na Inglaterra, desde o término das guerras napoleônicas. Conhecia os movimentos cartistas e sindicais de maneira incomparável em sua época, não só internamente como também em suas implicações históricas nas condições contemporâneas da Europa. É importante ressaltar que, além de conhecimento especializado, Marx e Engels, e sobretudo Marx, tinham uma cultura geral extraordinária; ambos poderiam dizer, com razão, que o *nihil a me alienum putat* se constituíra numa determinação pessoal. Eram ambos polímatas, e uma das características marcantes que, desde cedo, partilhavam consistia

[3] Publicado em inglês por George Allen & Unwin Ltd. (No Brasil: Abril Cultural, 1983.)

no interesse pelo papel da ciência no contexto de cada época, no que pelo seu próprio desenvolvimento influenciou as relações humanas. Poucos estudiosos famosos de Filosofia Social estavam tão bem preparados, apesar de jovens, para a tarefa a que se propuseram.

I

O *Manifesto Comunista* teve suas origens na união de alguns grupos revolucionários exilados, consequência inevitável de uma época de repressão e reação. Embora a revolução de julho de 1830, na França, e a rebelião fracassada de 1831, na Polônia, exercessem algumas influências na Alemanha, em verdade não foram de maior interesse. No entanto, alguns homens permaneceram insatisfeitos e ansiosos por ampliar a agitação. Entre esses, encontrava-se um jovem fabricante de escovas, Johann Philip Becker (1809-84), que percebeu a necessidade de algo mais além de *Manifestos* e reuniões. Corajosamente, organizou grupos secretos de conspiradores, visando à preparação de uma revolução armada; foi preso em 1833 devido a essas atividades. Tais grupos eram valentes e enérgicos: atacavam prisões, libertando seus camaradas; distribuíam publicações secretas, chegando até mesmo a tentar assaltar quartéis em Frankfurt para conseguir armas. Alguns dos homens que foram ajudados a fugir da prisão, notadamente Karl Schapper e Theodore Schuster, dirigiram-se para Paris. Aí fundaram, em 1833, com outros exilados alemães, uma sociedade secreta que se chamou Sociedade dos Exilados.

Esta não permaneceu unificada muito tempo. Schuster deixou-se influenciar por Blanqui, então líder socialista revolucionário de Paris, e sua ferrenha propaganda do blanquismo causou uma cisão na Sociedade. Schuster e outros deixaram-na, indo formar uma organização própria que chamaram Liga dos Justos, organização essa que participou do levante blanquista de 1839, em Paris. Seus membros foram para a prisão; ao serem libertados, alguns decidiram, sob a liderança de Schapper, emigrar para Londres, onde a polícia era menos hostil aos estrangeiros participantes de agitação política. Aí, em fevereiro de 1840, formaram uma nova organização que se chamou — talvez para dissimular — Sociedade Educacional dos Trabalhadores. Parece que a velha Liga dos Justos desapareceu como sociedade, sobrevivendo apenas em pequenos grupos de trabalhadores, em cidades como Londres, Paris, Bruxelas e Genebra. Embora se familiarizassem com os grupos esquerdistas dos lugares para onde emigraram, em geral formavam grupos de exilados alemães que discutiam entre si, ardorosamente, à maneira habitual do *émigré*.

Um dos mais conhecidos membros da Liga dos Justos era o alfaiate alemão Wilhelm Weitling, que se estabeleceu em Paris em 1837, tornando-se um fervoroso discípulo de Blanqui. Foi sob sua influência que, em 1838, Weitling publicou um panfleto em defesa do socialismo revolucionário, chamado *A Humanidade como é e como deveria ser*. Tendo participado do levante de Blanqui de 1839, fugiu para a Suíça, onde se estabeleceu por alguns anos, formando grupos de trabalhadores que pensavam como ele. Em 1842, Weitling publicou *As Garantias da Harmonia e da Liberdade*, livro no qual ressalta a influência de Blanqui. Refutou a ideia de que o socialismo possa ser atingido pacificamente. Defendeu a necessidade de se provocar uma revolução e argumentou que o elemento mais seguro para o seu desencadeamento era o *lumpenproletariat*, aqueles que não possuíam trabalho fixo, os desabrigados, até mesmo as classes criminosas que nada têm a perder ao participar da destruição da ordem vigente. É interessante notar que, enquanto esteve na Suíça, Weitling se encontrou com Bakunin, conseguindo, sem dúvida alguma, influenciar as ideias dessa notável personalidade russa.

A publicação do livro de Weitling causou sua prisão e a de alguns camaradas seus pelas autoridades suíças. Solto, foi expulso da Suíça para a Alemanha. Aí a permanente vigilância da polícia obrigou-o a vagar de um lugar para outro, até que decidiu, em princípios do outono de 1844, ir para Londres.

Seu renome aí já era considerável, mesmo fora de círculos alemães, e uma grande reunião internacional foi organizada em sua honra. Participaram da celebração não apenas exilados franceses e alemães, mas também ingleses cartistas e sindicalistas. O interesse que se criou foi o bastante para que Schapper fundasse, em outubro de 1844, a Sociedade dos Amigos Democratas de Todas as Nações, que se esperava que fosse um centro unificador de todos os membros da esquerda que reconhecessem a necessidade da conquista revolucionária do poder político. Naturalmente, nos primeiros meses de sua estada em Londres, Weitling teve grande influência na nova organização. Mas isso não durou muito. Alguns membros da sociedade, como Schapper e seus amigos, haviam tido um contato maior com o Movimento Trabalhista Inglês, conheciam pessoalmente Robert Owen e líderes sindicais, e se opunham às ideias defendidas por Weitling. Ele considerava as camadas pobres da sociedade, sobretudo as criminosas, como os arquitetos principais da revolução. Não via na classe trabalhadora em si qualquer significação histórica. Como bom discípulo de Blanqui, considerava como esforços inúteis a propaganda constante e a preparação para a ação. Acreditava na rápida destruição do governo organizado por um ataque de surpresa por parte de um pequeno grupo de ousados revolucionários. Estes instaurariam imediatamente a ordem comunista, a ser governada por uma pequena comissão de sábios, semelhante aos dirigentes da *República* de Platão. A fim de manter a adesão das massas, achava indispensável que o novo governo apoiasse a religião. Cristo seria considerado o fundador do socialismo, e a nova igreja pregaria um cristianismo sem dogmas incompatíveis com seus serviços junto aos pobres e sofredores.

Não existe nenhuma dúvida sobre a capacidade de Weitling ou sobre sua sinceridade; o testemunho de Heine, após conhecê-lo, é prova suficiente disso. Mas também não há dúvida de que, apesar de seu valor, Weitling possuía poucas noções de proporção e considerava a crítica uma prova de inimizade. Isso está claro em sua indecisão a respeito de o comunismo ser ou não ser mais importante do que a criação de uma língua universal. No entanto, com todos os seus defeitos e excentricidades, Weitling exerceu grande influência sobre os socialistas europeus. Mesmo antes de conhecê-lo, Marx já escrevia sobre sua "estreia veemente e brilhante". Ele e Engels estiveram várias vezes com Weitling em 1846, quando Marx se refugiara em Bruxelas, após seu exílio da França. É também sabido que eles consideravam os grupos, dos quais Weitling era o principal intelectual, mais importantes do que todos os outros, e que pretendiam formar uma espécie de Internacional Socialista a partir deles. Engels afirma que Marx havia começado a estudar um esquema para um congresso desse tipo a realizar-se em 1845-46, em Verviers.

Mas esse interesse por Weitling e as relações com ele foram de curta duração. Eles divergiam muito, segundo o próprio Weitling, em questões de método. Weitling insistia em que uma revolução estava pronta a ser feita no momento em que se garantissem líderes decididos e a adesão do *lumpenproletariat*. Marx defendia a necessidade de uma propaganda bem feita. Queria socialistas de caráter, que soubessem combinar a análise teórica com um poder eficiente de agitação e organização. Condenava sempre a ingenuidade de qualquer doutrina socialista que considerasse a boa vontade da burguesia como uma fonte de mudança. Como tudo isso era um anátema para Weitling, e como, provavelmente, ele se ressentia do desafio que Marx representava à sua liderança, os dois não puderam trabalhar juntos; na primavera de 1846, Weitling deixou Bruxelas pela América. Marx e Engels dedicaram-se então ao fortalecimento da Sociedade Educacional dos

Trabalhadores. Organizaram conferências para seus membros; formaram grupos semelhantes em Londres e em Paris, assim como na Alemanha e na Suíça, mantendo permanente contato com eles. Apesar da documentação incompleta que temos, Bruxelas parece ser, durante a estada de Marx, o centro de onde partiam os planos de instrução e agitação. A energia com que Marx se dedicava a seu trabalho deve ter sido a razão que levou Moll a vir vê-lo em Londres, em princípios de 1847, a fim de verificar o que estava sendo feito por esse comitê. Parece também que nesse encontro se decidiu marcar um simpósio dos delegados dos vários comitês internacionais. Esse congresso reuniu-se em Londres, no verão de 1847. Engels representou o comitê de Paris e Wilhelm Wolff, a quem Marx dedicaria mais tarde o primeiro volume de *O Capital*, representou o de Bruxelas. Marx não compareceu. Os vários delegados fundaram a Liga dos Comunistas, com uma constituição provisória a ser ratificada pelos comitês correspondentes. Decidiu-se redigir uma declaração geral de princípios e publicar um periódico popular; o comitê londrino chegou mesmo a imprimir uma cópia experimental. Isso é interessante pelo ataque ao "utopismo" de Cabet, que estava organizando ativamente seu plano de fundação de uma colônia socialista na América, a ser chamada de Icária, como seu famoso livro. Não se conheceu nenhuma outra edição daquele jornal.

Deve-se acentuar que, conforme esses fatos, a Liga dos Comunistas, formada no verão de 1847, era uma nova organização central e não, como afirmara Engels, uma simples continuação da Liga dos Justos com outro nome. Esta última desaparecera devido a discórdias internas; dera lugar aos comitês correspondentes, organizados por Marx e em grande parte dirigidos por ele, em Bruxelas. A primeira conferência da nova Liga foi bastante bem sucedida para que fosse organizada, alguns meses mais tarde, uma segunda conferência a que o próprio Marx assistiu. Ele sabia que Engels, a força motriz do comitê de Paris, esquematizara um "Catecismo Comunista", embora pessoalmente preferisse a ideia de um "*Manifesto Comunista*". Marx liderou a Segunda Conferência e, após uma obstinada e prolongada oposição, foi incumbido de redigir um *Manifesto* para a Liga. Isso explica por que, em 26 de janeiro de 1848, o comitê de Londres escrevera ao de Bruxelas, enviando também uma carta a Marx, com uma decisão que de fato é uma ordem. Essa decisão deve ser transcrita em sua totalidade:

"O Comitê Central, por meio desta, autoriza o Comitê do Distrito de Bruxelas a comunicar ao cidadão Marx que caso o *Manifesto* do Partido Comunista, que ele se propôs redigir no último Congresso, não chegue a Londres antes do dia 1º de fevereiro, terça-feira, tomar-se-ão medidas contra ele. Na eventualidade do cidadão Marx não escrever o *Manifesto*, o Comitê Central pede que os documentos a ele confiados pelo Congresso sejam devolvidos imediatamente. Em nome do Comitê Central e sob suas instruções Schapper, Bauer e Moll".

Desta resolução surgem conclusões indiscutíveis. Está claro que o Comitê Central considerava Marx o redator do *Manifesto*, cujas linhas gerais haviam sido determinadas na Conferência de Londres, em dezembro de 1847. Além disso, está claro que os documentos confiados a Marx serviriam para definir a estrutura do *Manifesto*. Está claro também que, de acordo com o Comitê, a responsabilidade da redação do *Manifesto* cabia apenas a Marx, não se encarando Engels como seu colaborador ou assistente. Isso explica a natureza pessoal das cartas trocadas pelos dois sobre o *Manifesto*. Quaisquer que fossem os desejos da Liga, chegaram a um acordo sobre o tipo de documento necessário, decidindo-se não se guiar pelas instruções da Conferência de Londres, dadas a Marx. Isso explica ainda por que Engels sempre insistiu ser Marx o principal autor do *Manifesto*, sendo ele um colaborador de menor importância em sua formulação. Parece também que o Comitê de Londres considerava Marx meramente como um intermediário de seus propósitos, pensando em confiar tal composição a outra pessoa, caso ele não respeitasse o tempo estabelecido; o pedido de devolução dos papéis indica que, se Marx não tivesse seguido a resolução de 26 de janeiro de 1848, a tarefa de redigir o *Manifesto* seria dada a outrem, provavelmente um membro da Liga, em Londres.

Marx conseguiu terminar seu trabalho a tempo. Deve ter enviado seu manuscrito a Londres por volta de 1º de fevereiro, ou pouco depois, pois ele foi publicado em fins de fevereiro. Há aqui dois fatos importantes. Primeiro, que a data de sua publicação mostra que ele não precipitou ou influenciou a revolução de fevereiro, em Paris, que estourou poucos dias após a publicação do *Manifesto* em Londres. Segundo, não teve relação alguma com os levantes alemães desse ano, pois só passou a ser conhecido na Alemanha a partir de maio, ou talvez junho, de 1848. Nos seus primeiros meses, a circulação principal era entre os membros da Liga dos Comunistas, em Londres e Bruxelas. O *Manifesto* veio ao encontro deles como a formulação definitiva de seus anseios. Foi aceito principalmente por alemães, alguns franceses, belgas e membros do Movimento Cartista de Londres. Embora sua perspectiva e tom fossem deliberadamente de cunho internacional, deve ter parecido à maioria de seus leitores como essencialmente relacionado aos conflitos entre o socialismo que tinha Marx como principal expoente, naturalmente com o apoio de Engels, e aquele de outros grupos.

Tudo isso torna-se evidente ao se comparar a *Contribuição à História da Liga dos Comunistas*[4], de Engels, a outros documentos da época. Sabemos que Schapper e Moll redigiram, em nome do Comitê de Londres, o esquema de um "Credo", que circulou entre alguns membros e foi discutido por eles. Sabemos também que o Comitê de Paris estudara um esquema proposto por Moses Hess, socialista alemão, esquema esse tão criticado por Engels que o Comitê pediu que ele mesmo escrevesse outro. Engels foi eleito delegado de Paris à Conferência de Londres de dezembro de 1847, e elaborou um novo esquema. Rejeitou o termo "Credo" e a ideia da Liga de um Catecismo de perguntas e respostas, afirmando que "a declaração deve abranger também um pouco de história". Conhecemos a carta a Marx de 24 de novembro de 1847, na qual propõe que "a coisa" se chamasse "*Manifesto Comunista*". Disse a Marx que seu próprio esboço era "simplesmente narrativo, muito mal coordenado, feito apressadamente". Instiga Marx a "examinar seu estudo com atenção". Provavelmente, o esboço enviado por Engels a Marx se relacionava com os problemas do proletariado internacional, e era escrito de maneira a ser compreendido pelos trabalhadores. Se isso é exato, durante as seis ou sete semanas nas quais foi escrito o *Manifesto*, Marx deve ter tido em seu poder: a) o esquema de Schapper e Moll; b) a única edição de *Kommunistische Zeitschrift*, de setembro de 1847, na qual, sob a insistência de Engels, sem dúvida, a divisa da antiga Liga dos Justos — "Todos os homens são irmãos" — transformou-se no desafio histórico de "Trabalhadores de todos os países, uni-vos"; c) talvez também a proposta rejeitada de Hess; d) ainda as notas feitas por Engels a caminho de Londres. Esses talvez fossem os papéis que o Comitê Central de Londres queria ter de volta, caso Marx não escrevesse o *Manifesto* até 1º de fevereiro de 1848.

Em tudo o que escreveu, especialmente após a morte de Marx, Engels afirmou que as ideias principais do *Manifesto* pertencem a Marx, devendo-se a ele o maior crédito tanto de seus princípios quanto de sua composição. Em grande parte, sem dúvida, isso é verdade, mas não se deve cometer o erro de subestimar o papel que coube a Engels, em sua natural modéstia e generosidade. Em primeiro lugar, embora a forma e o estudo do *Manifesto*

[4] Karl Marx e Friedrich Engels. *Obras Escolhidas*. Moscou, 1935, vol. I, p. 3.

sejam tipicamente de Marx, no seu grau mais brilhante, há uma estreita semelhança entre ele e o esquema traçado por Engels a pedido da Liga de Paris. Além disso, se compararmos o *Manifesto* com o trabalho em comum dos dois — *A Ideologia Alemã* (escrito entre agosto de 1845 e setembro de 1846, para o qual não conseguiram editor), ou com a famosa polêmica de Marx contra Proudhon, *A Miséria da Filosofia*, que, embora escrita somente por Marx, baseou-se, em comum acordo com Engels, em *A Ideologia Alemã* —, torna-se então evidente que ambos formaram um cabedal comum de ideias que consideravam uma espécie de conta conjunta de um banco intelectual, que cada um podia movimentar livremente. Mesmo se, de acordo com o prefácio de Engels à edição alemã de 1883[5], obviamente escrito sob o impacto de uma profunda emoção, creditarmos a Marx tudo o que Engels lhe atribui tão generosamente, não podemos subestimar o que Marx deve a Engels. Foi por intermédio de Engels que ele entendeu, pela primeira vez, o funcionamento do sistema capitalista e a importância do cartismo. Por meio dele, Marx se instruiu a respeito tanto da escola clássica da Economia Política inglesa quanto das economias socialistas inglesas, em réplica àquela, desenvolvidas por homens como Hodgskin, Thompson e Bray. Foi também por influência de Engels que surgiu a ideia de unir a Economia socialista inglesa à Filosofia materialista que os hegelianos de esquerda haviam elaborado ao "virar Hegel de cabeça para baixo". E, levando-se em conta o papel de Engels na Liga dos Comunistas de Paris e nas duas convenções de Londres, não é exagero admitir que a decisão da Liga de dar a Marx a tarefa de redigir o *Manifesto* se deve muito à habilidade de Engels como membro do Comitê. Ninguém compreendia melhor do que Engels que, uma vez nas mãos de Marx, o documento teria uma repercussão maior do que um apelo da parte de uma organização com menos de mil membros; seria a ordem de ação da vanguarda da classe trabalhadora que estava, em várias partes da Europa, a ponto de empreender uma revolução em grande escala.

Um ou dois outros pontos merecem ser considerados. O *Manifesto* foi publicado em Londres em fins de fevereiro de 1848. A partir de 3 de março, começou uma publicação em série no *Deutsch Londoner Zeitung*, o pequeno jornal dos *émigrés* alemães na Inglaterra. Em 4 de março, a política belga expulsou Marx do país. De volta a Paris na semana seguinte, encontrou-se com Schapper, Bauer e Moll, representantes dos alemães de

[5] O prefácio é datado de 28 de junho; Marx morreu em 14 de março de 1883.

Londres, e George Julian Harney e Ernest Jones, dos cartistas ingleses, a fim de discutir planos comuns; decidiu-se, como Marx escreveria a Engels, que o Comitê Central da Liga se fixaria em Paris, tendo Marx como seu presidente. Um grande número de cópias do *Manifesto*, talvez mil delas, chegou a Paris em 20 de março; e, em princípios de abril, outras começaram a chegar à Alemanha. No prefácio da edição alemã de 1872, Marx e Engels afirmam que a tradução francesa apareceu pela primeira vez em Paris antes de junho de 1848, e que a primeira tradução inglesa, de autoria de Helen Macfarlane, apareceu no *Red Republican*, de Harney, em 1850, ocupando quatro números do mês de novembro desse ano. Na edição de 1872, Marx e Engels dizem que a versão polonesa apareceu em Londres pouco depois da versão original, assim como uma edição dinamarquesa. Uma edição russa, traduzida por Bakunin, foi publicada em princípios da década de 1860; uma nova edição revista, traduzida por Plekhanov, apesar de Engels em seu prefácio especial à edição alemã de 1890 atribuí-la a Vera Zasulitch, foi publicada em 1882. Em 1888, foi traduzida para o inglês por Samuel Moore, amigo de Engels, a qual foi editada com notas do próprio Engels; foi publicada pelo conhecido socialista, William Reeves. A primeira edição americana parece ter sido publicada em 1872, em *Woodhull and Chaplin's Weekly*; é possível que essas duas famosas feministas radicais a tenham publicado em virtude da remoção, naquele ano, dos centros de reunião da Internacional para Nova York, devido às disputas internas entre os marxistas e os adeptos de Proudhon e Bakunin. Atualmente o *Manifesto* existe praticamente em todas as línguas escritas do mundo.

É interessante descrever o tipo de relações entre Marx e Engels e o movimento da classe trabalhadora inglesa, antes da publicação do *Manifesto.* O primeiro contato foi feito pessoalmente por Engels quando escrevia *A Situação da Classe Trabalhadora na Inglaterra*, em 1843. Por intermédio de Mary Burns, com quem começou a viver logo após sua chegada a Manchester, conheceu John Watson, um alfaiate socialista, que era um líder entre os owenistas, e James Leach, homem de caráter e capacidade, entre os mais destacados cartistas de Manchester. No verão de 1843, Engels foi a Leeds, principalmente para encontrar George Julian Harney, então editor do *Northern Star.* Engels impressionou vivamente a Harney e ambos permaneceram amigos até a morte do primeiro; é provável que tenha sido em virtude dessa amizade que Harney se tornou, com a exceção de Bronterre O'Brien, um dos poucos socialistas ingleses que, antes da fundação da Internacional, conheciam e se interessavam pelos movimentos socialistas na Europa. Foi, talvez, devido a esses contatos que Engels começou a escrever, na imprensa trabalhista, artigos destinados a explicar e a aumentar o interesse nos movimentos revolucionários estrangeiros. Em novembro de 1843, publicou no *Novo Mundo Moral*, de Owen, um artigo admirável sobre "O Desenvolvimento da Reforma Social no Continente". Aí tentou mostrar que, embora existindo abordagens diferentes à questão, era inevitável a destruição do capitalismo na Inglaterra, na França e na Alemanha. Poderiam surgir divergências ocasionais, mas era urgente que os diversos movimentos se mantivessem em mútuo contato. Após sua volta à Alemanha, ele escreveu, em dezembro de 1844, no mesmo jornal, um segundo artigo chamado "O Rápido Progresso do Comunismo na Alemanha". Nessa época ele ainda declarava, talvez influenciado por suas relações, então íntimas, com Moses Hess, que a *intelligentsia* realizaria a revolução alemã. Certamente, ele achava difícil, no estado policial em que se encontrava a Alemanha, descobrir meios de exercer qualquer influência nos trabalhadores.

Engels voltou à Inglaterra no verão de 1845, em companhia de Marx. Aí permaneceram várias semanas, percorrendo Manchester e Londres, e foi nessa ocasião que Engels se tornou um cooperador assíduo do *Northern Star* e passou a defender que somente a classe trabalhadora poderia conseguir sua própria salvação, destruindo o poder da burguesia. Também durante essa visita, William Lovett, por sugestão de Karl Schapper, conclamou os cartistas a se unirem à Sociedade Educacional dos Trabalhadores, de Londres. Esse apelo foi, de certa maneira, correspondido; entre aqueles que se uniram, estavam Harney, Ernest Jones e Thomas Cooper. A partir de então, o *Northern Star* passou a publicar relatórios das reuniões e palestras dos socialistas alemães, começando a dedicar maior atenção ao movimento europeu. No *Northern Star* de 25 de julho de 1846, há uma carta assinada por Marx, Engels e Gisot, em nome do grupo alemão de Bruxelas, em que se congratulam com Feargus O'Connor por concorrer, como candidato cartista, por Nottingham. A carta elogia o jornal por sua concepção da política inglesa; salienta que O'Connor e o *Northern Star* compreenderam que a verdadeira luta na Inglaterra está entre a classe média e os operários, entre o capital e o trabalho.

Havia agora uma relação constante, embora frágil, entre o cartismo e o socialismo continental, por meio da Liga dos Comunistas. No congresso da Liga de novembro de 1847, realizou-se uma reunião internacional, à qual Marx e Engels compareceram para celebrar o aniversário da rebelião polonesa de 1830. Harney, Ernest Jones e Kydd, o autor de *A História das*

Leis de Fábrica, foram os relatores ingleses; Marx e Engels estavam entre os estrangeiros que discursaram. Eis um trecho do discurso de Marx, publicado no *Northern Star* de 4 de dezembro de 1847: "Fui enviado pelos democratas de Bruxelas para incentivar os democratas de Londres a realizarem um Congresso das Nações — um Congresso dos Trabalhadores —, a fim de estabelecer a liberdade em todo o mundo. As classes médias, os comerciantes livres, convocaram um congresso em Bruxelas, mas a fraternidade deles é unilateral e, à medida que tais congressos beneficiarem o trabalhador, tal fraternidade terá fim e o congresso será dissolvido. Os democratas da Bélgica e os cartistas da Inglaterra são os verdadeiros democratas e, quando efetuarem os seis pontos de sua Carta, a estrada da liberdade estará aberta ao mundo. Realizai este grande objetivo, trabalhadores da Inglaterra, e sereis saudados como os salvadores de toda a espécie humana". Este é um discurso, sem dúvida, em que Marx discorre polidamente sobre a fraternidade da classe trabalhadora internacional, como todos os delegados costumam fazer em congressos desse tipo; mas seu especial interesse reside no fato de que Marx estava de volta a Bruxelas, encarregado pela Liga dos Comunistas da tarefa de redigir o *Manifesto*, o qual se constituiu num desafio por mais de um século de história subsequente.

II

O *Manifesto Comunista* já superou o estágio de elogios. Todo estudioso da sociedade considera-o um dos importantes documentos políticos de todos os tempos; pela influência que exerceu, é comparado à Declaração de Independência Americana, de 1776, e à Declaração dos Direitos do Homem, de 1789, na França. Sua forma é extraordinária, não somente devido à força com que foi escrito, mas também à totalidade que consegue abranger de maneira breve e intensa. É uma Filosofia da História, uma análise crítica das doutrinas socialistas e um chamado fervoroso à ação revolucionária. Em cada uma dessas fases, está escrito como um desafio deliberado e provocador. Seu objetivo é tornar a classe trabalhadora consciente de sua grande missão histórica, fazendo-a compreender o caráter profundo de urgência de que os próprios Marx e Engels estavam possuídos. Sua crítica rude pretende desmascarar os fundamentos da ordem vigente, cuja dissimulação é uma das maneiras da civilização capitalista esconder dos trabalhadores seus verdadeiros propósitos, tornando-os seus escravos. Mas sua acusação pretende também livrar os trabalhadores do engano de outras doutrinas que se dizem socialistas, as quais, segundo Marx e Engels, tentam desviar os trabalhadores de sua finalidade primordial, isto é, abolir uma sociedade baseada na exploração de uma classe por outra, construindo assim uma sociedade sem classes. Deve-se ressaltar que o *Manifesto* constitui um notável trabalho de síntese; e embora suas frases brilhantes façam-no parecer, à primeira vista, simples e direto, há, de fato, por trás de cada frase, os vestígios de um profundo conflito intelectual que, caso não compreendido, impedirá que o leitor perceba a determinação e a grande complexidade do documento. Um dos propósitos do *Manifesto* é a definição de uma doutrina que, embora fundamentada em duras divergências, desde a conspiração de Babeuf e, em particular, desde a revolução francesa de 1830, destinava-se a superar todas as teorias antagônicas, unificando assim um caos de ideias numa Filosofia que unisse os trabalhadores, preparando o caminho para a ação.

A originalidade do *Manifesto* não reside na doutrina que enuncia. Fundamenta-se sobre um grande acervo literário, nem sempre socialista, que expressa, já com clareza e vitalidade, várias doutrinas que estão no cerne do marxismo clássico. Sua originalidade está, primeiramente, na maneira pela qual essas doutrinas são combinadas num conjunto lógico; e, em segundo lugar, em colocar sob a perspectiva fundamental de uma profecia revolucionária as linhas gerais de um programa imediato, concebido segundo as reivindicações dos operários na maior parte dos países europeus, em relação à experiência vivida da dominação capitalista. Além disso, dois outros fatos devem ser observados. É evidente no *Manifesto* que, ao ser escrito, Marx e Engels estavam convencidos de que o dia de ajustar as contas estava próximo, daí haver um certo caráter apocalíptico de urgência em seus argumentos. Não é menos evidente que eles pensavam — erroneamente — estar na Alemanha a origem da revolução social que previam. Não há dúvida de que sobre-estimaram enormemente o grau de penetração das ideias socialistas revolucionárias na classe trabalhadora alemã. Apesar da luta corajosa que instigaram em certos lugares, da notável literatura publicada pela causa, seu entusiasmo atribuiu ao movimento alemão uma prioridade que este não podia assumir. Em qualquer análise desinteressada, a França de 1848, tanto em ideias quanto em ação, estava muito mais madura do que a Alemanha da mesma época; impossível não perceber isso nas duas obras clássicas de Marx, *O Dezoito Brumário de Luís Bonaparte* (1852) e *As Lutas de Classe na França* (1850). Qualquer um que as compare com as descrições das lutas na Alemanha da mesma época não pode deixar de notar que é difícil não ver um certo elemento utópico nessa exposição dos fatos alemães e suas implicações. Ergueram alto demais as expectativas da eclosão da revolta alemã; tenderam a exagerar tanto a sua influência quanto a importância de seus adeptos. Pode-se até pôr em dúvida se chegaram a compreender perfeitamente a profundidade das desavenças internas do movimento que lideravam, ou a dificuldade da obtenção da centralização democrática que o *Manifesto* propõe como a base da ação organizada do proletariado.

Além do mais, é óbvio, dadas suas referências ao movimento owenista e ao cartismo, que, embora Marx e Engels estivessem cônscios das contribuições importantes do pensamento inglês, desmereciam, às vezes, seu valor tanto em relação à doutrina quanto à ação. Apesar dos estudos de Engels o terem aproximado, desde 1842, do movimento dos operários ingleses, é bastante duvidoso se nessa ocasião ele compreendeu totalmente suas possibilidades; Marx que, com exceção de duas breves visitas à Inglaterra, em 1845 e 1847, só conhecia o movimento britânico por intermédio de Engels, mal começara seus estudos profundos acerca da atividade e da teoria política inglesas, que tanta repercussão alcançariam em *Contribuição à Crítica da Economia Política* (1859) e no primeiro volume de *O Capital* (1867). Foi só quando se estabeleceram na Inglaterra, após o fracasso da revolução na França e na Alemanha, que começaram de fato a compreender a importância da tradição inglesa, em geral, da qual fazem parte economistas da classe burguesa, como Sir William Petty, Adam Smith, Malthus e Ricardo, sendo essa mesma Economia clássica criticada por Owen e seus adeptos, por Hodgskin e Bray; só aí perceberam que teriam mais a ganhar com um estudo completo do cenário inglês do que com o da França ou da Alemanha. Começaram a ver que aí já se encontrava a expressão mais desenvolvida dos hábitos capitalistas e que, por meio de um estudo cuidadoso e detalhado de sua atuação, poderiam prever sua destruição. Mas, por essa época, o *Manifesto Comunista* já ocupava uma posição dogmática no pensamento de seus autores; a tendência deles, a partir de então, foi julgar o movimento inglês menos pela cena que se desenrolava diante de seus olhos do que pelo grau de adequação de seus postulados de ação àqueles tão veementemente defendidos no *Manifesto*. Nos primeiros anos de exílio, acharam que o comportamento do movimento sindical inglês era devido a um atraso teórico; custaram a perceber sua importância em comparação com os *slogans* grandiosos que decoraram a doutrina dos trabalhadores franceses e alemães. Só quando os dois compreenderam que o movimento inglês seria o contexto no qual, provavelmente, passariam a vida, começaram a dar-lhe toda a consideração que merecia. Mesmo então, sempre que podiam abandonar esse tipo de análise por uma *Weltanschauung* em grande escala, de algum doutrinador alemão ou francês, sentiam-se muito mais à vontade em exegese socialista. Embora Engels se tivesse adaptado aos hábitos ingleses, deve-se lembrar que Marx era sempre um alemão que vivia, conscientemente, *in partibus infidelium,* não conseguindo separar as categorias de seu pensamento daquelas de sua terra natal. Para ele, Engels era sempre uma fonte notável de ilustração dos fatos ingleses; o centro da abordagem de Marx era a experiência franco-alemã. Bem mais tarde compreendeu a importância da Rússia; mas a Inglaterra era a própria ilustração de uma tese que, quando ele entrou pela primeira vez na Biblioteca do Museu Britânico, já se encontrava praticamente pronta.

III

A estrutura do *Manifesto Comunista* é extraordinariamente simples. Lembrando, com justiça, o terror dos governos da Europa ao comunismo, prossegue insistindo em que a luta de classes é a chave central da mudança histórica. Mas, enquanto em épocas anteriores a estrutura da sociedade era um todo complexo, na nova "época da burguesia" a sociedade está sendo cada vez mais simplificada, rumo à divisão dual entre a burguesia e o proletariado. O *Manifesto* enfatiza o papel revolucionário desempenhado pela burguesia na história, movida pelo impulso de fazer do "pagamento à vista" o único laço entre os homens. Destruiu inúmeras liberdades em nome da única liberdade que gere o mercado — a liberdade de comércio. Vive da exploração e sua incansável busca de mercados acarreta uma mudança infinita e profunda em todos os aspectos da vida. Dá um "caráter cosmopolita à produção e ao consumo em todos os países". Causa a ruptura do isolamento nacional e, ao mesmo tempo que constrói um universo material interdependente, manipula, como fundos comuns, a ciência e o saber de toda a nação. Significa a centralização do governo, a supremacia da cidade sobre o campo, a dependência dos povos atrasados em relação aos que possuem métodos mais avançados de produção.

O *Manifesto* descreve, veementemente, como o desenvolvimento da sociedade burguesa tornou o operário um escravo assalariado explorado pelo capitalista. Este não distingue idade ou sexo. Torna cada vez mais impossível ao pequeno produtor competir com ele; por toda parte o poder econômico está sempre mais concentrado, e o pequeno produtor, em todas as categorias da indústria e da agricultura, é empurrado para a condição dependente da classe trabalhadora. Tão implacável é essa exploração que, em legítima defesa, os trabalhadores são forçados a se unirem para combater seus patrões. Formam uniões cada vez mais amplas, e terminam por lutar como uma classe e como um partido político, representante dessa classe. Se a batalha oscila, com vitórias aqui e derrotas ali, a consolidação dos trabalhadores em uma classe hostil a seus exploradores possui uma característica que a distingue de todas as lutas anteriores entre dirigentes e dirigidos: a classe trabalhadora torna-se um movimento consciente e independente da imensa maioria, no interesse da imensa maioria. Se no princípio luta-se dentro do esquema do Estado Nacional, logo torna-se evidente que essa luta constitui apenas o primeiro ato de um grande drama internacional. Surge na história do capitalismo a hora em que "a existência da burguesia é, doravante, incompatível com a da sociedade". Não pode nutrir seus escravos. Leva-os a uma revolução na qual a vitória proletária é inevitável.

O *Manifesto*, então, dirige-se às funções especiais dos comunistas no movimento da classe operária. Afirma que os comunistas não formam "um partido à parte, oposto aos outros partidos operários". Não têm interesses diferentes dos trabalhadores. Mais do que isso: "Não proclamam princípios particulares", diz o *Manifesto*, "segundo os quais pretenderiam modelar o movimento operário". Seu objetivo é insistir na solidariedade internacional, ser a vanguarda em cada país, com seu profundo conhecimento teórico do movimento da História, cooperando na conquista do poder pelos trabalhadores. Não visam a expropriação da propriedade individual, mas da forma burguesa de propriedade dos meios de produção, que tira de nove décimos da sociedade a possibilidade de adquirir propriedade individual. Os comunistas afirmam, explicitamente, sua intenção de abolir a corrupção burguesa da família e substituir a educação doméstica pela educação social. E o fazem porque a família burguesa é um meio de explorar o trabalho de mulheres e crianças, e porque a educação burguesa significa subordinação aos fins da classe dominante. Se os comunistas são acusados de tentar abolir o amor à pátria, o *Manifesto* responde que os trabalhadores não podem ter pátria enquanto não se emanciparem da dominação burguesa; com a sua tomada do poder político, a hostilidade entre nações desaparecerá. Assim também modificar-se-ão as ideias tradicionais em Religião e Filosofia. Desde que se coloque a experiência sobre uma nova base, mudar-se-ão as ideias que são sua expressão.

O *Manifesto* reconhece que a emancipação dos trabalhadores não se verificará da mesma maneira em todos os países; as diferenças no desenvolvimento de cada um tornam isso inevitável. No entanto, sugere um programa de medidas que "poderão geralmente ser postas em prática" nos países adiantados, possibilitando aos trabalhadores vencer a batalha da democracia. Obtida essa vitória, as distinções de classe se extinguirão e o poder estatal desaparecerá, já que serve apenas para manter tais distinções. Em seu lugar, haverá uma associação livre de cidadãos "onde o livre desenvolvimento de cada um é a condição do livre desenvolvimento de todos".

Um resumo como este, é claro, não faz justiça ao *Manifesto* em si. Mas é importante considerá-lo pelas implicações que aborda. Primeiramente, talvez seja útil uma palavra sobre o próprio título do documento. Era para ser o "Catecismo" de perguntas e respostas da Liga dos Comunistas; transformou-se no *Manifesto Comunista*. Qual a razão da mudança? Em parte, sem dúvida, a decisão de Marx e Engels em tornar o que teria sido essencialmente um meio passageiro de propaganda interna em outro que tivesse um valor histórico permanente. Difícil não deduzir que eles o chamaram "Manifesto" em memória do *Manifesto dos Iguais*, de Babeuf. Sempre encararam Babeuf como um verdadeiro precursor, prestando-lhe homenagens em seu trabalho. O termo "comunista" pode ser considerado com dupla implicação. De um lado, enfatiza a relação da obra com a Liga dos Comunistas, que os autorizou a escrevê-lo; de outro, serve para ressaltar o sentido de separação dos "verdadeiros" socialistas da Alemanha, em especial de Karl Grün, a quem tanto criticam no próprio *Manifesto*. Recriminavam o "verdadeiro" socialismo de sentimentalismos, de pretensões e de uma abordagem abstrata de problemas concretos, privando-os de qualquer senso de realidade. Já se pode ver a grande hostilidade em relação a Grün em artigos que escreveram contra ele em agosto e setembro de 1847[6]. Não é, pois, surpreendente que escolhessem um título para sua declaração que, ao mesmo tempo, evocasse um grande predecessor revolucionário e evitasse o perigo de confusão com um grupo cujo "socialismo" parecia não ser mais do que um humanitarismo insípido.

Vem ao encontro dessa opinião a afirmação enfática de Marx e Engels de que os comunistas não formam um partido à parte. Ao contrário, estão prontos a trabalhar junto a todas as organizações da classe operária, realmente dedicadas a objetivos socialistas; mais do que isso, repudiam

[6] Esses artigos foram publicados no *Neue Zeit* em 1895-96 (vol. I, p. 51 e seg.).

qualquer pretensão de doutrinas "particulares" próprias que possam resultar em separação do resto do movimento da classe operária. É essencial insistir sobre essa ideia. Por mais críticos que Marx e Engels possam ser em relação a outros princípios socialistas que não os seus, a preocupação pela unidade das forças operárias lhes é fundamental. Isso é mostrado desde o início de suas carreiras. Engels apoiou o cartismo antes do aparecimento do *Manifesto;* no entanto, havia poucos entre seus membros que manifestassem uma compreensão das doutrinas que ele liderava. Ele e Marx eram, com frequência, rispidamente contrários ao Movimento Social-Democrático alemão; atacavam Lassalle, Liebknecht, Bebel, Kautsky. Mas nunca tentaram fundar um Partido Comunista alemão. A hostilidade de Marx para com os elementos dominantes do socialismo francês manifesta-se desde suas investidas contra Proudhon, em 1847; porém, ele e Engels sempre encorajaram os elementos "marxistas" do partido francês, e *A Guerra Civil na França* (1871), do próprio Marx, já mostra a intenção de ajudá-lo, apesar de terem a sua política como errada. De fato, o capítulo IV do próprio *Manifesto* insiste nesse ponto. Os comunistas apoiam os cartistas da Inglaterra e os reformadores agrários da América; "aliam-se" ao Partido Social-Democrata na França; apoiam os radicais na Suíça, "sem esquecer que esse partido se compõe de elementos contraditórios"; na Polônia, apoiam "o partido que vê numa revolução agrária a condição da libertação nacional, isto é, o partido que desencadeou a insurreição de Cracóvia em 1846"; na Alemanha, lutam "de acordo com a burguesia, todas as vezes que esta age revolucionariamente: contra a monarquia absoluta, a propriedade rural feudal e a pequena burguesia".

O *Manifesto,* sem dúvida, defende que os comunistas entrem em contato com outros grupos a fim de dirigi-los, de propagar suas próprias ideias, de tornar os trabalhadores conscientes do "violento antagonismo" entre a burguesia e o proletariado. Eles "proclamam abertamente que seus objetivos só podem ser alcançados pela derrubada violenta de toda a ordem social existente". Mas essa declaração segue-se ao enunciado de três propósitos que os comunistas devem ter em mente para compreendê-la. Apoiam "qualquer movimento revolucionário contra a ordem social e política existente". Além disso, em todo movimento, qualquer que seja seu estágio de desenvolvimento, colocam em primeiro lugar a questão da propriedade. "Finalmente", diz o *Manifesto,* "trabalham pela união e entendimento dos partidos democráticos de todos os países".

Lendo-se isso no texto da famosa introdução de Engels à obra de Marx *As Lutas de Classes na França*[7], escrita em 1895, e na *Mensagem do Comitê Central da Liga dos Comunistas*[8], torna-se evidente que o *Manifesto* apresenta a doutrina da revolução permanente. Por essa frase famosa não pretendem uma série contínua de tentativas da tomada do poder político, à maneira defendida por Blanqui. Haviam compreendido que a revolução era uma arte, necessitando de certas condições históricas específicas para ser bem sucedida. Pretendiam dizer que, quando uma aliança das forças progressistas da sociedade derruba as forças reacionárias, os trabalhadores não devem permitir que democratas burgueses ou reformistas sociais deixem inalterada a propriedade privada dos meios de produção. Devem sempre levá-los a superar essa perspectiva reformista em favor de um estágio revolucionário no qual se efetue um ataque direto à propriedade privada. Mesmo quando as condições não permitam a vitória definitiva, pelo menos muito se terá feito pela educação dos trabalhadores ainda sem consciência de classe, levando-os a uma compreensão maior de sua posição. E, com o sufrágio universal, o ideal revolucionário possibilitará aos comunistas, pelas próprias circunstâncias históricas, "conquistar a maior parte da camada média da sociedade, os pequenos burgueses e os pequenos agricultores, assumindo o poderio da terra, perante o qual todos os outros poderes se curvarão, queiram ou não. Manter sem interrupções tal evolução, até que, por si mesma, ela se situe fora do controle do sistema governamental vigente, não arriscar em provocações a essa força que se amplia diariamente, mantendo-a coesa até o dia da decisão — eis a nossa principal tarefa"[9].

A continuação não é menos significativa. "A ironia da História mundial inverte tudo. Nós, os 'revolucionários', os 'rebeldes', somos muito mais beneficiados pelos métodos legais do que pelos métodos ilegais e por revoltas [...] Os partidos da ordem, como estes se denominam a si mesmos, estão sucumbindo nas condições legais que eles mesmos criaram [...] e se não formos loucos, deixando-nos atrair por brigas de rua para agradá-los, nada lhes restará a não ser romper com essa legalidade que lhes é fatal"[10].

[7] O autor utilizou o texto completo publicado em *Obras Escolhidas de Karl Marx*, op. cit., vol. II, p. 169. A análise de Marx apareceu originariamente no *Neue Rheinische Zeitung* de março a junho de 1850.

[8] Ibid., II, p. 154. Foi escrito em fins de março de 1850.

[9] Engels, op. cit., vol. II, p. 189.

[10] Ibid.

Nada do que foi aqui transcrito de Engels demonstra acreditar ele na possibilidade de uma transição pacífica do capitalismo ao socialismo. Ao contrário, está bem claro que ele esperava que as forças pacíficas do socialismo se desenvolvessem tanto a ponto de constituírem uma ameaça aos interesses da propriedade. Essa ameaça, profetizou ele, levaria os próprios interesses da propriedade a romper com a Constituição. Ao se dar isso, o Partido Social-Democrata se encontraria livre para agir em sua própria defesa. Para ele, esse seria o início da luta revolucionária. Engels não ignorava que a evolução para o socialismo poderia ser interrompida por uma guerra total. "Para a Prússia-Alemanha, a única guerra possível é uma guerra mundial, e uma guerra mundial de extensão e violência até agora inconcebíveis. De oito a dez milhões de soldados se massacrarão mutuamente e, ao fazê-lo, destruirão a totalidade da Europa, devastando-a mais do que um enxame de gafanhotos. Os danos da Guerra dos Trinta Anos reunidos em três ou quatro anos e espalhados por todo o continente: a fome, a peste, a desmoralização geral, causada pela miséria, tanto dos exércitos quanto da massa popular; a desorganização desesperadora de nossa maquinaria no comércio, na indústria e no sistema de crédito, terminando em bancarrota geral; o colapso dos antigos Estados e sua doutrina tradicional, a ponto de as coroas caírem às dúzias sobre as calçadas, sem que ninguém as apanhe; a impossibilidade absoluta de prever como terminará isso e quem sairá vencedor; um único resultado é absolutamente seguro: a exaustão geral e o estabelecimento de condições propícias à vitória final da classe trabalhadora. É essa a perspectiva das consequências inevitáveis do sistema exacerbado de competição mútua em armamentos. Aí está, meus senhores e cavalheiros, aonde, em vossa sabedoria, levastes a velha Europa. E quando nada mais vos restar, a não ser dar início à última dança guerreira, isso muito nos convirá. A guerra poderá atrasar-nos temporariamente, poderá privar-nos de posições já alcançadas. Mas, quando vós desencadeardes forças que não mais podereis controlar, os acontecimentos retomarão seu curso; ao fim da tragédia, estareis arruinados, e a vitória do proletariado estará alcançada, ou será pelo menos inevitável"[11]. Também observava numa carta a Sorge, de 7 de janeiro de 1888, que "a indústria da América nos conquistará a todos, e nos apresentará duas

[11] Prefácio de *In Memory of the German Martyrs Who Died for Their Fatherland*, 1806-1807, de Borkheim, citado em Correspondence of Marx and Engels (Londres, 1934), p. 456 e p. 429, 455.

alternativas: ou o retrocesso à produção para o consumo doméstico [...] ou a mudança social [...] mas, uma vez disparado o primeiro tiro, qualquer controle será impossível, e o cavalo poderá tomar o freio entre os dentes"[12].

Deve-se acrescentar a isso o que Marx e Engels afirmaram na edição, preparada pelo último, da famosa mensagem de Marx ao Congresso Geral da I Internacional a respeito da Guerra Civil na França, guerra esta causada pela derrota de Luís Bonaparte na Guerra Franco-Prussiana. "Em realidade", escreveu Engels em seu prefácio de 18 de março de 1871[13], "o Estado nada mais é do que uma máquina de opressão de uma classe pela outra, tanto na república democrática quanto na monarquia; quando muito, é um mal que o proletariado herdará em sua luta vitoriosa pela supremacia de classe, cujas piores faces o proletariado ou a comuna não poderão evitar de imediato, adiando sua supressão até que, o mais cedo possível, uma nova geração, criada em diferentes e livres condições sociais, possa lançar todos os remanescentes do Estado no lixo. Ultimamente, a filisteia social-democrata se aterrorizou, mais uma vez, com as palavras: ditadura e proletariado. Pois bem, senhores, quereis saber a que se assemelha essa ditadura? Vide a Comuna de Paris. Esta foi a ditadura do proletariado!"

Ninguém pode examinar honestamente essa parte do *Manifesto* sem chegar a duas conclusões, sobretudo à luz dos comentários subsequentes de seus próprios autores a respeito de seu significado. Não esperavam que a sociedade capitalista se transformasse em sociedade socialista sem revolução violenta. Insistiam em que as pessoas que concordassem com eles não dividissem as forças organizadas da classe trabalhadora, sendo seu dever evitar o sectarismo, não formando um partido à parte. A sua missão era ser a vanguarda de seu partido, proclamar, lealmente, suas ideias, fazer tudo a seu alcance para torná-las aceitas como base de ação, sempre permanecendo dentro das organizações políticas da classe trabalhadora. Mais do que isso: embora permanecendo firme em sua ideia de que a violência acompanharia o desaparecimento final do capitalismo, Engels assinala, na última edição do *Manifesto*, que os trabalhadores estariam agindo como tolos caso confiassem em métodos antigos e de barricadas e brigas de rua, uma vez que novos métodos e novas armas haviam modificado a situação em favor das forças armadas e da polícia. A luta provavelmente seria ainda necessária, mas seria

[12] Ibid., p. 456, 489/91.

[13] *Obras Escolhidas de Karl Marx, op. cit.*, vol. II, p. 460.

loucura dos trabalhadores abandonar os métodos legais antes de alcançar um estágio no qual sua posição igualasse a força possuída pela sociedade capitalista no poder à disposição da autoridade estatal.

Em que circunstâncias chegaram os trabalhadores a esta posição? A resposta, certamente, é dada pelo fato de que Marx via a ditadura do proletariado como uma característica da Comuna de Paris, após a derrota da França pela Prússia na guerra de 1870. Engels a encarava, como se torna claro no prefácio do *Manifesto*, de 1895, e na sua introdução ao livro de Bornheim, como o resultado de condições catastróficas causadas pela guerra total. É de importância decisiva considerar esses pontos de vista à luz da interpretação dada por Lênin. Ele mostrou, com justiça, a evolução de Marx entre a publicação do *Manifesto* e a do *Dezoito Brumário*[14] e, entre estas obras e *Cartas a Kugelmann* e *A Guerra Civil na França*[15]; observa também, mais uma vez com razão, uma mudança semelhante na opinião de Engels entre a criação do *Manifesto* e a análise minuciosa do *Anti-Dühring*[16]; mas a ideia fundamental de Lênin está exposta em *O Estado e a Revolução*[17] e em documentos afins[18]. Basta dizer que Lênin tinha em vista expor a seus camaradas de Leningrado as condições necessárias ao sucesso da Revolução; como Marx e Engels, preocupava-se em distinguir seu ponto de vista do de Blanqui. Em primeiro lugar, achava necessário que as forças armadas do poder estatal estivessem descontentes. Achava que a máquina estatal deve estar em ruínas. Deve haver desordens revolucionárias dispersas no meio da classe trabalhadora, evidenciadas por greves e movimentos coletivos, devendo a classe trabalhadora possuir uma força sólida e coerente, capaz de levá-la à conquista do poder. Nessas condições, a vitória da classe trabalhadora seria uma possibilidade com promessas reais de sucesso. Note-se que aqui Lênin está considerando as condições pelas quais a derrubada violenta da máquina governamental abriria possibilidades de novas orientações[19]. A queda de antigos poderes

---

[14] O Estado e a Revolução, em *Obras Escolhidas* (Londres, 1937), vol. VII, p. 5. (Publicado no Brasil pela Hucitec, 1987.)

[15] Carta de 12 de abril de 1871, e cf. Lenin. Op. cit. p. 27.

[16] Ibid. p. 16.

[17] Encontrado no volume VI da tradução inglesa de *Obras Escolhidas de Lenin*.

[18] Esses documentos estão reunidos em *Obras Escolhidas de Lenin* (Londres, 1936), vol. VI.

[19] Como está exposto no prefácio da primeira edição de *O Estado e a Revolução*: "Uma revolução proletária internacional está evidentemente se desenvolvendo. A questão de sua relação com o Estado está adquirindo uma importância de ordem prática".

estatais em consequência da guerra de 1939 se assemelhou ao que Lênin previra. Foi o resultado da derrota na guerra. O regime estatal permaneceu inalterado nos Estados vitoriosos nesse combate. Obviamente, Lênin estava certo ao afirmar que a "república democrática", baseada no sufrágio universal, era mais a última etapa do socialismo dos reis do que a primeira do socialismo democrático, no sentido marxista do termo; percebe-se isso em declarações como as de Macaulay e Daniel Webster. Porém, em parte alguma de sua argumentação toca no ponto fundamental de como e por que a esquerda radical, que ele representava, justificava-se por discordar da contínua insistência de Marx e Engels no sentido de que a classe trabalhadora, contrária à imposição do capitalismo burguês, deveria formar um partido à parte dos antigos sociais-democratas. A esse respeito, a famosa dissidência entre bolchevistas e menchevistas, no Congresso de Londres em 1903, foi um fato imprevisto por seus antecessores. Se foi ou não prudente, com todas as suas consequências, desde a inauguração da III Internacional de 1919, não compete a essa introdução julgar.

IV

Após essa notável análise, o *Manifesto* considera, um pouco superficial e rapidamente, a literatura socialista surgida até 1848. Primeiramente, condena o que chama de socialismo "reacionário" como uma forma de capitalismo cujas raízes se encontram num sistema feudal. É provável que os autores tivessem em mente, sem que os citassem, dois grupos de pensadores. De um lado, atacavam as tentativas de homens como Herman Wagener e Bismarck em criar uma aliança entre a Coroa Prussiana e o proletariado. Procuravam, segundo velha tática, primeiramente dividir, para que seu real senhor pudesse governar sem problemas. Marx e Engels estavam, provavelmente, criticando também o *soi-disant* socialismo de Louis Rousseau e Villeneuve-Bargemont, na França, que pretendiam, localizando os desempregados franceses em colônias agrícolas, impedi-los de fortalecer o exército do proletariado ao confrontar os defensores do *juste milieu* com a burguesia. Estavam sobretudo repudiando o grupo da "Jovem Inglaterra", para o qual Disraeli contribuía com ideias, como em *Sybil*, com algum apoio de George Smythe, e, um pouco mais afastado, de Thomas Carlyle, grupo esse a que Lorde John Manners assegurava a liderança política, com o apoio ocasional de Lorde Ashley (o último Conde de Shaftesbury). Juntamente com os cristãos socialistas, entre os quais se destacavam F. D. Maurice e Charles Kingsley, estes eram grupos cujo perigo Engels, com sua previsão habitual, já notara em *A Situação da Classe Operária na Inglaterra*, em 1844[20].

Pelo menos, Engels compreendeu a importância de *O Cartismo* (1840) e de *O Passado e o Presente* (1843), de Carlyle, e escrevera sobre eles no *Deutsch Franzosische Jahrbücher*[21]. Compreendeu inteiramente o horror deles pelo novo sistema de fábricas, pela nova legislação, pela invasão de vidas felizes pela nova e terrível industrialização. Mas o *Manifesto* considerava esse tipo de socialismo como nada mais que um feudalismo, não importando quão eloquentes possam ser suas objeções. Marx percebeu que eles abominavam os efeitos da industrialização e que queriam retroceder a um feudalismo paternalista, e não avançar até um socialismo democrático. Temiam uma rebelião dos oprimidos, e mantinham esperanças de comprá-la por concessões paternalistas que garantissem o poder da democracia conservadora (Tory). Visto ser isso, em essência, aristocrático, e pretender, como na Lei da Jornada de Dez Horas de Trabalho, melhorar as condições das fábricas sem liquidar a indignidade de uma classe oprimida, o *Manifesto* rejeita essa tentativa de voltar à "Jovem Inglaterra", vendo-a como um esforço sem sentido para aqueles socialistas que haviam compreendido realmente o problema do proletariado.

Dedicam-se, então, à análise do socialismo pequeno-burguês. O *Manifesto* admite abertamente as realizações dessa escola doutrinária, em cuja direção, tanto na França quanto na Inglaterra, coloca o nome ilustre de Sismondi. Mas declara que, além de sua importante crítica à produção moderna, a escola pequeno-burguesa não tem nenhum objetivo positivo a não ser restabelecer "as antigas relações de propriedade e toda a sociedade antiga". É, pois, desprezado como "reacionário e utópico"; "essa escola socialista", diz o *Manifesto*, "abandonou-se a uma verdadeira prostração de espírito".

Esses comentários estão longe de ser justos. É verdade que Sismondi previa fatalmente a falência como resultado do novo sistema de produção, cujo desenvolvimento tão bem descreveu. Mas é curioso que não haja qualquer homenagem a escritores franceses como Buret — a quem Engels deve tanto — e Vidal, menos ainda a Constantin Pecquer, que teve a intuição de ser o *petit bourgeois* parte de uma classe numerosa, que forma como que um depósito em que são atirados os agricultores falidos e os artesãos fora de

[20] Nota na pág. 293 da tradução inglesa, publicada por George Allen & Unwin Ltd.

[21] Paris, 1844, p. 152-181.

moda[22]. Também não faz justiça à notável escola inglesa, com Hodgskin, Thompson e Bray, que dificilmente seriam ignorados por homens tão interessados no cartismo como Marx e Engels. É possível que a brevidade e a precipitação com que a "escola pequeno-burguesa" é rejeitada sejam devidas, em parte, à ausência de uma elaboração da revolução, cuja iminência é, evidentemente, a profecia principal do *Manifesto*; isso também acarretará o ataque mordaz, feito na subdivisão seguinte, contra o "verdadeiro" socialismo ou socialismo alemão.

Pode-se considerar tal crítica como o rompimento final de Marx e Engels com a esquerda hegeliana, à qual pertenciam antes. É a prova de que seus líderes viviam de conceitos e não de fatos, e também de que o resultado de seus esforços conviria unicamente à nação alemã. É aí que Marx e Engels rompem com seu próprio passado: com Ruge e Moses Hess, com Karl Grün e Herman Kriege. O grande passo que Feuerbach representara em relação a Hegel, que fora, em grande parte, a base do "verdadeiro" socialismo, é, então, considerado inadequado e ilusório. Os adeptos do "verdadeiro" socialismo utilizam os princípios da experiência e ideias revolucionárias da França numa situação à qual não podem se aplicar. Não veem que o socialismo francês é uma investida contra a burguesia já no poder. Não é esse o caso da Alemanha, onde a burguesia apenas começara a combater a aristocracia feudal. Nessas condições, lutar pelo socialismo é retardar o sucesso da revolução burguesa, assustando-a com a ameaça de um ataque proletário, para o qual as circunstâncias não são nada propícias. O "verdadeiro" socialismo, afirma o *Manifesto*, "se tornou assim uma arma nas mãos dos governos contra a burguesia alemã". Atrasa, pois, a marcha do desenvolvimento necessário da História, transformando em "verdades eternas" conceitos cujo valor depende de sua adequação à situação concreta. Os "verdadeiros" socialistas são os responsáveis por uma Filosofia abstrata que, apresentando-se como um chamado às armas, é, de fato, um chamado cujo único efeito consiste em auxiliar a vitória da reação feudal, buscando estertores revolucionários numa classe que ainda não surgira no cenário histórico.

Os acontecimentos de 1848, na Alemanha, vieram mostrar que Marx e Engels estavam absolutamente certos em relação ao "verdadeiro" socialismo. Num certo sentido, tal crítica ao socialismo alemão permanece válida até nossos dias. Segundo eles, os "verdadeiros" socialistas utilizaram-se das

---

[22] C. Pecquer, *Des Interêts du Commerce* (1844), vol. II, p. 208-9.

fórmulas do socialismo francês. Não só as generalizaram como também transformaram a realização de seus princípios numa missão especial da Alemanha: a tarefa a ser cumprida pela nação alemã, a nação "modelo", pelo "pequeno burguês" alemão, que consideravam o "homem típico". Mais uma proeza de Marx e Engels foi terem compreendido, desde 1845, que o "verdadeiro" socialismo estava profundamente contaminado pelo romantismo alemão, dando à expressão socialista de seus ideais, em forma nacionalista, o mesmo sentido arrogante de superioridade de seus propósitos que, em outro plano, Fichte e Hegel deram à Alemanha para compensar a humilhação imposta por Napoleão. Quando Hess qualificou a nação alemã de "a mais universal e, ao mesmo tempo, a mais europeia", conferia-lhe o lugar supremo na hierarquia das forças socialistas, o mesmo se dando com Hegel quando equiparou a monarquia prussiana aos fins últimos do absoluto. Vem ao encontro do que o *Manifesto* chama de "fios imateriais da especulação, bordada com as flores da retórica" o fato de, em 1914, o socialismo alemão ter desastrosamente empunhado armas numa guerra imperialista e, em 1918-19, por ocasião da formação da República de Weimar, manejando conceitos e não realidades, regozijar-se por uma revolução que não houve. Não há no *Manifesto* parte mais lúcida do que os parágrafos nos quais Marx e Engels criticam severamente os mesmos homens com os quais, até recentemente, haviam mantido estreita aliança. Deve-se também notar que essa crítica se dirigia tanto contra uma fase anterior de seu próprio pensamento quanto contra seus amigos. Foi por não perceberem que a metodologia idealista de Hegel, e até de Feuerbach, não poderia nunca ser a base de um movimento socialista efetivo que Hess e Grün foram tratados tão severamente.

Esse estudo sobre a literatura prossegue com uma análise do socialismo "conservador ou burguês". "Os socialistas burgueses", afirma o *Manifesto,* "querem as condições de vida da sociedade moderna sem as lutas e os perigos que dela decorrem fatalmente. Querem a sociedade atual, mas eliminando os elementos que a revolucionam e dissolvem. Querem a burguesia sem o proletariado". O socialista conservador, seja um economista ou um humanitário, é encontrado entre os "reformadores de gabinete de toda espécie". Se consegue sistematizar sua doutrina, surge um conjunto de ideias do tipo das examinadas por Proudhon em *A Filosofia da Miséria.* Pode furtar-se à sistematização, dedicando-se a atacar movimentos revolucionários, procurando dissuadir os operários dessa loucura. A reforma política não adianta nada. Nem se ganha coisa alguma com a extinção das relações burguesas de produção. Aos olhos do socialismo "conservador", o importante é uma mudança nas "condições da vida material". Ao se analisar o que ele entende por essa mudança, verifica-se que não é mais do que "reformas administrativas" que, embora simplificando o trabalho e diminuindo as despesas do governo, mantêm inalteradas as relações entre o capital e o trabalho. Tal corrente é adepta da liberdade de comércio, de tarifas protetoras, da reforma penitenciária, para o bem da classe trabalhadora. Não obstante, o que é fundamental a essa escola é que o proletariado deveria não mais odiar a burguesia, aceitando o sistema capitalista como última palavra. Assim, a "nova Jerusalém" poderia ser construída sem o medo incessante de uma inevitável revolução.

É evidente que essa crítica é dirigida contra aqueles cujos paliativos Marx, concordando com Proudhon, rejeita em *A Miséria da Filosofia* — notando-se que o próprio Proudhon é um dos que Marx rejeita. Típicos exemplos desse caso são Michel Chevalier, Adolphe Blanqui e Léon Faucher, na França, com expedientes de educação técnica, participação nos lucros, indenização pública aos trabalhadores desempregados pela tecnologia da máquina moderna; amenizam, como afirma o *Manifesto*, as consequências mais duras do capitalismo sem, no entanto, interferir nas relações de produção sobre as quais este se baseia. A referência à liberdade de comércio é, obviamente, lançada contra Cobden, Bright e seus adeptos da Liga contra a Lei do Trigo, que pensavam resolver o problema social mediante a adoção da liberdade universal de comércio; e isso se torna mais evidente já que Marx e Engels, sobretudo Engels, perceberam de saída os efeitos da propaganda da Liga no enfraquecimento da influência do movimento cartista sobre os operários. É possível que a referência às tarifas seja sobretudo uma advertência a Friedrich List — que morrera no ano anterior — e seu sistema nacional da economia alemã, baseado sobre a organização de barreiras alfandegárias fechadas como o fundamento da prosperidade. Se isso é verdade, relaciona o *Manifesto* com a literatura econômica emergente na América, o famoso *Relatório sobre a Manufatura* (1791) de Alexander Hamilton, por exemplo, e os trabalhos de Henry C. Carey, que Marx e Engels analisaram cuidadosamente sem, no entanto, se convencerem de que os protecionistas tivessem encontrado a solução para a questão central das relações de produção. O que rejeitavam era a famosa doutrina da "harmonia de interesses" entre o capital e o trabalho que, embora Adam Smith, no início, e John Stuart Mill, no fim da primeira metade do século da Economia Política clássica, já houvessem mostrado suas falácias, era ainda a principal razão de pressão contra os sindicatos. Os homens de boa vontade, declara o *Manifesto*, não poderão construir uma sociedade cuja justiça se resume numa filantropia paliativa. O que deve ser mudado é nada menos do que o sistema global de relações produtivas.

De um certo modo, o fim do capítulo sobre literatura socialista, que trata do que o *Manifesto* chama de escritores "crítico-utópicos", é um pouco decepcionante. Frisa, com propriedade, que a literatura dos primeiros movimentos proletários apresenta uma "descrição fantasista" da sociedade futura, encara os trabalhadores mais como uma classe sofredora do que como uma classe revolucionária, utiliza, em geral, princípios éticos situados além do antagonismo de classes, e procura mudar a sociedade por "meios pacíficos" e por "experiências em pequena escala". O *Manifesto* admite que Babeuf, Owen, Cabet e Fourier atacam os fundamentos de sua civilização, fornecendo "materiais de grande valor para esclarecer os operários". Mas suas proposições são encaradas como tendo um sentido "puramente utópico" e, embora admitindo-se que fossem "em muitos aspectos revolucionários", seus discípulos sempre formaram seitas "reacionárias". "Procuram, portanto, e nisto são consequentes", escrevem Marx e Engels, "atenuar a luta de classes e conciliar os antagonismos. [...] Caem na categoria dos socialistas reacionários ou conservadores descritos acima, e só se distinguem deles por um pedantismo mais sistemático". Afirmam que eles se tornam opositores violentos da ação política da classe trabalhadora. Como os seguidores de Owen, que combatem os cartistas, e os de Fourier, que combatem os reformistas, possuem uma "fé supersticiosa e fanática na eficácia miraculosa de sua ciência social".

Os pontos positivos são admitidos de má vontade pelos dois, e grande parte da crítica é, de fato, injusta. Injusta em relação a Babeuf, a quem, por intermédio de Buonarrotti, Marx e Engels tanto devem. Injusta para com a obra de Bronterre O'Brien, com os notáveis progressos sindicalistas conseguidos por John Doherty e com aquele que escreveu no *Poor Man's Guardian*, de 1831, que Beer, o historiador minucioso do socialismo britânico, nos faz considerar um operário autodidata. Não há dúvida de que é justo admitir-se que Owen e Saint-Simon, Hodgskin e Fourier, com toda a sua compreensão perspicaz das condições sociais, nunca tiveram fé suficiente na classe trabalhadora como capaz de alcançar sua própria emancipação e nunca manifestaram suficiente interesse na ação política a ponto de estudar a natureza e o funcionamento do poder estatal. Porém, deve-se comparar essa crítica com a homenagem — aprovada por Marx — prestada a Owen,

Saint-Simon e Fourier por Engels, em 1874, em seu prefácio à segunda edição, como livro, do artigo que escrevera em 1850 para o *Neue Rheinische Zeitung* sobre a revolta camponesa do século XVI na Alemanha. "Assim como o socialismo teórico alemão nunca esquecerá", escreveu, "que repousa sobre os ombros de (...) três homens que, apesar de suas noções fantasiosas e de seu utopismo, situam-se entre os mais eminentes pensadores de todos os tempos, e cuja inteligência antecipou inúmeras ideias que são hoje cientificamente comprovadas, também o movimento operário na Alemanha não deve esquecer que se desenvolveu com o apoio dos movimentos ingleses e franceses, dos quais pôde aprender a experiência sofrida, podendo agora evitar os erros então inevitáveis. Sem os sindicatos ingleses e as lutas políticas dos operários franceses, sem o grande impulso dado, principalmente, pela Comuna de Paris, onde estaríamos agora? "E esse elogio repete-se no prefácio magistral que Engels escreveu para a edição inglesa de 1892 de sua obra *Do Socialismo Utópico ao Socialismo Científico*[23].Embora toque nos mesmos pontos que o *Manifesto*, o faz numa perspectiva muito mais justa e profunda. "O socialismo científico não é um produto exclusivamente alemão, mas um produto internacional", como escreveria mais uma vez Engels.

Qual a razão dessa mudança? Penso que seja a intenção de mostrar no *Manifesto* que o "verdadeiro" socialismo é uma espécie do fantasioso socialismo utópico, não podendo ser encarado como científico. Marx e Engels subestimaram, em 1847, as contribuições dos utópicos, porque a vitória sobre homens como Grün e Hess, na Alemanha, ainda não se completara, e a opinião que tinham de seus predecessores era parte de uma polêmica, na qual ainda não estavam certos da vitória. Em 1878, sobrepujaram o adversário, mais ainda em 1892, e puderam ser mais generosos com aqueles que estabeleceram as bases do edifício que tão bem souberam construir. É essa, em essência, a atitude do próprio Marx, quando tenta determinar sua contribuição pessoal à filosofia socialista[24].

V

A última parte do *Manifesto* faz um resumo da estratégia comunista adequada, tendo em vista a luta que se aproxima. Afirma que os comunistas lutarão pelos interesses imediatos dos trabalhadores, sem perder de vista a

[23] Publicado no Brasil pela editora Global, em 1980.

[24] Cartas a Kugelmann (Londres, 1934), 12 de abril de 1871. (No Brasil: Paz e Terra, 1974.)

necessidade de garantir a emergência do futuro no seu auxílio ao presente. Assim, se na França apoiam os social-democratas — o partido liderado por Ledru-Rollin —, isso não os impedirá de procurar corrigir as tendências desse partido, tradições sem sentido, remanescentes da Revolução; se na Alemanha apoiam a burguesia em sua luta revolucionária contra a monarquia absoluta, contra o feudalismo dos senhores rurais, e contra o espírito reacionário de elementos pequeno-burgueses, isso não os impedirá de despertar nos trabalhadores a consciência de que, uma vez realizada a revolução burguesa, terá início a revolução proletária.

Segundo Marx e Engels, os comunistas concentraram seus esforços na Alemanha porque, nas condições do século XIX, com o proletariado muito mais desenvolvido do que por ocasião das revoluções inglesa e francesa, uma revolução burguesa ali vitoriosa seria o prelúdio "imediato" de uma revolução proletária. A posição geral deles resume-se em três princípios distintos. Devem apoiar todo movimento revolucionário contra as condições vigentes. Devem fazer da questão da propriedade — isto é, a posse dos meios de produção — o cerne de todo movimento em que tomem parte. Finalmente, devem trabalhar pela "união e entendimento dos partidos democráticos de todos os países". Sua posição é, pois, inequívoca. Apoiarão sempre os partidos operários, mesmo que não sejam comunistas, não constituindo um partido à parte; mesmo que tal partido possua um programa inadequado, seu caráter proletário o torna um instrumento útil ao exercício da influência comunista. Quando apoiam partidos não proletários, como o de Ledru-Rollin, fazem-no porque possibilitam aos trabalhadores, primeiro, uma atuação maior na política e, segundo, grandes reformas sociais.

A posição do *Manifesto* na Alemanha pede uma análise mais elaborada. Diz claramente que a Alemanha está às vésperas de uma revolução burguesa, cujos defensores devem ser apoiados, já que sua vitória será o prelúdio de uma revolução proletária. Deve-se equiparar essa afirmação à opinião dos próprios Marx e Engels, no Congresso Comunista de Londres, poucas semanas antes da redação do *Manifesto*, de que o antagonismo entre a burguesia e os trabalhadores é maior na Inglaterra — consequência óbvia da ideia que tinham do cartismo — do que em qualquer outro país. Deve-se compará-la também, como observou Charles Andler em seu notável comentário sobre o *Manifesto*[25], com um trecho do artigo de Marx sobre

[25] *Le Manifeste Communiste, Introduction Historique et Commentaire* (Paris, 1901), p. 204.

a filosofia hegeliana do direito, publicado em 1844, no qual ele afirma que a Alemanha não poderia mais realizar uma revolução parcial, uma vez que a única classe capaz de ação revolucionária era a "classe dos puramente *déclassés*". Segundo sua exposição de 1844, essa classe só poderia lutar pelos direitos de toda a humanidade, já que o sofrimento a rebaixara a tal ponto que só assim imporia sua natureza humana. Transformou-se, de acordo com seu ponto de vista, no proletariado, que, ao fazer sua revolução, inauguraria, suprimindo-se a si mesmo, a sociedade sem classes.

A mudança verificada no *Manifesto* em relação ao artigo de 1844 requer uma simples explicação. Como Andler notou muito bem, nos três anos que separam os dois documentos, Marx deixou de ser um "verdadeiro" socialista, como Grün e Hess, e começou a perceber o significado global do materialismo histórico. Portanto, ele não mais tratou dos trabalhadores alemães conceptualmente, mas concretamente; compreendeu em 1847 que eles não poderiam tentar diretamente uma emancipação revolucionária, uma vez que o capitalismo alemão ainda não se desenvolvera o suficiente para transformá-los, em todos os sentidos, num proletariado decidido a libertar-se de suas cadeias pela revolução. Isso foi observado mais tarde por Engels, nos artigos memoráveis que escreveu para o *Tribune* de Nova York, em 1861-62[26]. "O movimento da classe trabalhadora em si nunca é independente e nunca possui caráter exclusivamente proletário até que todos os vários elementos de classe média, especialmente o seu elemento mais progressista, os grandes industriais, tenham conquistado o poder político e adaptado o Estado às suas necessidades. É então que o inevitável conflito entre o empregado e o empregador se tornará iminente e inadiável; a classe trabalhadora não poderá mais ser engabelada com tópicos ilusórios e promessas jamais cumpridas; o grande problema do século XIX, a abolição do proletariado, será, finalmente, trazido à tona com justiça e em toda a sua importância."

O fato de Marx e Engels, nos anos imediatamente anteriores a 1848, atribuírem à Alemanha a revolução que esperavam, tem, no meu entender, uma razão pessoal e dois fundamentos históricos. A primeira é que, afinal, eles eram alemães, com a nostalgia do exílio da terra natal; não se

[26] *A Revolução e a Contrarrevolução na Alemanha* (publicado em inglês por George Allen & Unwin Ltd.). Durante muito tempo esses artigos foram atribuídos a Marx, publicados pela primeira vez em livro na Inglaterra, em 1896. Está evidente que Engels consultou Marx amplamente ao escrevê-los. A citação é do primeiro artigo.

pode deixar de ver em sua correspondência que, apesar do grande interesse por outros países, o interesse pelo desenvolvimento alemão tinha uma intensidade que os colocava em outro plano. Compreenderam, além disso, que o teor revolucionário desaparecera, ao menos por enquanto, do movimento inglês, o que veio a ser provado pela malograda demonstração cartista de 10 de abril de 1848, em Londres, não apresentando possibilidades de uma mudança vital. Mas, na Alemanha, como Engels escreveu no segundo de seus artigos no *Tribune* de Nova York, "as pessoas ou eram monarquistas constitucionais ou socialistas e comunistas, mais ou menos bem definidos". Com tal disparidade, portanto, era natural contar com a Alemanha em caso de uma eventualidade importante. "Com tais elementos", escreveu Engels, "a mais leve contrariedade acarretaria uma grande revolução. Enquanto a nobreza superior e os mais antigos funcionários civis e militares eram os únicos sustentáculos seguros do sistema vigente; enquanto a nobreza inferior, as classes comerciantes, as universidades, os professores de todos os graus e até mesmo parte dos escalões inferiores dos burocratas e militares estavam todos unidos contra o governo; enquanto, por trás desses, encontravam-se as massas camponesas insatisfeitas, assim como os proletários das grandes cidades, adeptos, por enquanto, da Oposição Liberal, mas já murmurando palavras estranhas a respeito de dirigir os acontecimentos por suas próprias mãos. Ao mesmo tempo que a burguesia estava pronta para destruir o governo e os proletários se preparavam, por sua vez, para destruir a burguesia, esse governo continuava obstinadamente num rumo que acabaria por provocar uma coalizão. A Alemanha estava, em princípios de 1848, às vésperas de uma revolução; e essa revolução viria, mesmo que a revolução de fevereiro na França não a apressasse".

Isso explica o significado especial que o *Manifesto* atribui aos fatos alemães. Mas Marx e Engels não os encaravam como fatos isolados e completos em si. Eram apenas parte de uma perspectiva mais vasta, na qual o proletariado de um país poderia ser visto empunhando a tocha revolucionária de outro. Aí está porque o *Manifesto* apela para que os trabalhadores de todos os países se unam. A famosa sentença que o conclui não é a fórmula de um ritual vazio. Está inerente a todo *Manifesto* como a expressão da independência de uma classe que, já que a sociedade capitalista arrasta o mundo inteiro consigo, deve agir internacionalmente para agir vitoriosamente. É essa a antecipação do que Marx diria, cerca de dezesseis anos mais tarde, em seu discurso de abertura da I Internacional. "Conquistar o poder político", declarou, em reunião no salão de San

Martin[27], "tornou-se o grande dever da classe trabalhadora (...) Um elemento de sucesso eles têm: números; mas os números só pesam na balança se unidos por combinação e guiados pelo conhecimento. A experiência passada mostrou que o desprezo pelos laços fraternos, que devem existir entre os trabalhadores de diversos países, estimulando-os a permanecer firmes lado a lado em todas as suas lutas pela emancipação, será punido com a destruição de seus esforços incoerentes (...) A emancipação das classes trabalhadores requer a mútua assistência fraternal". Homens que haviam passado da exaltação ao fracasso em 1848 aí afirmavam mais uma vez a sua convicção de que "a combinação imediata de movimentos ainda desconexos" em diferentes países era a condição indispensável da emancipação da classe trabalhadora; alcançá-la não era um "problema local ou nacional, mas social, abrangendo todos os países da sociedade moderna e dependendo para a sua solução do auxílio prático e teórico dos países mais adiantados". Assim, aos trabalhadores só restaria desfazer-se de suas cadeias.

VI

O tempo só fez contribuir para a fama do *Manifesto Comunista*; ele alcançou não somente a posição notável de clássico, mas também a de um clássico que permanece atual perante os conflitos que sacodem todo um século após ter sido escrito. Portanto, tornou-se inevitavelmente matéria para interpretações adversárias e, não raro, é lido como se seus eminentes autores estivessem ainda a batalhar por uma ou outra das várias escolas do pensamento socialista contemporâneo. Dificilmente constituiria exagero dizer que, sob a liderança do Partido Comunista da Rússia Soviética, tentou-se atribuir fidelidade aos princípios do *Manifesto* apenas àqueles que aceitassem a direção de Moscou, argumentando não ter ele qualquer significado fora dos cânones ortodoxos que primeiro Lênin, e Stálin mais tarde, aplicaram à sua análise. Pode-se ir ainda mais longe e sugerir que os que não aceitam esses cânones são considerados, pelos adeptos da escola moscovita, com a mesma indignação que Marx e Engels nutriam pelos "verdadeiros" socialistas de sua época.

Não há dúvida alguma sobre certos pontos. Marx e Engels estavam convencidos de que a vitória do proletariado e o consequente estabelecimento da sociedade sem classes seriam normalmente realizados pela revolução

[27] *Obras Escolhidas*, na edição inglesa, vol. II, p. 440.

violenta. Estavam também convencidos de que somente com a união das classes trabalhadoras nos países mais desenvolvidos poderia a revolução proletária, em qualquer deles, contar com uma consolidação efetiva. Frisavam que os comunistas não deveriam formar um partido que se separasse das organizações da massa trabalhadora, insistiam em que os comunistas, sem perder de vista a decisiva revolução proletária, não deveriam nunca menosprezar a importância do auxílio à realização de vitórias menores e mais imediatas, que elevem a posição do trabalhador. Estavam prontos a aliar-se com partidos não operários, se o resultado de tal união fosse estrategicamente progressista. Quando juntos reeditaram o *Manifesto*, em 1872, observaram que seus "princípios gerais... permanecem, em seu conjunto, válidos até hoje", não obstante o próprio *Manifesto* explicar que "a aplicação prática de seus princípios dependerá, sempre e em toda parte, das condições históricas existentes". Em vista disso, afirmam que às medidas revolucionárias propostas em 1848 não se deve atribuir "importância demasiada". Achavam também que o grande desenvolvimento industrial verificado a partir do aparecimento do *Manifesto*, assim como a "experiência prática" da revolução de fevereiro e da Comuna de Paris, haviam tornado algumas medidas obsoletas. Acima de tudo, declaravam, "a Comuna demonstrou especialmente que não basta à classe operária apoderar-se da máquina estatal existente para fazê-la servir a seus próprios fins". Essa última proposição é extraída do famoso ensaio de Marx, *A Guerra Civil na França*[28], numa carta escrita a Kugelmann, em 12 de abril de 1871[29], durante a vigência da Comuna de Paris, na qual Marx explicou o seu significado remetendo aquele seu admirador ao último capítulo de *O Dezoito Brumário de Luís Bonaparte*[30], onde "poderá ver minha afirmação de que a próxima etapa da Revolução Francesa não se limitará mais, como antes, apenas em transferir a máquina burocrático-militar de uma para outra mão, mas a *aniquilará*[31], e isso é essencial a toda autêntica revolução popular no continente". A vantagem da Comuna foi ter sido eleita por sufrágio universal, ter mantido uma maioria de trabalhadores ou de "dignos representantes da classe trabalhadora", e constituir-se "num órgão ativo, não parlamentar, funcionando ao mesmo tempo como executi-

[28] Karl Marx, *Obras Escolhidas*. Na edição inglesa, vol. II, p. 494.

[29] Cf. O comentário de Lênin, prefácio às *Cartas a Kugelmann* (Londres, 1934), p. 16-19.

[30] Karl Marx, *Obras Escolhidas*. Na edição inglesa, vol. II, p. 311. (Editado no Brasil pela Paz e Terra, 1974.)

[31] Op. cit., p. 405.

vo e legislativo", sendo seus membros eleitos por períodos curtos, sujeitos a derrogação. No seu prefácio à edição de 1891 de *A Guerra Civil na França*, Engels escrevia que "ultimamente a pequena burguesia social-democrata se aterrorizou mais uma vez com as palavras: ditadura do proletariado. Pois bem, senhores, quereis saber com o que se assemelha essa ditadura? Vide a Comuna de Paris. Esta foi a ditadura do proletariado".

Quase todas essas proposições foram motivo de violento conflito, dos quais o mais conhecido talvez seja o de Lênin e Trótski, de um lado, e o social-democrata alemão Karl Kautsky, do outro; Rosa Luxemburgo, vítima da revolta do grupo Espártaco de 1919, e o líder russo menchevista, Jules Martov, podem ser considerados como de posição intermediária entre as duas interpretações opostas. É impossível aqui deter-se numa análise detalhada de textos, na qual toda palavra é importante e desempenha função relevante, segundo uma valoração subjetiva de seu papel no contexto geral. Basta examinar os temas gerais da disputa, sugerindo, talvez um tanto dogmaticamente, os principais resultados dessa análise.

É evidente que Marx e Engels acreditavam que a maioria das revoluções proletárias só sairia vitoriosa após intensa luta, sendo as únicas exceções possíveis a essa regra a Grã-Bretanha, os Estados Unidos e talvez a Holanda. Achavam que o momento crítico para a Grã-Bretanha viria quando a Irlanda e a Índia se tornassem independentes, privando-a de uma fonte de exploração que possibilitara, em alto grau, dar a seu proletariado um espírito burguês. Estavam confiantes de que, em todos os casos, a chegada da classe trabalhadora ao poder determinaria um período de transição marcado pela ditadura do proletariado.

Nenhuma frase tem sido sujeita a tantos erros de interpretação como "a ditadura do proletariado". Deve-se frisar que, para Marx e Engels, ela não constituía a antítese da democracia; para eles, tal antítese era a "ditadura da burguesia", que acreditavam existir, mesmo quando disfarçada por instituições políticas formalmente democráticas, em todos os países nos quais a propriedade dos meios de produção coubesse à classe média. Marx e Engels entendiam por "ditadura do proletariado" uma organização social na qual o poder estatal estivesse nas mãos da classe trabalhadora, mantido com toda a força necessária para impedir que fosse tomado pela classe que anteriormente exercia a autoridade. Acreditavam que os representantes da classe trabalhadora usariam o poder estatal para mudar as relações de produção e reprimir qualquer interferência nessa mudança. Porém, na identificação feita por Marx da Comuna de Paris com a ditadura do proletariado, evidencia-se que ele a concebe baseada no apoio da maioria, utilizando a técnica do sufrágio universal; e a participação popular no funcionamento da ditadura é garantida pela aceitação dos direitos populares à eleição e à revogação de seus representantes. Além disso, na consideração que Marx tem da Comuna como órgão legislativo e executivo, é óbvio que ele nega a separação de poderes, entendendo que a ditadura é exercida pelo grupo eleito segundo a escolha popular, subordinado à opinião pública por meio do direito de cada constituinte de revogar qualquer representante que tenha escolhido; certamente, foi isso que Marx quis dizer quando escreveu que "nada pode ser mais estranho à Comuna do que a negação do sufrágio universal por uma investidura hierárquica". Marx também ressalta que "a maior parte da classe média de Paris (...) com a única exceção dos ricos capitalistas" admitiu que "era essa a primeira revolução na qual se considerou a classe trabalhadora como a única capaz de iniciativa social"; percebeu que isso garantiu à república a base de instituições democráticas, comparando a paz e a ordem de Paris com a atmosfera terrivelmente repressiva de Versalhes sob o domínio de Thiers.

Desse ponto de vista, parece-me óbvio que Marx e Engels não conceberam a ditadura do proletariado como a ditadura do Partido Comunista sobre o resto da comunidade, ou seja, a centralização do poder estatal nas mãos de um único partido que impusesse pela força a sua vontade sobre todos os cidadãos, mesmo os não ligados a ele. É possível que a luta pelo poder estatal se torne tão intensa que o governo não tenha outra alternativa a não ser declarar o estado de sítio até consolidar sua autoridade. É lógico também que um governo de trabalhadores de posse do poder estatal possa considerar necessário punir pessoas ou partidos que ameacem sua segurança, da mesma maneira que o governo britânico precisou assumir medidas drásticas quando se viu ameaçado de invasão, em 1940, após a retirada de Dunquerque. Creio ser essa a segunda possibilidade de que cogitavam Marx e Engels. Achavam que a utilização do poder estatal pelos e para os trabalhadores seria uma expansão das forças democráticas, ao invés de uma contração; permitiria que participassem da vida social números muito maiores do que os verificados quando as instituições democráticas operam apenas dentro do esquema de produção capitalista. Portanto, não poderiam ter imaginado um Partido Comunista agindo sob forma de ditadura sobre a classe trabalhadora, negando a todos os outros partidos o direito de participar e de influenciar o exercício do poder.

Creio que há outro argumento em favor dessa opinião. O *Manifesto* declara explicitamente que os comunistas são a vanguarda da classe trabalhadora. Não são seus chefes; estão na dianteira de um esforço cooperativo pela destruição da sociedade capitalista. O que é ainda mais importante, os comunistas não formam um partido próprio, à parte. Aliam-se a outras organizações, sobretudo as da classe trabalhadora, que visem ao mesmo fim que eles, ou que possam ser encaradas objetivamente como apressando esse mesmo fim, embora de maneira inconsciente. Eis porque, por exemplo, a Liga dos Comunistas apoiou Ledru-Rollin, em 1845, embora ele odiasse os comunistas. Eis também por que persuadiram a I Internacional a apoiar a Comuna de Paris, e por que aqueles que eram da Internacional cooperaram em sua luta histórica com outros que a ela não pertenciam. A menos que fossem dessa opinião, Marx e Engels teriam declarado que a ditadura do proletariado seria o exercício da liderança de um partido, para o qual toda organização política reservaria grandes responsabilidades. Nunca foram desse ponto de vista. Ao contrário, sua preocupação mais profunda era tornar o poder estatal, uma vez passado às mãos dos trabalhadores, não apenas o instrumento pelo qual as relações capitalistas de produção se transformassem em relações socialistas de produção, mas também o instrumento pelo qual a falsa democracia da sociedade capitalista se tornasse a verdadeira democracia da sociedade socialista. A repressão sob todas as formas era para eles uma necessidade transitória. Eis por que puderam afirmar que, com o estabelecimento do socialismo, o Estado "desaparecerá".

O "desaparecimento" do Estado é outra frase famosa que tem sido muito discutida e incompreendida. Num certo sentido, é puramente uma dedução lógica da definição do *Manifesto*. O Estado está aí definido como "o comitê para gerir os negócios comuns de toda a classe burguesa". Portanto, é óbvio que, retirado das mãos da burguesia pelos operários, o poder de governar o Estado deixa de existir como instituição burguesa, uma vez que nas mãos dos trabalhadores se transforma numa instituição proletária. Marx e Engels declaram, então, que sua autoridade coercitiva, por exemplo, o exército, a polícia e os serviços civis, teria de ser adaptada pelos trabalhadores para fins socialistas, como fora adaptado pela burguesia a fins capitalistas. Pensavam em 1872 que, como Marx sugerira vinte anos antes, uma sociedade socialista teria que "romper" a estrutura política do regime vencido a fim de obter uma adaptação bem feita. O que entendiam por "romper" a estrutura política do regime capitalista? Em minha opinião, a resposta é que ela se libertaria de seu caráter de "investidura hierárquica" que, como Marx escrevera em *A Guerra Civil na França*, viria suprimir de vários indivíduos seu poder autoritário. Os órgãos de governo seriam genuinamente democratizados. Seriam parte da nova sociedade proletária, não como o eram na sociedade capitalista, além e acima dos trabalhadores, deles separados como que por um sistema de castas, de maneira que possam impor aos trabalhadores a disciplina necessária à manutenção da forma capitalista de produção em sua totalidade. As forças de defesa, a polícia e os serviços civis não teriam privilégios ou lugar especial no novo regime. Seus membros deveriam ser considerados como trabalhadores que exercem sua função social necessária da mesma maneira que os outros grupos de trabalhadores. Privar-se-iam de seus atributos "hierárquicos".

Além disso, não se deve supor a que a referência de Marx e Engels ao "desaparecimento do Estado" significasse que num país socialista os anseios dos filósofos anarquistas seriam satisfeitos, sendo toda autoridade o resultado da submissão expressa às suas ordens. Não resta dúvida de que ambos estavam firmemente convencidos de que, com o fim da propriedade privada dos meios de produção, haveria uma necessidade muito menor de um aparato coercitivo na sociedade. Era natural que fossem dessa opinião, uma vez que consideravam a propriedade privada desses bens responsável pela maioria dos males do processo social. A teoria de que o poder estatal era essencialmente usado para proteger a propriedade privada já fora expressa, com grande ênfase, por Adam Smith. "Unicamente sob a proteção dos magistrados civis", escreveu Adam Smith[32], "pode o dono dessa valiosa propriedade, adquirida após vários anos de trabalho, dormir uma noite tranquila". Marx e Engels concordaram com as implicações dessa afirmação de Adam Smith, embora as deduções a que chegaram fossem diferentes. Mas não há nada que sugira, em tudo o que escreveram, que o governo se tornaria desnecessário numa sociedade socialista. Raramente disseram como seria uma sociedade socialista, e as poucas referências que fizeram a suas características confirmam que esperavam uma expressão mais ampla e livre da individualidade, removidos os grilhões capitalistas das forças de produção.

Deve ser dada uma explicação da concepção materialista da História, que é o fio central do *Manifesto Comunista*, principalmente porque tem sido mal interpretada por historiadores e filósofos sociais. Não é uma afirmação de que todas as ações são o resultado de motivos econômicos. Também não defende que toda mudança seja provocada economicamente, que as ideias e a maneira de agir dos homens sejam fatalmente pré-determinadas

---

[32] *A Riqueza das Nações*, livro V, cap. I, parte 2. (Publicado no Brasil pela Ediouro.)

ou que a emergência da sociedade socialista seja inevitável. É a verificação de que, de acordo com Engels[33], "a produção, e com ela a troca dos produtos, é a base de toda a ordem social; de que em todas as sociedades que surgiram na História a distribuição dos produtos e a divisão social dos homens em classes ou camadas são determinadas pelo que a sociedade produz, e como produz, e pelo modo de trocar os seus produtos". Foi essa a base da Filosofia da História de Marx e Engels que os separou de seus antigos aliados, os esquerdistas helegianos cujas concepções são combatidas no *Manifesto*. Fez-nos ver que a maneira pela qual a produção social total é dividida numa comunidade não é o resultado dos bons ou maus propósitos de seus membros, mas de relações legais surgidas de determinadas formas de produção, e compreender que essas relações legais são independentes da vontade daqueles que participam da produção. Uma vez que se verificam continuamente mudanças nas formas de produção e de troca, as relações legais, que eram anteriormente adaptadas às condições de uma época, deixam de sê-lo. É nessa desproporção entre as relações legais da comunidade e as suas forças de produção que se fundamentam as transformações nas ideias humanas do bem e do mal, da justiça e da injustiça. A classe da comunidade que possui legalmente os meios de produção usa o poder estatal para sancionar a divisão do produto que a beneficia. Portanto, por meio da autoridade coercitiva à disposição do poder estatal, procura impingir a aceitação geral da estratificação que propõe; e os sistemas de valores políticos, éticos, religiosos e filosóficos são maneiras pelas quais, direta ou indiretamente, os homens expressam o seu acordo ou desacordo com a estratificação que os possuidores dos meios de produção tentam impor.

Isso não significa que não se verifiquem mudanças nas próprias ideias dos homens; significa, isto sim, que as ideias humanas se desenvolvem continuamente à medida que suas mentes compreendem que as mudanças nos métodos de produção e de troca tornam algumas ideias obsoletas, exigindo outras novas. Transformando-se o feudalismo em capitalismo, as relações legais vigentes impediam a utilização completa das forças de produção. Os valores mantidos pelo sistema feudal antes do advento do método capitalista de produção não eram mais aceitáveis. Então, no dizer de Engels, "a burguesia despedaçou o sistema feudal e em suas ruínas estabeleceu a ordem social

---

[33] *Do Socialismo Utópico ao Socialismo Científico*, parte III. Publicado em inglês por George Allen & Unwin Ltd.

burguesa, o reino da livre competição, da liberdade de movimentos, dos direitos iguais dos donos de mercadorias e todas as outras glórias burguesas". Agora, afirma o *Manifesto*, as mudanças nas forças de produção tornaram por sua vez obsoletas as relações legais do capitalismo; e o socialismo surge como uma tentativa de novas relações e, portanto, de novos valores, que os trabalhadores, como a classe que mais sofre com este obsoletismo, procuram colocar em seu lugar.

Nenhum estudioso sério pode supor que a concepção materialista da História não apresente dificuldades, ou que resolva todos os problemas envolvidos na interpretação histórica. Mas nenhum estudioso sério pode duvidar também de que tal concepção tem, nos últimos cem anos, servido para fornecer uma chave fundamental das causas de mudança social, mais do que qualquer outra hipótese aventada. Não há razão para se negar que, em toda a longa extensão da História conhecida, a luta de classes tem sido o princípio central de seu desenvolvimento. É inegável também que a luta de classes está intimamente ligada às relações de produção de uma dada sociedade e à capacidade de desenvolver as possibilidades gerais das forças de produção em uma época determinada. Numa análise minuciosa torna-se evidente que a classe que possui os meios de produção usa o poder estatal para salvaguardar tal posse, e tenta reprimir o aparecimento de ideias e valores que a ameacem. Além disso, qualquer um que examine objetivamente um período no qual a forma de produção esteja em rápida mudança, a época da Reforma, por exemplo, ou o período entre as duas guerras mundiais, não pode deixar de perceber que são períodos marcados por grande instabilidade nos valores e instituições tradicionais. Não há nada que a teoria do *Manifesto* destaque mais do que o fato de que a ocorrência desses períodos implica que, caso os valores e instituições tradicionais permaneçam no novo sistema econômico, muitos sejam privados de seus meios de vida, e tentarão, portanto, libertar-se de uma posição em que são as vítimas. Para tanto, como ressaltam Marx e Engels, devem possuir o poder estatal a fim de adaptar as relações de produção às implicações da nova ordem. Segundo o *Manifesto*, a passagem da propriedade capitalista para propriedade social marca o fim de uma história na qual os meios de produção pertenceram predominantemente a uma classe; a transição para a propriedade pública, quando efetuada com sucesso, significa a emergência da sociedade sem classes.

É esta doutrina que o *Manifesto* se esforça para que seja aceita pelos socialistas, na medida em que era contra outras doutrinas que com ela competiam. Isso não era tudo; Marx e Engels estavam, de fato, incitando determinados homens ou grupos a proclamar um novo princípio como verdadeiro e a tentar, pela simples força de argumentos racionais, persuadir outros a considerá-lo também verdadeiro. Um novo princípio se torna aceitável, porque as mudanças nas formas de produção criaram o meio material que o faz parecer a expressão natural daquilo que as pessoas querem. É pouco provável que o dever de tolerância seja amplamente aceito quando sugerido como uma obrigação metafísica abstrata. Mas, quando a intolerância ameaça a obtenção pela sociedade do poder total sobre seus recursos materiais, os homens passam a considerar válidos argumentos surgidos em seu nome, alguns éticos, alguns políticos, alguns econômicos, cuja força não fora previamente percebida por eles. O mundo inteiro aplaudiu Robert Owen enquanto ele fez da "revolução" na mente e na prática da "espécie humana" uma experiência filantrópica confinada em suas próprias fábricas em New Lanark. Porém quando ele afirmou que seus princípios eram tão obviamente racionais que toda organização social deveria ser adaptada à sua aplicação, o mundo voltou-se contra ele, mostrando-lhe que, na falta das necessárias condições materiais, mesmo que um princípio tenha a justiça, a verdade e a razão de seu lado não será capaz de conquistar o mundo pela simples força de suas virtudes. Somente quando os homens percebem que "a anarquia da produção social", causada pelo capitalismo, pode ser substituída "pela administração da produção socialmente planejada segundo as necessidades tanto da sociedade como um todo quanto de cada indivíduo" é que estão aptos a se libertarem do capitalismo.

"As forças ativas da sociedade", escreveu Engels[34], "atuam, enquanto não as conhecemos ou contamos com elas, exatamente como as forças da natureza: de modo cego, violento e destruidor. Mas, uma vez conhecidas, logo que se saiba compreender sua ação, suas tendências e seus efeitos, está em nossas mãos sujeitá-las cada vez mais à nossa vontade e, por meio delas, alcançar os fins propostos. Tal é o que ocorre, muito especialmente, com as gigantescas forças modernas da produção." Creio ser esse o princípio central e básico de todo o *Manifesto Comunista*; é a aplicação social do grande aforismo de Bacon de que, "para ser comandada, a natureza deve ser obedecida". É nossa intenção mostrar que o padrão dado de instituições sociais pressupõe um determinado estágio no desenvolvimento das forças produtivas, e que aqueles que defendem um sistema só conseguirão

[34] *Do Socialismo Utópico ao Socialismo Científico*, parte 3. Op. cit.

realizá-lo caso as forças produtivas da época o justifiquem. Eis por que a solução proposta por Carlyle e Ruskin constituiu um anacronismo na época em que eles a pregaram, embora hajam compreendido os males de seu tempo; de fato, pregavam um sermão a homens que já haviam abandonado sua igreja. Eis por que, tomando-se um exemplo contemporâneo, o *New Deal* do presidente Roosevelt conseguiu apenas aliviar temporariamente as misérias que pensou curar; pois aquelas misérias não eram somente males temporários, mas os sintomas de um mal muito mais profundo do que foi capaz de compreender.

Um último aspecto do *Manifesto* merece um esclarecimento. Por que tomou esse título? Os que deram a ideia de sua criação não o concebiam assim: era mais um catecismo facilmente memorizável o que tinham em mente. A palavra "comunismo" não possuía nenhuma qualidade especial para eles; sua organização em várias formas atuara sob diversos nomes. Não se trata de uma questão que se possa responder com precisão; o próprio Engels não tratou dela na exposição — nem sempre muito exata — que escreveu mais tarde sobre como o documento tomou a forma que conhecemos. Talvez fosse um "*Manifesto*" em homenagem semiconsciente à memória do *Manifeste des Égaux*[35], de Babeuf, uma saudação a um dos documentos principais daquela Revolução Francesa que Marx e Engels encaravam como um dos grandes períodos críticos da História, que tanto conheciam; talvez fosse devido a uma vaga lembrança do famoso opúsculo publicado, pouco antes, por Victor Considerant.

Por que um *Manifesto* "comunista" e não "socialista"? Em primeiro lugar, obviamente, porque era a publicação oficial da Liga dos Comunistas. Temos poucas outras fontes de especulação. Possivelmente, foi em memória da Comuna de Paris da Revolução Francesa, instituição à qual todos os socialistas prestaram homenagem. É possível que tenha sido o desejo de distinguir suas ideias daquelas doutrinas socialistas que criticavam tão severamente. A única coisa certa, segundo o próprio documento, é que a escolha do termo "comunista" não tinha em vista qualquer cisão entre as organizações da Liga dos Comunistas e outros grupos socialistas operários. Ao contrário, Marx e Engels enfatizaram que os comunistas não formavam um partido à parte, aliando-se com todas as forças que atuam pela sociedade socialista. A ideia de um partido comunista à parte coube à Revolução Russa; não ocorreu nem a Marx nem a Engels.

---

[35] Escrito por Sylvan Maréchal.

VIII

Raramente os que formulam uma nova filosofia social permanecem senhores de seu destino. Ao começar a exercer uma influência séria, ela adquire o valor mágico de uma arma, e seus adeptos posteriores encaram-na como algo que podem adaptar, da maneira que desejarem, a seus propósitos. Está, então, a ponto de tornar-se um dogma ortodoxo, sendo qualquer divergência vista como uma heresia, a menos que esteja diretamente associada ao sucesso de uma ação. Não há melhor exemplo disso do que a Filosofia Social formulada por São Paulo às igrejas cristãs nascentes na *Epístola aos Romanos.* Trata-se de uma doutrina difícil de se reconciliar com o que se sabe dos ensinamentos de Jesus Cristo que, de fato, tem pouco interesse em Filosofia Social, concentrando-se além desse mundo, à espera de seu iminente fim. Grande estadista e grande teólogo, São Paulo tentava salvaguardar o futuro dos fiéis, estabelecendo para eles um código de comportamento político que minimizasse o perigo de um conflito entre as fracas igrejas de sua época e o poderoso Império Romano, ao menos durante o período em que a notória hostilidade delas contra Roma poderia prejudicar sua própria sobrevivência. Somente quando, sob Constantino, elas foram aceitas como a religião oficial, e vindo a reinar a calma, é que atribuíram à doutrina paulina perigosas implicações. Seria interessante saber o que alguém, que houvesse aceito os preceitos da *Epístola aos Romanos,* acharia das denúncias violentas feitas por Santo Ambrósio contra Teodósio.

Todo aquele que estudar a história subsequente ao *Manifesto Comunista,* sobretudo após a morte de Engels, verificará que, à semelhança do que aconteceu à doutrina paulina, setores belicosos dentre os socialistas, que ele tanto ajudou a formar, tomaram conta de seu destino. Nem Marx nem Engels jamais abriram mão da ideia de que a revolução violenta acompanharia a vitória do socialismo na maioria das comunidades nacionais. Porém, depois que Bismarck aboliu as leis antissocialistas na Alemanha e que o Partido Social-Democrata, a despeito de toda oposição, passou a obter constantes vitórias, Engels começou a conceber a arte da revolução numa perspectiva notadamente diferente. Em parte alguma isso está tão claro quanto no prefácio que escreveu em 8 de março de 1895 para uma nova edição de *As Lutas de Classe na França,* de Marx. Pode-se encontrar essa perspectiva em quatro pontos fundamentais. O primeiro é o reconhecimento de que o sufrágio universal não acarretava unicamente decepções, como a desilusão das derrotas de 1848 fizera crer a muitos trabalhadores, sobretudo nos países latinos; pode tornar-se também um instrumento de libertação. "Com a utilização adequada do sufrágio universal", dizia Engels, "uma forma de luta proletária inteiramente nova entrou em vigor e desenvolveu-se rapidamente [...] a burguesia e o governo passaram a temer muito mais a ação legal do que a ação ilegal do partido dos trabalhadores, os resultados das eleições mais do que os da rebelião". "A ironia da História universal", afirmou mais adiante, é de que "tudo se inverte. Nós, os 'revolucionários', os 'rebeldes', somos muito mais beneficiados pelos métodos legais do que pelos métodos ilegais ou por revoltas. [...] Os partidos da ordem, como eles se denominam a si mesmos, estão sucumbindo nas condições legais que eles mesmos criaram. Concordam, em desespero, com Odillon-Barrot: *la legalité nous tue* (a legalidade é a nossa morte), enquanto, sob essa legalidade, adquirimos músculos fortes e faces rosadas, e prometemos durar eternamente; e se não formos loucos a ponto de nos deixarmos atrair por brigas de rua para agradá-los, nada lhes resta a não ser romper com essa legalidade que prezam tanto."

É esse, então, o primeiro princípio formulado por Engels. O sufrágio universal pode ser um instrumento tão útil ao progresso do socialismo que só beneficiará os governos antissocialistas se os socialistas tiverem recorrido à rebelião; de fato, os próprios governos antissocialistas podem ser levados à ação ilegal por medo das consequências do constitucionalismo. A este princípio segue-se um segundo, que é, principalmente, o resultado da mudança tecnológica. "As condições daqueles que se insurgem pioraram", escreveu Engels. "Dificilmente haverá outra insurreição com a qual todos os setores da população se identifiquem. [...] O 'povo', portanto, se dividirá, e, com ele, um poderoso instrumento, tão eficaz em 1848." As novas armas, a nova organização técnica, sem esquecer a forma existente da organização das cidades, tornam as barricadas praticamente inúteis. Terminou a época da revolução repentina. Podem-se dar combates de rua no futuro. Mas só serão bem sucedidos quando "as próprias massas compreenderem de corpo e alma o que está em jogo e qual o seu papel. Mas até que as massas possam perceber o que deve ser feito é preciso um trabalho longo e persistente".

O terceiro princípio frisado por Engels é que o fortalecimento bem organizado do socialismo no meio das massas leva as forças reacionárias à ação inconstitucional. Esse fortalecimento é comprovado "pela revolta dos partidos da ordem, que não poderão sobreviver sem contrair as leis". O atentado à ordem, portanto, vem da direita. Em meio a dificuldades, então, como os socialistas antes de 1848, à direita só cabe romper com a Constituição enquanto tem nas mãos o governo e, deste modo, o poder estatal e o exército, principalmente. E Engels chama a atenção para os primórdios do cristianismo, mostrando que, sendo uma grande ideia defendida entre as massas, ela minará as bases do Estado, contaminará o exército e só não atingirá seu objetivo se for impedida.

O quarto princípio é a continuação deste. Não se vencem revoluções "de um só golpe", nem pode "a revolução da minoria transformar-se na revolução da maioria sem que as massas possuam uma certa maturidade intelectual, a qual é a consequência direta das condições econômicas que são propícias à transformação revolucionária devido a sua impossibilidade de expansão. Essa maturidade intelectual não é mais de rápida realização. Vai avançando vagarosamente de uma posição para outra, numa luta dura e tenaz". Obviamente, ao escrever isso, Engels procurava livrar o socialismo de uma vez por todas de elementos blanquistas, da tradição de conspiração, de sociedades secretas, da crença na eficácia do *coup d'état* realizado pela minoria revolucionária. Estava advertindo o movimento contra o otimismo ingênuo de 1848 e suas consequências, sobre a necessidade de prever "uma longa luta entre os elementos antagônicos ocultos no meio do próprio povo". Somente uma "crise mundial" torna possível a oportunidade da revolução, que só será bem sucedida se as massas, completamente conscientes, estiverem por trás dos fins propostos.

Ao escrever o famoso *O Estado e a Revolução*, em 1917, Lênin baseou seus argumentos nas lições de Marx e Engels a respeito da geração que se seguiu ao fracasso da revolução de 1848. Mas deve-se levar em conta que a interpretação que ele deu à doutrina marxista já recebera as tintas especiais das circunstâncias russas, e que muito de sua própria teoria era o resultado de sua luta pessoal, primeiro, para conseguir maioria no Partido Social-Democrata russo, e depois para mantê-la, tanto antes quanto depois da revolução fracassada de 1905, em condições extraordinariamente difíceis. Conseguiu maioria na Conferência de 1903. Conseguiu-a, no entanto, por um conjunto de ideias relacionadas com estratégia e organização, tendo pouco a ver com a especulação filosófica. Vem prová-lo o fato de Lênin aceitar, em 1904, o apoio de Bogdanov e seus amigos, após perder o apoio de Plekhanov e seu domínio sobre a *Iskra* e o Comitê Central do partido. Sabemos por sua correspondência que ele discordava da principal ideia filosófica de Bogdanov; Plekhanov censurou-o, dizendo-lhe que, assim como a estratégia leninista era uma revisão da marxista, a filosofia de Bogdanov era uma revisão da de Marx. Bogdanov era um idealista da escola kantiana, profundamente interessado na transformação que Mach dera à especulação filosófica. Muito significativamente, até 1908, Lênin não considerara importantes tais divergências filosóficas. No que lhe dizia respeito, o interesse de Bogdanov em Mach e Avenarius era destituído de importância. "É totalmente incompreensível para mim", disse no Terceiro Congresso Bolchevista de 1905, "o que esses homens, pelos quais não tenho a menor simpatia, têm a ver com a revolução social. Escrevem sobre a experiência individual e social, ou coisa parecida, mas não têm, de fato, quaisquer ideias sobre a ditadura democrática".

O que é significativo nisso é que, de 1904 a 1907, embora Lênin discordasse da metafísica de Bogdanov, esta não o perturbava, uma vez que estavam de acordo a respeito da estratégia revolucionária. Quando a respeito das eleições para a Terceira Duma, discordaram de estratégias revolucionárias, Lênin usou toda a sua infatigável determinação para atacar Bogdanov e seus adeptos. É interessante que, ao mesmo tempo que escrevia *Materialismo e Empiriocriticismo*, assegurava a Maksim Górki, então muito influenciado tanto por Bogdanov quanto pelo "fideísmo" de Lunacharski, de seu "discernimento perfeito da criação artística, e que, quando se forma tal juízo a partir de uma experiência artística e de uma filosofia, mesmo que tal filosofia seja idealista, pode-se chegar a conclusões de grande valor para o partido dos trabalhadores". No entanto, isso não o impediu, em julho de 1909, de aproveitar a conferência de editores do *Proletarie* para expulsar Bogdanov e seus adeptos da "facção" bolchevista, proscrevendo suas doutrinas. Naturalmente, esse fato rejeitou, inconstitucionalmente, as decisões do Congresso de 1907, em Londres, negando o centro bolchevista que lá fora eleito. Lênin argumentou que se tratara de uma expulsão de uma facção e não do Partido Social-Democrata em si. "Um partido", disse ele na conferência de editores, "pode encobrir uma vasta camada de opiniões, cujos extremos podem ser diametralmente opostos um ao outro". Porém, três anos mais tarde Lênin afirmava que somente os bolchevistas de sua própria facção representavam as necessidades de um partido marxista, e a Revolução de Outubro veio tornar o grupo bolchevista de Lênin dono do poder estatal. Nenhum apoio oficial foi dado às ideias flexíveis sobre o partido dos trabalhadores que Lênin descrevera a Górki, e mencionara na conferência de editores; naquela época ele encarava a sua própria facção bolchevista não como um partido separado, mas, no sentido do *Manifesto Comunista*, essencialmente como a vanguarda do partido, a ele intimamente ligado. Nos anos seguintes, a virtual glorificação de *Materialismo e Empiriocriticismo* fez com que a cada divisão do pensamento pudesse ser imposta a ortodoxia estatal oficial, sob a autoridade de Lênin; a negação dessa ortodoxia tornaria um homem culpado de divergência, por ser não somente um herético intelectual, mas quase tudo o que vai de hipócrita a traidor da causa revolucionária. Penso que ninguém pode compreender o caráter vitriólico da polêmica comunista a partir de 1917 sem perceber que a sua verdadeira origem foi um livro escrito por Lênin, não tanto devido à ideia de que divergências metafísicas levavam necessariamente a divergências no plano da ação partidária, mas porque, quando o escreveu, estava preocupado em derrotar e desacreditar Bogdanov, a todo custo, para que suas ideias sobre a estratégia do partido não dominassem a facção bolchevista.

Isso vem ilustrar de maneira notável o que sucede quando se aplica estreita e dogmaticamente o espírito amplo e flexível do *Manifesto Comunista.* A aplicação do marxismo feita por Lênin à Rússia teve grandes influências, uma vez que foi o instrumento de sucesso da Revolução de Outubro. Mas essa influência teve também seu lado pernicioso e perigoso, pois fez com que os comunistas, dentro e fora da Rússia, considerassem que a interpretação leninista do marxismo, fosse ela metafísica, ética, lógica, científica, psicológica, política, econômica ou estratégica, era a única maneira de compreender o mundo, e que ninguém fora do Partido Comunista poderia entender a ciência ou a sociedade. Dada a maneira pela qual o Partido Comunista da Rússia Soviética é organizado, o Comitê Executivo Central do Partido russo — o *Politbureau* — é, de fato, o guardião da verdade universal. Portanto, qualquer um que divirja de suas opiniões está rejeitando a verdade universal, tornando-se um inimigo do único socialismo que conta, que é, naturalmente, o do Partido Comunista russo. Isso implica que ninguém possa, fora do Partido Comunista, dizer-se socialista, a menos que aceite a linha que, a cada momento dado, os líderes do Partido Comunista russo considerem justa.

Isso teve algumas consequências, cujo caráter trágico é de difícil avaliação. Pois, desde que os líderes do comunismo russo têm-se preocupado acima de tudo em salvaguardar a Revolução de Outubro e em consolidar seus efeitos, suas instruções aos outros partidos, durante a III Internacional e após sua dissolução, têm-se dado nesses termos. Esse fato fez com que, fora da Rússia, os comunistas seguissem docilmente as ordens de Moscou, sem qualquer preocupação sobre seu valor e validade em relação a situações concretas, cujas condições históricas e situações de fato não tornavam prática ou desejável a ação recomendada pela Rússia.

O próprio Lênin, já em 1921, advertia os partidos comunistas não russos contra o que chamou de "esquerdismo, a doença infantil do comunismo"— doença que, em essência, consistia numa tentativa dos partidos comunistas nascentes de repetir, em sua criação, todos os erros que ele combatera por quase uma geração anterior a 1917. Mas as consequências nefastas eram ainda maiores. Na maioria dos países o movimento operário estava dividido entre os comunistas e os sociais-democratas. O seu ódio mútuo tornou-se mais importante do que o antagonismo comum ao inimigo capitalista. Os comunistas formaram partidos políticos à parte, e até sindicatos separados. Estavam tão persuadidos de que a social-democracia era um método de manter o capitalismo, contra os operários, que houve época em que todos imitaram Moscou, proclamando que os sociais-democratas eram, de fato, sociais-fascistas. Praticamente até a chegada de Hitler ao poder, acreditavam que seu governo era o prelúdio necessário à vitória; eles seriam os legatários universais de sua derrota rápida e inevitável. Quando perceberam o grave erro dessa política tornaram-se os defensores ardentes da Frente Única, e não entendiam por que aqueles a quem na véspera denunciavam como "lacaios do capitalismo" ou "traidores da classe operária" não concordavam imediatamente em admiti-los nas fileiras do partido, o mesmo que tentaram insistentemente destruir. Quando a "Frente Única" falhou, e Hitler, que parecia ter grande apoio dos capitalistas de todos os países, tornou-se cada vez mais perigoso, sobretudo como ameaça contra a Rússia Soviética, aceitaram a ideia de Moscou da "Frente Popular", na qual os comunistas se ligariam a qualquer partido, a despeito de sua diretriz, contanto que fosse contra o fascismo sob todas as formas. Quando, exatamente na época do pacto de Munique, tornou-se evidente que as principais forças capitalistas não punham objeções à expansão de Hitler e Mussolini, desde que seus próprios "interesses vitais" não fossem perturbados — interesses que não incluíam a Rússia Soviética — os dirigentes da Rússia, sem o conhecimento dos partidos comunistas do exterior, fizeram um tratado de amizade com a Alemanha hitlerista, que foi assinado por Ribbentrop em Moscou uma semana antes do início da Segunda Guerra Mundial.

São nada menos do que fantásticas as rotações intelectuais dos partidos comunistas na Europa Ocidental no período entre o começo das hostilidades, em 1º de setembro de 1939, e o ataque alemão à Rússia Soviética, em 22 de junho de 1941. Haviam sido tão doutrinados de que Hitler era, em toda parte, o inimigo da classe trabalhadora e a expressão suprema da reação capitalista que, no primeiro mês de guerra, deduziram que, como vanguarda das forças trabalhadoras, deveriam tomar a liderança na luta por sua destruição. Seus líderes, então, instigaram a ala comunista à loucura de simplesmente, segundo um deles, "vociferar palavras revolucionárias"; era urgente lutar com todas as forças contra o "animal nocivo". Mas haviam esquecido o pacto russo-alemão e a ansiedade dos dirigentes soviéticos em não se envolverem no que certamente seria um conflito destrutivo e, possivelmente, fatal. A partir de 7 de outubro de 1939 toda a sua política, portanto, mudou. O que fora preconizado como uma cruzada antifascista tornara-se uma típica guerra "imperialista", característica de Estados capitalistas. Deveria ter fim o mais cedo possível; havia várias razões para um acordo com Hitler. Na Grã-Bretanha, por quase dois anos, o Partido Comunista conduzira um movimento contra a guerra, do qual constavam a denúncia do Partido Trabalhista como "mercador da guerra" por ter participado do Gabinete de Churchill; a afirmação de que a responsabilidade da guerra estava sobre os ombros da Grã-Bretanha, que era a culpada de agressão contra a Alemanha hitlerista; o incentivo à sabotagem das fábricas de armamento e a enumeração das várias desgraças sofridas pela Grã-Bretanha após a capitulação da França, a fim de mostrar que a continuação da guerra destruiria a classe trabalhadora. Então, deu-se o ataque alemão à Rússia; e, de um dia para o outro, a guerra transformou-se de uma guerra imperialista em uma cruzada pela liberdade. Não deveria haver limites ao esforço nacional que caberia ao governo de Churchill empreender, e não poderia haver quaisquer possibilidades de paz antes que a Alemanha hitlerista fosse despedaçada. Uma vez a Rússia tendo entrado na guerra, ninguém mais pôs em dúvida a devoção e o heroísmo dos partidos comunistas de toda parte, sobretudo nos países ocupados pelo inimigo fascista. O que é espantoso é o contraste entre isso e a ideia de um acordo com Hitler antes do ataque à Rússia. Entre 23 de agosto de 1939 e 22 de junho de 1941 nada mudou na natureza do nazismo, a não ser a decisão de Hitler de invadir o Ocidente antes, e não depois, da invasão do leste. Se as negociações de paz tivessem sido bem sucedidas, teriam fortalecido a posição dele para o próximo ataque. Mas os comunistas eram incapazes de qualquer juízo independente sobre o problema. Agiam como os dirigentes russos lhes ordenavam, sem qualquer tentativa de fazer uma análise concreta da situação histórica diante deles. Esqueceram totalmente o aforismo significativo do líder comunista chinês, Mao-Tsé Tung: "não adianta pregar o socialismo a menos que se tenha um país onde pô-lo em prática".

A isso devem ser acrescentadas as graves implicações do comportamento ético dos partidos comunistas não russos após 1917. A paixão pela conspiração, a necessidade da fraude, a crueldade, os comandos centralizados e autocráticos, o desprezo pelo jogo limpo, a tendência a usar a mentira e a traição para desacreditar um adversário ou para garantir algum fim desejado, a completa desonestidade na apresentação dos fatos, o hábito de considerar o sucesso temporário como justificativa para qualquer medida, as acusações histéricas com que procuram destruir o caráter daquele que discordasse deles: este tem sido o comportamento normal dos comunistas em todo o mundo, no contexto de uma idolatria de líderes que poderiam, logo no dia seguinte, ser impiedosamente atacados como a encarnação do mal. Homens de dons extraordinários deixaram de ter uma mentalidade ou caráter próprios; puseram-nos a serviço da manutenção de seu partido particular, o qual, por sua vez, sacrificou-os, com sua mentalidade e consciência próprias, pela manutenção de Moscou, até que se tornaram autômatos, atentos apenas às ordens de seus líderes, aceitando-as sobretudo em momentos críticos com uma devoção mecânica que justificava qualquer estratagema e qualquer mudança da política comunista como expressão de uma consciência infalível. Ao procederem assim, reclamavam claramente o direito de serem admitidos nas organizações da classe trabalhadora, às quais juravam completa fidelidade, mesmo quando era sabido em toda parte que o único motivo de quererem tal admissão era o desejo de dominar ou de fruir a organização particular em questão, tornando-a servilmente dependente de seus líderes, como eles próprios o eram.

Documentar tal acusação seria laborioso e desnecessário. Alguma coisa desse modo de agir é explicada pelo fato de se tratar de homens que vinham de uma longa e perversa tirania; outra é devida à intensa perseguição de que eram vítimas por parte de adversários reacionários, sobretudo no Sudeste da Europa ou sob o Terror Branco, na Hungria. Não se pode negar que alguma porção disso se deve aos erros dos partidos social-democratas; há pouco a se perdoar, por exemplo, nas alianças firmadas por Ebert e Scheidemann nos primeiros dias da República de Weimar, pelas quais realmente prepararam o caminho para o sucesso da contrarrevolução. Também não é possível desculpar a traição consciente e covarde do Partido Trabalhista britânico por parte de Ramsay McDonald e um grupo de seus companheiros, em 1931. O teor dessa acusação é que o espírito do Movimento Comunista tem sido, desde a Revolução Russa, a negação do espírito do *Manifesto* e do desenvolvimento desse espírito nos escritos de Marx e Engels, após a profunda experiência de 1848.

Pois ambos eram, antes de mais nada, contra um Partido Comunista à parte; sempre souberam avaliar o duro preço de dividir o movimento da classe trabalhadora. Reconheciam a necessidade da aplicação flexível de seus princípios básicos, nunca procuraram impor mecanicamente uma concepção dogmática de seu significado em relação aos outros partidos socialistas do mundo. Não há nada que sugira suporem eles que a passagem do poder estatal de um partido burguês para um partido operário significaria a criação de uma ditadura rígida, que estabelecesse uma dura ortodoxia, não somente sobre seus próprios membros, mas também sobre outros cidadãos, considerando a crítica a essa ortodoxia como uma grande traição; menos prova ainda há de terem eles declarado que não se pode servir à causa do socialismo sem ser um materialista dialético, ou de terem afirmado seriamente que, já que os membros do Partido Comunista são materialistas dialéticos, são os únicos a entender os processos da ciência, da natureza e da sociedade. Ambos eram polemistas ferozes, acostumados a dar e a receber duros golpes, mas nunca tiveram pretensões à infalibilidade absoluta que é assumida a fim de estabelecer aquilo que, de fato, é uma inquisição para inculcar seus dogmas.

No que diz respeito ao socialismo, a essência da escola marxista se baseia na aceitação de dois princípios fundamentais. O primeiro é, no dizer de Marx, que "as formas de produção na vida material condicionam o caráter geral dos processos sociais, políticos e espirituais da vida". O segundo princípio é que, enquanto os meios de produção são possuídos privadamente, a classe que os possui utiliza-se do poder estatal como uma arma coercitiva de manutenção da propriedade. Naturalmente, esses princípios se baseiam em certas pressuposições filosóficas, das quais a teoria realista do conhecimento é uma; pois, já que o materialismo histórico acredita que as formas de produção dão origem às relações sociais, independentes da vontade ou da consciência individual, não pode aceitar qualquer concepção metafísica do mundo, que tem por base uma teoria subjetiva do conhecimento. Mas ninguém enfatizou mais do que Marx e Engels que o grau com que as formas de produção condicionam as relações não econômicas é uma questão empírica, sobre a qual pode haver diferenças de julgamento. Não se deve crer, nem por um momento, que Marx e Engels afirmassem que, mesmo em seu senso mais amplo, a sua Filosofia Social obrigasse a aceitação, digamos, da teoria de Einstein da natureza física do universo. Qualquer um que se lembre da admiração de Marx por Shakespeare e por Balzac compreenderá quão longe estava ele de exigir a sujeição da intuição do artista à "linha" do partido, em qualquer momento. Em verdade, a carta de Lênin a Górki, que já foi citada aqui, mostra que ele compartilhava a opinião de Marx, se a atitude em relação a Balzac pode ser tomada como princípio geral de seu ponto de vista, parecendo tê-la, de fato, aplicado também à música[36].

Se os comunistas responderem a esses argumentos dizendo que, assim como houve um grande desenvolvimento nas Ciências Naturais desde que Marx e Engels escreveram o *Manifesto Comunista*, houve evidentemente, um grande desenvolvimento nas Ciências Sociais, e que a interpretação que eles próprios dão a esse desenvolvimento é de suprema validade, deve-se tentar conhecer a justificativa racional dessa afirmação. Examinando-a seriamente, verifica-se que é, essencialmente, a expressão mais ampla dos acréscimos de Lênin à teoria de Marx, em sua tentativa de aplicá-la às condições especiais da Rússia. Essa tentativa foi muito bem sucedida, e a vitória da Revolução de Outubro deu ao leninismo um prestígio que veio, bastante inteligentemente, sobrepujar o de qualquer opinião contrária, quanto mais porque, em toda a parte, falhara a tentativa de revolução; e os principais defensores das diversas interpretações marxistas, em várias partes do continente europeu, lutaram em vão exatamente contra a violação da legalidade pela direita, que, em 1895, fora prevista por Engels como a maneira pela qual o capitalismo reacionário procuraria manter seu poder. É difícil não admitir isso; seu fundamento está na decisão de Lênin quando, fundada a III Internacional e abrindo--lhe acesso, dividiu a classe operária em duas partes, como mostrou a colocação de *Os Vinte e Um Pontos* do Partido Trabalhista Independente, da Grã-Bretanha. Tais partes tornaram-se incompatíveis, se não em teoria, ao menos na prática. Assim, Lênin procurou apressar os acontecimentos na Europa, na convicção de que a hora era propícia à revolução que salvaria a Rússia de seus inimigos.

À luz desses fatos, vale a pena lembrar que, assim como Engels, em 1895, estava convencido de que o Movimento Socialista Alemão desempenharia um importante papel, iniciando a revolução, também Alexander Herzen, mais do que uma geração anterior, durante o exílio no qual seu coração permaneceu em seu país, acreditava ter a Rússia um destino especial na revolução. A princípio, pensou que a América tinha uma missão desse gênero, mas essa ideia desvaneceu-se rapidamente. O que chamou sua atenção foi a ingenuidade "de crer que os destinos da humanidade, e o seu futuro, estão

[36] Cf. F. Mehring, *Karl Marx* (Londres, 1935), p. 527-9.

fixados e determinados na Europa ocidental. Caso a Europa não consiga recuperar-se por uma transformação social, outros países se transformarão". Sua atenção voltou-se para a Rússia, "cheia de força e também cheia de barbarismo". A revolução social poderia ter sido uma ideia surgida da experiência da Europa ocidental, mas achava ele que ela poderia ser adaptada. "Acho", escreveu em uma passagem notável, "que há um certo fundamento verdadeiro no medo que o governo russo começa a ter do comunismo: pois o comunismo significa a autocracia russa ao contrário".

Aquele que analisar as obras de Marx e Engels, desde o momento da aceitação do "verdadeiro" socialismo até a compreensão das implicações do materialismo histórico, verificará que contêm as linhas gerais de um método que, por sua própria natureza, exclui da teoria e da prática do marxismo certas concepções. Exclui a ideia de uma revolução feita à moda de Blanqui; o próprio Lênin insistiu nisso. Excluía também a ideia, ardentemente defendida por Rosa Luxemburgo, de um levante "espontâneo" das massas, que o partido socialista com consciência de classe levaria à vitória final. Pois o resultado inevitável de qualquer revolução feita assim seria a necessidade de centralizar o poder nas mãos de uma elite experiente, e isso obviamente levaria à dominação das massas imaturas por esta elite, logo após a tomada do poder. Eis por que Engels insistia em que "o importante é fazer com que a classe trabalhadora aja como classe", e declarava que os socialistas alemães nos Estados Unidos cometeram um "grave erro" quando tentaram impor seus próprios dogmas ao movimento americano. Isso em 1886 e, apenas um ano depois, ele ressaltava que a amplidão que Marx dera às diretrizes gerais da I Internacional fora a razão da grande influência que veio a exercer. Escreveu então: "Penso que nossa experiência prática mostrou que é possível trabalhar com o movimento geral da classe trabalhadora em todos os seus estágios, dissimular ou desistir de nossa posição distinta, ou mesmo de nossa organização, e temo que, caso os alemães-americanos escolham uma linha diferente dessa, estarão cometendo um grande erro".

Lênin confrontou-se com uma situação bem especial. A Rússia tinha uma pequena burguesia, uma classe operária urbana muito mais fraca do que sua maciça população rural, além de uma longa tradição de dura tirania e ignorância popular. Nenhuma dessas condições se verificava nas democracias ocidentais. Se, após a tomada do poder, os bolchevistas procurassem governar por métodos democráticos, mesmo após afastar a intervenção estrangeira e reprimir a guerra civil, sua tentativa de construir o socialismo nesse país seria esmagada pela oposição dos senhores rurais, principalmente no que diz respeito à posse individual da terra. Somente dando ao poder estatal o caráter de uma ditadura, no sentido definido por Herzen quando descreveu o comunismo como "o czarismo ao contrário", é que puderam impor o socialismo na Rússia. Pois a ditadura possibilitou-lhes guiar o país, embora a um preço elevado, até os limites da maturidade industrial, sem a qual o socialismo é impossível. Em matéria de organização, foi um dos maiores fatos da História. Mas somente um fanático pode negar que estava destinado a cair numa "deformação burocrática" do poder estatal — segundo o próprio Lênin[37]. Parece-me, realmente, desonesto negar que as instituições políticas russas mantenham a possibilidade de democratização, mas, a menos que as palavras não tenham mais sentido, a democratização ainda não começou seriamente.

A revolução da qual Lênin foi o arquiteto principal fez-se por métodos desenvolvidos por ele, sem dúvida sobre base marxista, para adaptar-se às condições especiais da Rússia. Seu princípio central adaptou o marxismo a essas condições, tornando a ditadura do proletariado mais próxima da ideia jacobina de um Comitê de Segurança Pública do que de qualquer conceito dado por Marx ou Engels ao termo. Quando falaram em "esmagar a maquinaria do Estado" não tinham em mente que o estado de sítio deveria ocorrer; queriam dizer que os socialistas vitoriosos deveriam eliminar os traços da democracia burguesa que se mostrassem incompatíveis com a democracia socialista — o exército como uma casta especial, por exemplo, uma burocracia e um sistema judiciário contrários, por tradição e por sua própria composição de classe, à execução dos propósitos socialistas. Isso foi claramente compreendido, já em setembro de 1918, por Rosa Luxemburgo. "Sem eleições gerais", escreveu ela[38], "a liberdade de imprensa, a liberdade de reunião, a liberdade de palavra e a vida em toda a instituição pública diminuem, tornando-se meras caricaturas de si mesmas, e a burocracia surge como o único fator decisivo. [...] A vida pública aos poucos morre e comandam apenas umas poucas dezenas de líderes partidários, de uma energia incansável e de um idealismo sem limite. Dentre eles, a liderança está de fato nas mãos de meia dúzia de cérebros de primeira classe, apesar de que, ocasionalmente, uma elite da classe trabalhadora reúna-se no Congresso para aplaudir os discursos de seus líderes e para votar unanimemente nas resoluções que eles propõem".

---

[37] Lenin, *Obras Escolhidas* (Londres, 1937), vol. IX, p. 451 e seg.

[38] *Die Russische Revolution* (1918), p. 113.

Eis uma descrição profética das relações surgidas entre o Partido e a classe trabalhadora quando a teoria de Lênin da ditadura do proletariado foi aplicada à Rússia Soviética. Qualquer que tenha sido a eficiência ou a necessidade diante das condições russas, ou em condições semelhantes às russas, não possuía ela as características atribuídas por Marx e Engels à ditadura do proletariado. Aplicando-se a teoria de Lênin no plano internacional, as consequências foram, invariavelmente, conflitos radicais e destrutivos, com lutas pelo poder em cada partido nacional; isso veio acarretar rupturas e cisões, ao lado de acusações inflamadas de traição e atitude imoral que Lênin formulou acerca dos líderes da II Internacional, após o início da Primeira Guerra Mundial, em 1914, com péssimos resultados. Pensar nesses termos não é pensar em termos marxistas. "Quando se averiguam as causas dos sucessos da contrarrevolução", escreveu Engels, apoiado por Marx[39], "encontra-se de todo o lado a pronta resposta que foi o Sr. Fulano, ou o cidadão Beltrano, que traiu o povo. Resposta essa que pode ser verdadeira ou não, segundo as circunstâncias; mas em circunstância alguma isso explica ou mostra como o 'povo' deixou-se trair assim. E pouca é a possibilidade de sucesso de um partido político cujo cabedal consiste no conhecimento do fato inexpressivo que o cidadão Fulano-de-Tal não merece confiança".

Essa atitude, de fato, nega toda a essência da ideia defendida pelo *Manifesto Comunista*. O *Manifesto* não propôs a troca de uma ditadura por outra; propôs a democratização do poder, com a autoridade do Estado nas mãos da classe trabalhadora. Pressupõe que o declínio do capitalismo produziu uma classe trabalhadora suficientemente madura para reconhecer que deve tomar seu destino em suas próprias mãos e começar a construir o socialismo. Não acredita que tal esforço possa ser feito com sucesso, pelo menos até que as condições econômicas de uma determinada sociedade capitalista estejam prontas para isso; repetidamente, Marx e Engels afirmaram que qualquer outra ideia lhes parecia irresponsável. Nenhum dos dois tinha fé nos métodos blanquistas. Nenhum dos dois pensou por um momento que, na falta de condições econômicas necessárias, um Comitê de Segurança Pública moderno, segundo o modelo jacobino, pudesse estabelecer, prematuramente, pelo terror, novas relações de produção. Nenhum deles pensou que a decomposição deliberada das instituições democráticas acelerasse

[39] *A Revolução e a Contrarrevolução* (a edição inglesa foi publicada por George Allen & Unwin Ltd.).

a vinda do socialismo; ao contrário, Engels disse inúmeras vezes que sua teoria era justamente a oposta, isto é, que quanto maior fosse o progresso das instituições democráticas numa sociedade, tanto mais tenderia a direita a afastar-se delas pela ânsia de uma ditadura. Consideravam a destruição das instituições democráticas o método supremo que uma reação capitalista decadente empregaria para frear o crescimento da consciência de classe dos operários, prova de que o tempo está adequado à transição ao socialismo. Aí está por que Marx insistia, no famoso prefácio à *Crítica da Economia Política*, em que "nenhuma ordem social desaparece até que se desenvolvam todas as suas forças produtivas e não aparecem novas relações de produção antes que amadureçam na sociedade antiga as condições que lhes são propícias"[40]. Nada prova melhor que essa maturidade é verdadeira do que o grau com que as instituições democráticas se defrontam com a tentativa da reação de destruir seu poder de gerar "novas e superiores relações de produção", às quais Marx se refere aqui.

Nenhuma das críticas à interpretação leninista do *Manifesto* implica que um socialista democrático possa crer em qualquer momento que haja uma estrada maravilhosa pela qual se possa passar pacificamente do capitalismo para o socialismo. As palavras de Marx nos debates comunistas em Colônia advertem bastante sobre isso. "Vós tereis que passar", disse em 1850[41], "por quinze, vinte, talvez cinquenta anos de guerras civis e internacionais, não somente para mudar as condições sociais, mas para mudar a vós mesmos, e tornar-vos aptos a assumir o poder político". Porém, não se expressou assim devido à convicção de que qualquer revolução, qualquer *coup d'état*, era por si uma forma pela qual os operários se transformariam, tornando-se aptos para assumir o poder político. Há poucos momentos na carreira política de Marx e Engels que sejam mais impressionantes do que a violenta censura feita a Wilhelm Weitling, dramaticamente descrita por Annenkov, devido à sua defesa irresponsável da revolução em condições impróprias — "A essência de seu argumento sarcástico", escreveu Annenkov, "é de que se tratava de puro e simples engodo fazer o povo revoltar-se sem mostrar-lhe quão sólidas eram as bases para a ação. Despertar esperanças fantásticas, disse-lhe Marx, [...] nunca conduz à emancipação desses pobres diabos, mas à sua destrui-

---

[40] *Obras escolhidas*, vol. I, p. 356.

[41] Cf. o comentário lúcido de E. H. Carr, *Karl Marx* (Londres, 1904), p. 104.

ção; [...] o que conseguis com esses métodos é arruinar a mesma causa que abraçastes".

O motivo da especificação de Marx e Engels de que uma mudança fundamental dificilmente seria pacífica foi dado lucidamente pelo historiador francês Mignet, na introdução à *História da Revolução Francesa*, que publicou em 1824. "Chegado o momento de efetivar uma reforma necessária", escreveu[42], "nada pode impedi-la, tudo a favorece. Afortunados seriam os homens caso pudessem, então, chegar a um acordo; os ricos abdicariam do supérfluo e os pobres se contentariam em adquirir aquilo que realmente necessitassem e os historiadores não teriam abusos ou calamidades a recordar; exporiam simplesmente a transição da humanidade para uma condição mais sábia, mais livre e mais feliz. Mas os anais das nações ainda não apresentam qualquer exemplo desses prudentes sacrifícios; os que deveriam tê-los pedido exigiram-nos violentamente; e o bem, como o mal, expressou-se por meio da usurpação, com toda a violência. Até agora a força tem sido a única soberana".

Mignet não era um historiador socialista. No entanto um quarto de século antes do *Manifesto Comunista*, aí está um dos princípios básicos sobre o qual Marx e Engels construíram sua filosofia social. Com eles, Mignet reconhecia que, em certos períodos da História são necessárias mudanças que, caso sofram resistência, serão impostas pela violência. Como eles, também Mignet percebeu que as mudanças necessárias são independentes das opiniões daqueles que são obrigados a defrontar-se com elas, e que é, de fato, raro que aqueles a quem elas contrariam desejem-lhes boas-vindas. Não obstante, de acordo com ele, onde se dá essa situação, a revolução violenta pode trazer benefícios. A usurpação do poder da classe proprietária constitui, em tais épocas decisivas, a fonte do bem-estar na sociedade.

É esse o tema do *Manifesto Comunista*. Trouxe à filosofia social quatro perspectivas fundamentais. Primeiro, relacionou a necessidade de uma mudança inevitável com as causas que a provocaram. Em segundo lugar, ligou tal mudança aos estratos da ordem social, cujo antagonismo recíproco é a origem principal do conflito entre os homens. Em terceiro, explicou por que era lógico supor que o conflito entre o tipo de vida do capitalismo decadente e o do socialismo nascente seria o último estágio desses conflitos causados por distinções sociais, e por que, com seu fim, começaria uma relação nova e mais rica de

[42] *História da Revolução Francesa* (Londres, 1919), p. 2.

homem a homem, uma vez que haveria, finalmente, a destruição dos grilhões da produção entre a humanidade e o domínio da natureza. Por fim, os autores mostraram como os homens podem se tornar conscientes da posição histórica que ocupam, deduzindo a partir daí o necessário conhecimento ao próximo passo efetivo na estrada de seu longo caminho rumo à liberdade.

IX

Poucos documentos na História da Humanidade resistiram tão bem aos testes de verificação pelo futuro como o *Manifesto Comunista*. Um século após a sua publicação ninguém pode seriamente contradizer qualquer uma de suas posições principais. Em todo o mundo as crises do capitalismo tornaram-se mais frequentes e mais profundas. O fato de a América do Norte ter atingido sua última fronteira interna acarretou os mesmos problemas da Europa, talvez em escala maior, e os nacionalismos nascentes do Oriente e do Pacífico, ao mesmo tempo que apressam a queda do capitalismo nas sociedades industriais mais antigas, obviamente prenunciam o seu aparecimento nas novas. No Japão ou na China, na Índia ou na Indonésia, o problema central é a miséria das massas e a nossa experiência sugere que há pouca possibilidade de uma mitigação efetiva num esquema capitalista. Também é pouco provável que, estudando-se a perspectiva da América Latina ou da África, se conclua que em cada um desses continentes as funções do governo sejam desempenhadas com a aprovação ou no interesse dos governados. Em ambos, o vício pode honrar a virtude com a hipocrisia ocasional, mas, nos intervalos dessas homenagens, a torpeza e a violência com que os muitos são explorados pelos poucos mudaram menos a sua caracterização do que a eloquência com que procura dissimular-se.

Mas foi sobretudo na Europa que os princípios do *Manifesto Comunista* tiveram a sua mais completa justificação. Não é somente o fato de que após duas guerras mundiais, efetuadas em nome da democracia e da liberdade, tenham ambas se aniquilado completamente, ou estejam em grave perigo; tornou-se evidente que, enquanto na Grã-Bretanha e na Escandinávia profundas tradições históricas dão à democracia e à liberdade uma força excepcional, a preocupação da direita por sua forma é maior do que a preocupação por sua substância. O Partido Trabalhista britânico obteve uma vitória eleitoral notável ao término da Segunda Guerra Mundial. Assim, incumbiu-se da difícil missão de começar a construir as bases da sociedade socialista na Grã-Bretanha, numa época em que, tendo uma grande parte da Europa sido destruída pela guerra e estando os recursos das potências vitoriosas como a

Grã-Bretanha praticamente a ponto de se esgotar, sua missão, como Partido Socialista e como governo, era exigir grandes sacrifícios de um povo fatigado pelo imenso esforço da guerra. Para manter sua autoridade, como disse o próprio Attlee[43], "o programa trabalhista deve ser realizado com o maior vigor e decisão. Adiar resoluções essenciais seria fatal. Mostrar indecisão ou covardia seria um convite à derrota. Um governo trabalhista deve estabelecer claramente que nada o impedirá de seguir a vontade popular. Em todas as grandes empresas, os primeiros passos é que são difíceis, e é a maneira pela qual são tomados que determina a diferença entre o sucesso e o fracasso". Creio que não é apenas emoção patriótica que faz com que os socialistas britânicos sintam que aqui, como em nenhuma parte, será testada a veracidade de seus princípios. Foi na Grã-Bretanha que, pela primeira vez, na geração posterior às guerras napoleônicas, a sociedade capitalista atingiu seu amadurecimento. Foi em grande parte devido à observação e à análise desse desenvolvimento que o marxismo se tornou a extraordinária expressão filosófica dos princípios e métodos socialistas; e foi, em grande parte, a partir dos escritores socialistas britânicos, que Marx e Engels puderam compreender que os homens fazem a sua história, percebendo as forças que a movem, graças a seu poder de dar uma direção consciente a esse movimento. Attlee nunca foi marxista, mas não há uma única palavra no trecho que citei que não poderia ter sido aceita de bom grado pelos autores do *Manifesto Comunista*; e creio que eles daí deduziriam que o primeiro governo trabalhista majoritário corresponderia aos grandes objetivos que se propunham, segundo o grau com que os colocasse em prática. Com uma inquebrantável lealdade a seus próprios princípios, tal governo levaria o povo, mesmo na horas de crise, a romper suas cadeias. Uma classe trabalhadora britânica que houvesse alcançado sua própria emancipação formaria a união da classe trabalhadora em toda parte e, a partir dela, finalmente, um novo mundo surgiria.

Laski, Harold. Communist Manifesto – Socialist Landmark. *Londres, George Allen & Unwin Ltd., 1961. Traduzido por Regina Lúcia F. de Moraes para a Zahar Editores, Rio de Janeiro, 1978.*

43 *The Labour Party in Perspective* (Londres, 1937).

CEM ANOS DEPOIS DO *MANIFESTO*

Lucien Martin

A PUBLICAÇÃO do *Manifesto Comunista*, em 1848, é uma das grandes datas do movimento operário.

O marxismo tem um duplo aspecto: constitui um dos sistemas científicos mais grandiosos que o homem já conheceu e, por outro lado, é a expressão da consciência da classe operária, em outras palavras a teoria da revolução proletária. Esses dois aspectos aparecem harmoniosamente na brochura de Marx e Engels, manifesto de uma classe ascendente que reivindica seu lugar na arena da História e, ao mesmo tempo, a popularização, com admirável clareza , de uma teoria nova e audaciosa da evolução social. No *Manifesto*, Marx aparece pela primeira vez com o domínio de toda a sua doutrina; 1848 é realmente a data de nascimento do marxismo. O germe de tudo o que ele trará de essencial à ciência social e histórica já se encontra aí: determinismo histórico, noção da luta de classes, grandes tendências da economia capitalista, missão histórica do proletariado. Além disso, essa missão nada tem a ver com o messianismo proletário, como quiseram alguns, pois sua base não é uma noção de justiça imanente, mas o estudo da estrutura social. Enfim, digamos que, também do ponto de vista puramente literário, o *Manifesto* é uma grande obra. Marx, razoável estilista, soube produzir uma autêntica obra-prima literária. Fórmulas com admirável clareza e força são convincentes. Exprimem uma certeza insolente que, no entanto, não choca o leitor, pois dá a impressão de que a razão disso é uma profunda confiança nos destinos da classe com a qual os autores se identificam. O *Manifesto* é a expressão de uma época alegremente otimista, é a obra de dois escritores jovens e já com domínio de seu talento, o manifesto de uma classe também jovem, mas que já reivindica seu lugar na História. Se alguém tivesse perguntado a Marx, em 1848, qual seria, em sua opinião, o destino do marxismo e do *Manifesto* um século depois, dentro do espírito paradoxal que às vezes tinha (ele não disse, um dia, que não era marxista?), talvez respondesse: "Ora, quero muito acreditar que ninguém fale mais do marxismo nem do *Manifesto*." A humanidade há muito tempo engajada no caminho do socialismo terá outras tarefas mais urgentes do que a de se ocupar dessas velharias. E talvez tivesse acrescentado, citando uma bela fórmula de sua *Crítica à filosofia do direito de Hegel* que só se suprime a filosofia realizando-a (Ihr koennt die Philosophie nicht aufheben ohne sie zu verwirklichen) e que o marxismo já terá sido gloriosamente suprimido, em 1948, pela realização dessa sociedade socialista para a qual ele terá contribuído tão fortemente.

O primeiro centenário do *Manifesto* chegou; fala-se sem cessar do marxismo, mas jamais se esteve mais distanciado da realização de seus ideais. Em relação a todos os aspectos, infelizmente! Nossa época é diametralmente oposta à de 1848. Diante da clareza cristalina de 1848, nosso tempo apresenta o espetáculo de uma humanidade em desespero, possuindo no entanto meios técnicos com os quais ninguém sonhava há um século. Naquela época, uma burguesia em pleno vigor se via acossada por um proletariado pronto para lhe suceder; hoje, as marcas cadavéricas já são visíveis no corpo do capitalismo e seu sucessor está definhando. Ao otimismo revolucionário do jovem Marx corresponde o pessimismo koestleriano. E uma importante fração da opinião progressista chega a se perguntar se o marxismo continua a ser o guia certo da ação de classe. O *Manifesto* ainda tem uma mensagem para os oprimidos de nossa geração?

Dois fatos caracterizam nossa época, fatos que Marx não podia prever: o fenômeno fascista e o fenômeno stalinista.

Entretanto, extraímos do *Manifesto* uma passagem que põe em evidência um aspecto importante da gênese dos movimentos de massa fascistas[1]. Mas daí a pressupor a amplitude que tomariam esses movimentos há uma distância que, em sua época, Marx não podia transpor. Essencialmente "homem de progresso" — como a maior parte de seus contemporâneos — a ideia de que a burguesia pudesse um dia recolocar em questão as conquistas que constituem a parte mais positiva de seu balanço histórico, continuou-lhe estranha. Ora, a existência do fascismo nos obriga a rever uma das passagens mais célebres do *Manifesto*. Na sociedade atual, o proletariado tem a perder mais do que seus elos. Ele pode

[1] Eis o texto em questão: "O lúmpen-proletariado, essa putrefação passiva das camadas mais baixas da sociedade, está por toda parte, entranhado no movimento por uma revolução proletária; contudo, suas condições de vida o predispõem sobretudo a se vender à reação".

perder toda essa liberdade relativa, todas essas possibilidades de luta das quais ainda se beneficia na democracia burguesa. Isto não constitui uma justificativa para o reformismo, mas certamente uma condenação dessa "política do pior" pela qual os comunistas acabaram sendo os culpados, na Alemanha, antes de 1933, e que eles praticam atualmente na França.

Para a orientação da classe operária, o fenômeno stalinista é revestido de uma importância muito maior do que o fascismo. Tentamos fazer seu balanço baseando-nos em fatos indiscutíveis que ninguém de boa fé poderá contestar.

Existe, no mundo, um Estado que recusa a seus operários o direito de viajar livremente em seu próprio país (não nos referimos a viagens ao exterior, pois estas devem neles produzir o mesmo efeito que uma viagem interplanetária no meio francês). O nível de vida desse operário não atinge 30% do mínimo vital francês... mas ele não tem o direito de greve. Acima dele uma elite "diretorial" tem direito a todos os prazeres; esse Estado tem o triste mérito de ter sido o único a organizar a desigualdade do racionamento em favor de seus privilegiados. Um nacionalismo que chega ao chauvinismo mais desenfreado domina a vida política; invoca um passado histórico dos mais reacionários e um Souvaroff, estrangulador da Revolução Francesa, foi transformado em modelo para a juventude. Um culto cerca os dirigentes, culto que evoca para nós, ocidentais, os costumes do Oriente antigo. Em matéria de política externa, esse Estado ocupa um certo número de países mais fracos aos quais impõe uma indenização substancial de guerra, que explica a miséria dos operários desses países[2]. O conjunto desses fatos indiscutivelmente corresponde à noção que

[2] Eis aí fatos que, na realidade, "ninguém de boa fé poderia contestar". A miséria operária na URSS, a desigualdade social e outros fatos dessa ordem são confirmados por inúmeras testemunhas como Gide ou Kravchenko. Uma menção muito especial deve ser reservada ao artigo de O. Rosenfeld, em um número de junho de 1947 da *Revista Socialista*, "A desigualdade social organizada". De fato, esse artigo provocou uma réplica do estudioso soviético Constatinov publicada no nº 15 da *Revista Socialista* (com resposta de Rosenfeld) em que não contesta nenhum dos fatos alegados, mas tenta justificá-los. Para qualquer pessoa que queira honestamente saber o que a URSS representa hoje, no terreno do progresso social, a controvérsia Rosenfeld-Constatinov constitui o mais precioso dos documentos.

A proibição de fazer greve e a obrigação do passaporte interno são fatos notórios. Por outro lado, todos sabem que existe na URSS uma ordem Souvaroff. Não é um fato insignificante; esses fatos caracterizam um regime. Enfim, a todos os que querem saber o quanto a ocupação soviética custa à classe operária de um país, sugerimos a leitura da reportagem de Madame Viollis, no *Ce Soir* de 5 de fevereiro de 1948. Perguntamos: um Estado que extrai uma indenização de guerra de um país cujos operários se encontram em uma miséria como essa tem o direito de invocar o internacionalismo proletário?

traduzem os termos "reação", "regime de direita" , "totalitarismo" e até mesmo "fascismo". Que duzentos milhões de homens sejam submetidos a um regime como esse é triste, trágico mesmo; não é excepcionalmente grave visto na escala da História, pois sempre houve focos reacionários no mundo. Ao contrário, o que é muito grave é que o regime continue a se vangloriar de ser de esquerda; para milhões de homens de boa fé, ele continua a representar a experiência marxista[3]. Onde Hitler fracassou com sua fraseologia pseudo-socialista, Stálin teve êxito graças ao prestígio de uma revolução que, entretanto, assassinou.

Eis o elemento essencial para o diagnóstico de nossa época e talvez a chave de nosso desespero: a reação se instalou nas fileiras operárias. Qualquer perspectiva da luta de classes é, com isso, desfigurada. Um governo burguês, por menos de direita que seja em relação a outros, pode ser apresentado como cúmplice da mais obscura reação se se opuser a um interesse soviético; não se pode mobilizar contra ele energias operárias que sejam, assim, desviadas de tarefas especificamente operárias. Um governante que se insurja contra a opressão e a exploração muito reais de seu país, pela URSS, é considerado um homem de direita; por isso perde a simpatia operária a que têm direito os defensores de todos os oprimidos. Consequentemente, toda uma fração do proletariado coloca sua imensa autoridade moral a serviço da opressão e deixa para os reacionários a defesa de uma causa justa em si mesma. Um movimento corajoso — uma greve, por exemplo — pode favorecer um interesse inadequado aos operários e tornar-se, por isso, o instrumento de uma política reacionária. As noções tradicionais de esquerda e de direita — verdadeira bússola da ação política — perderam toda a significação e não a reencontraram; tanto é que os representantes diplomáticos de Molotov sentavam-se à esquerda nas assembleias. Palavras de ordem como "nada de inimigos à esquerda", que prestaram tantos serviços, são, a partir de então, vazias de qualquer conteúdo. Em um romance de nossa juventude, um ma-

[3] E como não acreditariam nisso, se por toda parte o afirmam? Que a URSS e todos aqueles que defendem seu ponto de vista continuem a afirmar que o regime russo atual é uma realização marxista é compreensível. Mas o que é muito mais significativo é que a imprensa de extrema direita, que não se priva de atacar a URSS, não pareça querer colocar em dúvida o caráter marxista da experiência stalinista. A leitura da imprensa franquista é bem particularmente significativa em relação a isto. Nela, a Rússia é designada habitualmente pela expressão "regime marxista". Parece que, nesses meios, há interesse em lançar a confusão na classe operária e em fazer recair no marxismo todas as responsabilidades históricas do stalinismo. Nessas condições, o número dos que sabem que a URSS nada tem a ver com o marxismo é ínfimo; ele se reduz praticamente a alguns socialistas de esquerda.

rinheiro revoltado deforma a única bússola a bordo para desviar o navio de sua rota e conduzi-lo a paragens apropriadas a seus planos criminosos. Com suas noções de direita e de esquerda deturpadas, o proletariado atual lembra esse navio. A consciência da classe operária é adulterada pela intrusão da ideologia de um Estado imperialista.

A partir de tudo isso pode-se concluir que o marxismo faliu ou que o *Manifesto* deixou de ser atual?

Entende-se que, diante do fracasso da experiência soviética (fracasso no plano socialista, pois, no plano imperialista, ela constitui, indubitavelmente, um dos mais surpreendentes êxitos da História), espíritos eminentemente progressistas tenham concluído que é impossível se chegar ao socialismo pela via marxista. Eis aí um erro fundamental. Não se poderia em hipótese alguma repeti-lo: O fracasso soviético não é um fracasso marxista. O que lemos nos escritos de Marx e Engels no prefácio de uma edição russa do *Manifesto*, de 1882, não deixa dúvida alguma sobre essa questão:

"O *Manifesto Comunista* tinha como tarefa a proclamação do desaparecimento próximo e inevitável da moderna propriedade burguesa. Mas na Rússia vemos que, ao lado do florescimento acelerado da velhacaria capitalista e da propriedade burguesa, que começa a desenvolver-se, mais da metade das terras é possuída em comum pelos camponeses. O problema agora é: poderia a *obshchina* russa, apesar de muito deteriorada, ainda uma forma primitiva da propriedade comum da terra, transformar-se diretamente na propriedade comunista? Ou, ao contrário, deveria primeiramente passar pelo mesmo processo de dissolução que constitui a evolução histórica do Ocidente?

Hoje em dia, a única resposta possível é a seguinte: se a revolução russa constituir-se no sinal para a revolução proletária no Ocidente, de modo que uma complemente a outra, a atual propriedade comum da terra na Rússia servirá de ponto de partida para uma evolução comunista.

Londres, 21 de janeiro de 1882."

Não há como se enganar. Aí está claramente formulada a teoria da revolução permanente e, ao mesmo tempo, a condenação formal da teoria stalinista do socialismo em um único país. Que não se proclame o doutrinarismo. Não somos escravos de texto algum e estamos dispostos a aceitar até mesmo o socialismo realizado contra todos os princípios do marxismo, ainda que seja necessário rever ou abandonar este último. Mas é muito ilógico atribuir ao marxismo um fracasso que Marx e Engels previram há meio século. A realidade russa atual constitui a mais brilhante verificação da doutrina marxista.

A partir de outra perspectiva, a existência do fenômeno fascista no mundo nos obriga a reconsiderar a questão da espontaneidade e da fatalidade históricas. Ainda neste caso, o marxismo autêntico sai incólume da prova.

Em uma obra já antiga, Fritz Sternberg[4] expõe a questão com muita clareza. Ele lembra que a evolução da infraestrutura econômica simplesmente traça o quadro das possibilidades históricas e que esse quadro deve ser preenchido por iniciativa da classe ascendente. Uma revolução torna-se possível quando um sistema econômico-social é incapaz de sobreviver e, ao mesmo tempo, quando uma nova classe está pronta ideologicamente para assumir sua sucessão. Sternberg considera a eventualidade da revolução acontecer demasiadamente tarde. Neste caso, a humanidade correria o risco de cair em um período de "Geschichtslosigkeit" (termo de Sternberg sociologicamente criticável, mas que passa a imagem; pode-se traduzi-lo por "período extra-histórico"). A queda da civilização antiga é um ótimo exemplo disso. Atualmente, a evolução objetiva da economia capitalista cria a miséria da qual pode sair a revolução proletária. Mas, na ausência de uma ideologia proletária de classe, essa energia potencial pode ser canalizada por movimentos fascistas que levariam a humanidade a um impasse. Por outro lado, parte da guerra imperialista corre o risco de ser acompanhada por tamanhas destruições de riquezas, que a edificação do socialismo se revelaria impossível.

Pode-se mesmo ir mais longe com a comparação entre a situação atual e a situação da cultura greco-romana em seu declínio. Houve um momento em que não sendo mais viável o sistema escravagista, a questão de sua sucessão deveria se impor. Ora, os escravos a quem cabia normalmente essa sucessão não tinham ideologia autônoma de classe. Sua consciência era alienada pela ideologia da classe dominante da época; no espírito da maior parte deles, o resultado de uma revolta coroada de sucesso devia consistir em uma inversão dos papéis sociais e, em hipótese alguma, em uma passagem do sistema escravagista para um nível histórico superior. Essa incapacidade da revolução dos oprimidos custou à humanidade os poucos séculos de barbárie que vão do imperador Aureliano até Carlos Magno.

Ora, a situação atual é bem semelhante. Se a classe operária não parece madura para suceder à burguesia, a razão essencial disso é a alienação de sua consciência de classe pela ideologia de um sistema de opressão. Não é, então, a falência do marxismo que caracteriza nosso tempo, mas realmente a falência da classe operária. O marxismo continua a ser um instrumento

[4] Fritz, Sternberg. *Der Imperialismus und seine Kritiker*. 1927.

incomparável para compreender o passado e também, sem dúvida, o futuro; mas ele perdeu sua eficácia histórica pela fraqueza, que acreditamos momentânea, de seu suporte social[5].

A grande tarefa do momento parece ser a reconstrução de uma consciência de classe operária autônoma, sem a qual não há esperança de sair do marasmo atual. O principal elemento dessa reconstrução deve ser uma crítica à realidade soviética e uma análise de seu verdadeiro papel no momento histórico atual. Ora, para desempenhar bem essa tarefa ainda não há melhor instrumento do que o marxismo; além disso, ninguém propôs outro.

"Proletários de todos os países, uni-vos!" ainda é a palavra de ordem do momento. Mas trata-se de se unir em torno de uma ideologia de classe e de modo algum em torno da ideologia de um imperialismo. Sem uma ideologia de classe não escaparemos da queda no abismo...

Martin, Lucien. "Cent ans après le Manifeste.*" Texto publicado no nº 24 da revista* Spartacus. *Paris, fevereiro de 1948. Traduzido para esta edição por Wanda Caldeira Brant.*

---

[5] Aqui, convém fazer uma distinção entre o *marxismo ciência* e o *marxismo consciência de classe*.
O marxismo ciência é mais atual do que nunca. As descobertas modernas da lógica (lógica de relações, por exemplo), da matemática (teoria dos conjuntos), da biologia, algumas doutrinas filosóficas na moda (a filosofia de Emile Meyerson, por exemplo) constituem uma série de triunfos indiretos e, às vezes, desconhecidos do método dialético. Na ciência histórica, Marx e Engels citaram o caso de Guizot, político reacionário, mas que, como historiador, aplicou o método do materialismo histórico; de nossa parte, poderíamos citar Jérôme Carcopino, um perfeito político reacionário, mas cujo livro Sylla ou la monarchie manquée constitui um verdadeiro exemplo de aplicação dessa doutrina. Na realidade, os princípios do marxismo fazem parte, hoje, do bem comum dos pesquisadores de todas as categorias; são muito mais usados do que comentados.
O complexo "marxismo—classe operária" (Marx utiliza, na *Crítica à filosofia do direito de Hegel*, uma imagem muito bonita: O proletariado é o coração da revolução; a filosofia, a cabeça), ao contrário, perdeu uma parte de sua eficácia histórica em consequência dos motivos que desenvolvemos acima. De uma certa perspectiva histórica, esse fracasso pode aparecer como uma falência do marxismo; na realidade, trata-se de outra coisa inteiramente diferente.
A atitude de um Burnham, antigo marxista, é muito característica. Na parte crítica de sua obra, apoia-se no marxismo, mas perdeu a confiança na missão histórica do proletariado e vê, em uma "classe ditatorial", a guardiã do futuro da humanidade. Uma crítica de Burnham nos levaria bem mais longe. Digamos simplesmente isto: ou a classe ditatorial suprimirá a exploração (o que não acreditamos) e, neste caso, isso seria a justificativa do stalinismo, ou ela não poderá nem vai querer fazê-lo e, neste caso, a revolução dos oprimidos virá mais cedo ou mais tarde.

O *MANIFESTO COMUNISTA*: QUAL SUA RELEVÂNCIA HOJE?

James Petras

MARX TINHA uma aguda consciência do caráter contingente do pensamento político e social — em consequência disso, quase dois terços do *Manifesto* são dedicados à explicação das relações políticas e sociais entre proletários e comunistas e à crítica a outras teorias do socialismo (parte 3 "Literatura Socialista e Comunista"). A especificidade das influências políticas e culturais para a revolução socialista é manifesta não apenas na prática de Marx e Engels (construção da I Internacional), mas também na maioria das suas principais obras.

O "método de Marx" no *Manifesto* é, primeiro, delinear os processos socioeconômicos básicos subjacentes às estruturas emergentes do desenvolvimento capitalista e a estrutura social resultante. A base "material" fundamental para a conclusão de Marx e Engels de que o socialismo era uma possibilidade histórica estava enraizada nas mudanças implícitas no desenvolvimento do capitalismo: crescente "socialização da produção" e crescente transformação do trabalho em trabalho assalariado. Assim, para os autores, o socialismo derivaria das tendências imanentes ao capitalismo, da crescente interdependência e da cooperação entre os produtores. A contradição social básica estava localizada em duas tendências opostas: a apropriação privada do lucro e o crescente caráter social da produção e da distribuição. Como a produção se torna mais socializada, mais dependente da cooperação do trabalho (qualificado e não qualificado), o capitalista se torna cada vez menos importante para a produção, o papel de apropriação da riqueza tornou-se estritamente parasitário. Esta base "materialista" da concepção de socialismo de Marx e Engels baseava-se nos processos reais de desenvolvimento do capitalismo, o que era o fundamento para a crítica deles aos socialistas "utópicos" e aos "éticos" que, simplesmente, sobrepunham suas próprias ideias e valores à sociedade, independentemente das condições reais.

Hoje, o socialismo "utópico" está de volta: os objetivos e valores socialistas são associados a qualquer movimento social setorial (feminista, ecológico, étnico etc.) que incorpore poucos, se algum, dos atributos sociais que poderiam levá-los a uma sociedade coletivista e democrática.

O pretenso debate sobre "determinismo" *versus* "voluntarismo", com relação a Marx e Engels, é uma falsa questão. Eles são ambas as coisas. Em resumo, o socialismo como eles o entendem é construído sobre a transformação real engendrada no interior da sociedade pelo capitalismo (a criação de uma propriedade menos proletária, a socialização da produção, a apropriação privada da mais-valia etc.). Eles são deterministas. Sem essas condições econômicas e sociais básicas o socialismo, como eles o entendem (a autoemancipação do trabalhador), não seria possível.

Consequentemente, a emergência das classes sociais e das condições para a luta pelo socialismo estão enraizadas nas relações particulares da produção capitalista. Esse "determinismo" das condições é necessário mas não suficiente para a revolução socialista.

Marx e Engels entendiam que condições materiais similares podem produzir reações subjetivas divergentes. Eles sabiam que os processos econômicos apenas possibilitam as condições que contém a promessa de liberdade e abundância. O processo de formação de classe cria uma instância identificável de transformação e as condições para a emergência da organização e da consciência de classe. Eles entendiam que a transformação das condições econômicas e a organização das classes para a revolução socialista dependiam da educação e da prática política. Este é o conteúdo do *Manifesto* Comunista, do começo ao fim. Em última análise, os autores entendiam que sem uma crítica teórica e analítica do capitalismo e das alternativas ideológicas errôneas, não haveria revolução socialista. O *Manifesto* associa análise histórica e teórica (econômica, social e ideológica) com intervenção: discussões de alianças políticas, princípios programáticos e relações entre partido e classe.

Afinal, os elementos "subjetivos", "voluntarísticos" e políticos do *Manifesto* pesam fortemente porque Marx e Engels escrevem num momento de ameaçadora convulsão revolucionária (1848) e as condições ditam a natureza da composição e o equilíbrio da obra. O *Manifesto* vai da teoria abstrata do desenvolvimento social ao mais concreto movimento da economia capitalista, à especificidade das relações sociais capitalistas e da formação de classe, aos princípios políticos e ideológicos e, finalmente, às alianças políticas e ideológicas conjunturais.

O elo implícito que vincula essa linha de raciocínio é a perspectiva da análise de classe: a unidade fundamental da análise e o ponto de partida para a elaboração da alternativa revolucionária estão baseados na exploração de classe, na luta de classes e na emancipação de classe. É a partir da análise desse sistema social geral de relações de classe que Marx e Engels introduzem a análise da opressão da mulher, das crianças e de outros grupos sociais.

A relevância do Manifesto

A análise de classe resistiu muito melhor do que os socialistas "revisionistas" (Bernstein e Kautsky) e do que os teóricos reformistas do pós-guerra. Enquanto Marx e Engels analisavam as "inflexibilidades" do capitalismo — tendências ao aprofundamento da polarização e da desigualdade — os revisionistas e reformistas enfatizavam "a flexibilidade e a adaptabilidade". Enquanto os primeiros destacavam a centralidade da luta de classes e a importância do "espectro" do comunismo na moldagem das políticas do capitalismo, os reformadores ressaltavam as transformações internas do capitalismo — a evolução rumo à "maturidade" — a culminação do que foi o Estado de bem-estar.

Em retrospectiva histórica, da perspectiva do ano 2000, é fácil perceber que o Estado de bem-estar não foi um estágio avançado do capitalismo, mas uma condição temporária moldada pela luta de classes e pelo espectro do comunismo.

Do ano 2000, em retrospectiva, é fácil ver que o "capitalismo de bem-estar" seria revertido e as reformas abolidas com o fim do espectro do comunismo. Aquelas condições de trabalho e da vida social começariam a ser revertidas às do século XIX.

A análise da luta de classes como a base do avanço social e o declínio da mesma como a condição da regressão social e do retorno do capitalismo selvagem está demonstrado. A lógica interna de desigualdade, pobreza, exploração desenfreada e dominação unilateral que Marx faz da análise histórica do capitalismo atingiu o ápice nos anos 90.

O *Manifesto* descreve claramente uma história que não é linear, cujo progresso não é inevitável — e cujas alternativas históricas e regressões são possíveis. O *Manifesto* enfatiza que as forças produtivas são condicionadas pelas relações sociais, que as condições materiais (existência) e as relações sociais (consciência) são inter-relacionadas e interdependentes reciprocamente.

No *Manifesto*, em oposição aos socialistas pequenos-burgueses (tanto os do tempo dele como os do nosso), Marx percebeu que "reformas" eram possíveis sob o capitalismo, mas que elas eram temporárias, reversíveis e condicionadas pelas relações de classe. Ele percebeu que as reformas não eram "cumulativas", que a democracia não estava em contradição com o capitalismo, mas era uma cobertura adequada para a dominação burguesa quando não estivessem em questão as relações de propriedade. A "democracia" era uma questão de classe embutida numa matriz mais ampla de instituições estatais e de propriedade. Tanto quanto a "democracia" foi capaz de sustentar a dominação de classe e de não alterar o caráter de classe das instituições estatais (judiciário, forças armadas, banco central etc.), ela foi compatível com o desenvolvimento capitalista. Para Marx, reformas duradouras e democracia substantiva só eram possíveis quando os trabalhadores controlassem o Estado.

O *Manifesto* capta o método de extrapolar as polaridades, de justapor alternativas e identificar formas complexas e combinadas de exploração. Isto tem profunda importância para a análise do capitalismo contemporâneo. Hoje, como na época de Marx e Engels, a fábrica moderna, as *sweatshops* e a produção doméstica estão subsumidas na dominação do capital. O surgimento de empresas de grande porte que controlam o comércio varejista, restaurantes, escritórios de advocacia e planos de saúde simplificou as relações de classe, criando uma sociedade de burgueses e trabalhadores assalariados.

A internacionalização do capitalismo, referida pelas ideologias capitalistas da "globalização", minou as indústrias locais e criou uma nova divisão social do trabalho e um "mercado mundial" nos termos da análise contida no *Manifesto*.

A concentração da tomada de decisões nos quadros executivos do Estado (Banco Central, Presidência etc.) e a redução dos cidadãos e representantes a comentadores passivos e especuladores impotentes é central na análise da política burguesa de Marx.

A redução de todas as relações ao nexo monetário das relações de autointeresse atingiu um nível sem precedentes, particularmente nos Estados Unidos. As grandes corporações abandonam as cidades para se localizarem em lugares de investimentos mais baratos; os pensionistas são abandonados enquanto executivos se evadem com os fundos de financiamento; hospitais rejeitam doentes quando os pagamentos não são garantidos; crianças que não são produtivas são excluídas dos pagamentos assistenciais etc.

As fontes de renda são progressivamente condicionadas, temporárias e, a cada dia, mais restritas. Emprego múltiplo, horas extras, férias menores e menos lazer refletem a combinação contemporânea de formas intensiva e extensiva de exploração. No passado, apenas os momentos de agitação revolucionária ou de ruptura social geral fizeram o capital recorrer a concessões temporárias.

Hoje, a burguesia conta com o véu de uma retórica "pós-capitalista" para se referir a formas primitivas de exploração: o retorno dos contratantes de trabalho, similar aos *enganchadores* do século XIX das plantações de borracha no Brasil e de cana-de-açúcar no Peru; os contratos de trabalho de peões para construção na China, no começo do século XX, que ocorre também nas "subcontratações" e nos "empregos temporários" em empresas do mundo todo.

As estruturas profundas que Marx e Engels descobriram explicam essa aparente natureza "circular" ou cíclica do capitalismo. Com o recuo da organização, da consciência de classe e o desaparecimento do espectro do comunismo, o capital voltou à sua "maneira normal" de maximizar a exploração e o lucro.

Assim, os dois métodos de exploração do capital se combinam e regressam a formas primitivas de exploração extensiva (retorno ao trabalho doméstico, contratantes de trabalho, jornada prolongada etc.) e a introdução de sistema de informação de alta velocidade. "A burguesia", escreveu Marx, "não pode existir sem revolucionar constantemente os meios de produção e, assim, as relações de produção." Mas é possível combinar formas revolucionárias com produção atrasada e tecnologicamente primitiva.

Na descrição da "globalização do capitalismo", Marx capta o lado dialético — o movimento internacional do capital. "A necessidade de expandir constantemente o mercado para os seus produtos leva a burguesia a se espalhar por todo o globo. Ela deve se instalar em toda parte, estabelecer conexão com todo lugar. A burguesia deu, por intermédio da exploração do mercado mundial, um caráter cosmopolita à produção e ao consumo em todos os países. Ela desenhou sob a planta industrial o território nacional em que se estabeleceu. Toda a antiga indústria nacional foi ou está sendo diariamente destruída. No lugar da antiga reclusão local e nacional e da autossuficiência, temos o intercâmbio em todas as direções e a interdependência geral das nações. A burguesia, por meio do rápido aperfeiçoamento de todos os instrumentos de produção e dos meios de comunicação enormemente facilitados, transformou até mesmo a nação mais bárbara em civilizada. Em uma palavra, a burguesia cria o mundo à sua imagem."

Nada poderia, então, ser mais estranho ao *Manifesto Comunista* do que a crença em que o crescimento da indústria levaria ao colapso das fronteiras nacionais e ao fluxo sem barreiras do capital d'além-mar. As políticas protecionistas dos EUA, da Alemanha e do Japão deviam demonstrar o contrário, logo após o *Manifesto* ter sido publicado.

Além disso, o fluxo de capital não resultou simplesmente do progresso técnico (rápido aperfeiçoamento dos meios de produção e dos meios de comunicação), mas da invasão dos países pelas forças armadas do capital de exportação.

Marx e Engels têm uma ideia particular de "interdependência", segundo a qual uma região exporta escravos e matérias-primas com pouco valor agregado e outros países e regiões acumulam capital. A descrição que eles fazem dos países imperialistas como "civilizados" e dos países coloniais explorados como "bárbaros" está baseada em uma grosseira simplificação da natureza do capital. Os movimentos do capital, a expansão e a tecnologia são separados da dimensão política, das relações sociais e do momento histórico. A ironia é que a concepção de globalização capitalista de Marx e Engels está mais afinada com a ideologia contemporânea de livre mercado do que com algum entendimento histórico materialista.

A sequência da expansão capitalista — segundo Marx, a destruição dos laços tradicionais e a integração global — foi o processo de criação de uma classe trabalhadora unificada, consciente dos seus interesses de classe e com vínculos além das fronteiras nacionais. À esta cadeia de raciocínio falta uma compreensão clara sobre a importância dos laços sociais e tradicionais precedentes ao capitalismo que, por sua vez, cria os laços para confrontar o capitalismo e sustentar a consciência de classe. Quando Marx descreve o burguês tanto como uma redução das relações humanas ao "nexo monetário" quanto como um prelúdio ao desenvolvimento da consciência de classe, ele está descrevendo, essencialmente, as condições da classe trabalhadora dos EUA — provavelmente a menos interessada e apta a identificar a fonte de exploração e travar a luta contrária. O descarte das crenças mais antigas, que Marx e Engels, infelizmente, chamaram "sentimentalismo filisteu" inclui o sentido de comunidade e não necessariamente a crença no "sobrenatural". Assim, a afirmação de que "a insegurança e a agitação perpétuas", que Marx e Engels associavam à "revolução dos meios de produção" pelo capital, não "compele" necessariamente "o homem a enfrentar com sentido sóbrio suas reais condições de vida e o tipo de relações que mantém com elas".

A ruptura profunda entre a análise de Marx e Engels da expansão capitalista e os efeitos políticos e sociais dela é de vital importância para o momento atual. Os processos econômicos que eles discutem estão apresentando efeitos opostos: reação aguda, atomização do trabalho, estímulo à guerra étnica e corrosão de vastas faixas da produção econômica de toda a América Latina, da África, da ex-URSS e de outros países.

Os insidiosos efeitos da distinção entre "civilização" capitalista e barbárie são mais visíveis na Rússia de Yeltsin, onde a destruição da economia planejada e a pilhagem dos recursos naturais pelo Ocidente foram originalmente descritas como o ingresso no capitalismo civilizado ocidental.

Assim, a centralidade da "tradição", da cultura e da comunidade na definição da formação da consciência de classe é muito anterior à celebração ampla e acrítica de Marx e Engels do potencial revolucionário do desenvolvimento das forças de produção. Igualmente, o desenvolvimento da força de trabalho na selvageria do Terceiro Mundo, sob a égide da internacionalização do capital não tem levado a maior consciência de classe ou a comportamento "civilizado" — ao contrário, tem quebrado os laços de classes existentes e criado mais diferenças e servidão. A observação das Zonas de Livre Comércio põe em questão aquela noção de Marx e Engels.

A globalização burguesa não criou um "mundo à imagem da burguesia", como os autores argumentaram. Hoje, esta é a "piedade sentimental" estampada nos boletins de relações públicas do Banco Mundial trombeteando a "modernização" do Terceiro Mundo.

A falta de um sentido de consciência de classe diretamente relacionado aos produtores e não derivado do processo capitalista de produção, é decisiva para explicar as dificuldades que muitos marxistas têm para criar uma alternativa ao capitalismo. Ao contrário do que era para Marx e Engels, hoje os capitalistas não "arregimentam os homens que manejarão as armas" que desferirão o golpe mortal no capitalismo. Eles criam milhões de trabalhadores temporários, instáveis, amedrontados, amarrados ao nexo monetário. Para tornar-se um marxista no sentido de perceber os objetivos do *Manifesto*, deve-se transcender as falsas afirmações de Marx e Engels sobre o "papel revolucionário" da burguesia. Para se dirigir à ação da classe trabalhadora, a concepção deles de transformação dos trabalhadores em classe revolucionária deve ser submetida ao mais severo exame crítico.

Se estava correta a afirmação geral dos autores de que "a consciência dos homens muda com a mudança das condições materiais de existência, nas relações e na vida social", as mudanças tecidas pelo capitalismo têm minado em todos os aspectos a construção de uma consciência revolucionária. Isto não ocorre porque as condições de vida e de trabalho tenham melhorado. Ao contrário, elas têm se deteriorado severamente. A noção de que a burguesia revoluciona a produção por meio da competição e, junto com isso, "força" os trabalhadores a confrontar suas condições e, consequentemente, os reúne, é falsa em todos os pontos. A mudança mais importante é a difícil revolução da produção, isto é, a transformação das relações políticas e sociais por todo o mundo para eliminar a possibilidade do "reconhecimento material dos proletários". Para falar da importância do *Manifesto,* hoje, deve-se ir da brilhante análise econômica às conclusões pela construção de uma nova teoria da ação revolucionária.

A relevância do marxismo

Hoje, o marxismo é a mais útil perspectiva para a compreensão das principais mudanças estruturais em curso na economia mundial capitalista. Apesar disso, os teóricos marxistas devem chegar a um acordo sobre as mudanças nas estruturas de classe, nas tecnologias e nas relações sociedade civil — Estado que têm ocorrido no último quarto de século. De outro modo, seu quadro conceitual tornar-se-á irrelevante para analisar o mundo contemporâneo e apresentar uma alternativa convincente.

Os principais processos estruturais contemporâneos são melhor compreendidos no interior de um quadro de referência marxista. Uma revisão dos processos em relação aos conceitos básicos, ilustrará a relevância do marxismo.

1. *A concentração e centralização de capital no interior de países e regiões.* As fusões e as aquisições que acompanham o crescimento das empresas globais são uma indicação desta "lei do capitalismo", assinalada na análise marxista. Durante os anos 80 e 90, ocorreu uma onda sem precedentes dessas operações. Quase todas as grandes corporações se engajaram nelas.

2. *A intensificação e a extensão da exploração que acompanham a expansão e a competição capitalistas.* O declínio da renda, jornadas de trabalho prolongadas, a eliminação de benefícios como assistência à saúde, pensão, férias e outros, acompanhada da extensão das horas de trabalho e do crescimento da produtividade, atestam a relevância da análise marxista. De fato, a exploração capitalista do salário e de outras formas de ganho, sob a "globalização", tem

se elevado a níveis inéditos em todo o mundo. Nos Estado Unidos, o salário semanal sofreu queda de mais de 10% entre 1973 e 1996. O trabalhador médio nos Estados Unidos, em 1987, trabalhou 163 horas a mais que em 1969.

O desempenho econômico do Japão mostra uma enorme lacuna entre o crescimento da produtividade e os salários reais estagnados. Enquanto a produtividade do trabalho manufatureiro mais que dobrou (117% entre 1975 e 1984), o índice dos salários reais cresceu apenas 5,9%. No mesmo período, os trabalhadores industriais do Japão trabalharam, em média, 11% a 13% mais horas que os trabalhadores da Grã-Bretanha e dos Estados Unidos, e 31% mais que os da Alemanha.

A análise de Marx da relação entre a expansão capitalista e a deterioração dos padrões de vida da classe trabalhadora é particularmente relevante: "Quanto mais [...] o capital cresce, mais a divisão do trabalho [...] aumenta. Quanto mais a divisão do trabalho [...] aumenta, mais a competição entre os trabalhadores aumenta e mais os salários se contraem".

3. *Crescimento das desigualdades de classe e polarização social.* Na Europa, nos Estados Unidos, na América Latina e na Ásia, as políticas de "livre mercado" têm quebrado a segurança social e contribuído para a concentração de riqueza e para o crescimento de um subproletariado. A riqueza mudou dramaticamente, nos últimos 20 anos, do principal setor da sociedade para os escalões superiores das corporações e das finanças mundiais. No Ocidente, a "globalização" está dividindo rapidamente a sociedade em duas classes sociais brutalmente diferenciadas, à moda similar de tendência geral no Terceiro Mundo e nas sociedades pós-comunistas. Posto de modo simples, os ricos estão ficando mais ricos e os pobres mais pobres. Em 1992, um quinto das famílias americanas, as mais ricas, recebiam 51,3% da renda enquanto as mais pobres, também um quinto, ficavam com apenas 6,5%. Entretanto, há uma desigualdade ainda maior na riqueza comparada com a renda. Os padrões de concentração de riqueza nos Estados Unidos revelam que os 10% mais ricos possuem acima de 87% de toda a riqueza. Este fenômeno da desigualdade está piorando rapidamente em nível global. No Chile, por exemplo, uma das pretensas histórias de "milagre econômico", na linha de explicação do FMI e do Banco Mundial, os 10% mais ricos da população, em 1990, aumentaram sua participação na renda nacional para 40%, em relação aos 36% de 1970.

4. *Crescimento da competição intercapitalista.* A guerra comercial e a formação de blocos rivais pelos principais competidores capitalistas, além do ressurgimento de rivalidades interimperialistas minam as noções neoclássicas de relações de mercado harmoniosas.

5. *A tendência do capitalismo para crises e estagnação.* O declínio dos produtos, a falta de inovações capazes de estimular a reconversão e o crescimento, o aumento das dívidas e dos déficits fiscais, a elevação da produtividade e um estreitamento da base de consumidores provocam as crises do capitalismo. Os principais países europeus, tais como a França, a Bélgica e a Alemanha estão confrontados com taxas de desemprego de dois dígitos; na Espanha é de mais de 20% e muitas das nações pós-comunistas do Leste europeu ostentam taxas de 30%. Nos Estados Unidos, o subemprego, o trabalhador pobre e os desempregados somam 37% da força de trabalho. O ritmo intenso da destruição de postos de trabalho na era da "globalização" está inter-relacionado à lógica interna do sistema capitalista — superacumulação e falha na utilização plena da capacidade produtiva — e as recentes tendências do capitalismo tardio — a desindustrialização, a ascendência do capital financeiro e especulativo, capital flutuante, e a desproletarização da força de trabalho excedente. A longa onda de inovação tecnológica e o desenvolvimento econômico sustentado, gerado durante a "era dourada" do capitalismo do pós-guerra, evoluiu normalmente até uns vinte anos atrás. Desde então, a estagnação e as crises econômicas e sociais se estabeleceram, o que os administradores do capitalismo têm tentado resolver por meio do impulso militar da economia — um processo que, a longo prazo, apenas aprofundou as crises do capitalismo e gerou enormes déficits fiscais. O capital, agora, se reproduz por intermédio de investimentos na "economia de papel" — bolsa de mercadorias, mercado internacional de capital, e todo tipo de transações financeiras e outras não produtivas.

O mercado mundial de câmbio tem crescido brutalmente no movimento total desde o começo dos anos 70. Há registro de que, em 1973, US$ 3 bilhões ao dia eram convertidos em moedas europeias. No final dos anos 70, o movimento total diário em todo o mundo era estimado em US$ 100 bilhões; uma década depois atingiu US$ 650 bilhões.

6. *O imperialismo é uma característica dominante na definição das relações entre os estados capitalistas avançados e os menos desenvolvidos.* A subordinação da Europa oriental e da ex-URSS ao capital da Europa ocidental e dos Estados Unidos se evidencia na pilhagem daquelas economias e na crescente penetração e subordinação do mercado chinês ao do Japão. Hong Kong e Taiwan são testemunhas do fato de que a expansão global — imperialismo — é a força dirigente de nossa época. A acumulação global de capital cria relações de dependência e submete todas as economias nacionais dos países menos desenvolvidos, penetradas pelos interesses do capital estrangeiro, pela

lógica do "mercado mundial" e pelas considerações geo-estratégicas das potências imperialistas.

7. *A luta de classes como força motriz da História*. Os principais termos em praticamente todos os discursos políticos hoje são: "competitividade" e "flexibilidade do trabalho", expressões que descrevem mudanças, no atacado, na relação capital—trabalho. Por duas décadas, a classe capitalista e seu Estado representativo se engajaram numa virulenta guerra de classes, convertendo trabalhadores permanentes em temporários, mudando as regras do trabalho e, mais importante, tomando sob seu controle absoluto as condições de trabalho. O mínimo de reação pelo trabalho e pelos sindicatos a esta luta de classes (ao seu caráter unilateral) não obscurece a essência do processo, a luta de uma classes (a dominante) para impor seu poder e suas prerrogativas a uma outra e estabelecer unilateralmente os termos da produção e da reprodução.

8. *O caráter de classe do Estado*. O principal papel da política de Estado tem sido o de facilitar o principal processo econômico empreendido pela classe capitalista dominante. A "reestruturação" do trabalho tem sido promovida pelas políticas de Estado que enfraquecem os sindicatos de trabalhadores. O movimento do capital tem sido subsidiado pela política fiscal do Estado: concentração de capital pela "desregulamentação"; "transferência" dos prejuízos privados por intermédio da intervenção estatal através do tesouro público. As principais mudanças na renda, baseadas no poder do Estado para intervir em favor do capital, reduziram a função de "legitimação" a uma atividade menor. O Estado não é uma entidade autônoma que medeia as relações entre as classes. Ele é, como sempre foi, um instrumento de dominação de classe e, por isso, suas principais decisões podem ser melhor compreendidas no âmbito de referência do seu caráter de classe.

Em resumo, as direções das mudanças, as dinâmicas das relações Estado-classe, o processo de expansão internacional, a estrutura do mercado e as formas organizacionais emergentes dos principais fatores socioeconômicos podem ser melhor compreendidos sob a lente da concepção marxista de Estado.

Na livre competição de ideias, os principais conceitos marxistas têm demonstrado poder teórico e analítico superior, em contraposição ao paradigma liberal neoclássico.

O abrangente poder de explicação do marxismo clássico precisa ser modificado e adaptado ao mundo contemporâneo, além de chegar a um acordo sobre as grandes mudanças que têm ocorrido, tanto no interior das suas "categorias históricas" quanto fora delas.

Mudanças históricas mundiais: o desafio ao marxismo

Grandes mudanças têm ocorrido nas últimas duas décadas na estrutura de classe, no processo de trabalho, na aplicação da tecnologia, na estrutura e na organização do capital, na ideologia e na organização das classes, nas famílias, na organização das cidades, e na organização do poder na economia política global.

1. Nos países capitalistas avançados e nas principais regiões da Europa do Leste, América latina, ex-URSS e África o salário estável dos trabalhadores e os investidores de capital em larga escala são uma minoria em retração. Existem variações significativas na força de trabalho "pós-industrial". Nos países capitalistas avançados, há um número crescente de trabalhadores por "contratos" temporários de baixos salários e profissionais da área de serviços. Os meios de produção e/ou de distribuição *high tech* são administrados por trabalhadores mal remunerados do setor de serviços e "mantidos" e "dirigidos" por um pequeno estrato de trabalhadores e executivos permanentes com altos salários. No Terceiro Mundo, o crescimento dos profissionais autônomos e trabalhadores mal remunerados do setor de serviços funciona como distribuidor de mercadorias baratas e estes operários se apresentam disponíveis como trabalho produtivo barato e rotativo. A "proletarização" do trabalho tem avançado a um grau que cria o seu oposto — uma desproletarização da força de trabalho excedente.

2. O desenvolvimento combinado e a inter-relação entre capital intensivo *high tech* e o trabalho intensivo nas *sweatshop* gerou uma cadeia global de produção e estratégias alternativas de investimento para o capital. A globalização da produção tem sido acompanhada por um investimento seletivo de capital "para dentro e para baixo", explorando o movimento de substituição e/ou "migração" do trabalho nos limites das fronteiras nacionais. A concentração e centralização de capital em escala global e o desenvolvimento de novas tecnologias são acompanhados pelo ressurgimento de modos de produção pré-capitalistas baseados na exploração extensiva do trabalho.

3. O fortalecimento do Estado-nação como um instrumento para a expansão internacional do capital tem sido acompanhado pela erosão da economia nacional que sustenta as atividades internacionais do capital e do Estado. A diversificação de recursos (privados e estatais) para o mercado global tem levado à crise fiscal do Estado e ao corte maciço em salários e em gastos sociais. Como a competição global aumenta, as sociedades nacionais se deterioram.

4. O declínio do salário pago ao trabalho masculino tem levado a uma entrada maciça do trabalho feminino no mercado para conter a tendência à miséria.

5. A expansão da produção de alimento, roupas e material eletrônico em áreas do Terceiro Mundo de baixa remuneração, e a importação pelos países capitalistas avançados, permite fornecer esses itens aos consumidores a preços baixos, "compensando" assim o declínio dos salários. Os que recebem os menores salários no Ocidente ainda têm acesso ao consumo, apesar da queda na renda, por causa dos bens de consumo importados a preços baixos e ao crédito fácil.

Entretanto, as horas extras e os baixos custos de importação estão substituindo os trabalhadores mal remunerados e limitando o acesso deles a bens e serviços. O "segundo estágio" do declínio dos salários, baixo custo de consumo para baixo salário e declínio da fase de consumismo, é parte da transição da primeira fase do "capitalismo de livre mercado", durante os anos 80, para a segunda fase dos anos 90.

6. Nos Estados Unidos, as mudanças nos processos de trabalho não têm apenas rebaixado a renda e as condições de trabalho dos trabalhadores assalariados, mas têm, também, afetado significativamente os salários profissionais, dos empregados e dos técnicos. O declínio da classe média é evidenciado pela erosão do emprego estável e bem remunerado, dos benefícios da assistência à saúde e a pensão, e pela emergência de contrato de trabalho temporário entre os profissionais, executivos e outros. A proletarização da classe média, entretanto, não tem sido acompanhada por qualquer reconhecimento "subjetivo" das causas e das condições comuns — há uma ausência de qualquer sentido de solidariedade de classe. As experiências de classes passadas pesam fortemente na consciência. As políticas de ressentimento de classes são muito mais fortes do que a identificação com os trabalhadores assalariados na mesma posição de classe.

7. A extinção do comunismo soviético e a transformação da democracia social em veículo do neoliberalismo têm corroído o ponto de referência tradicional para a classe trabalhadora. Além disso, a ausência de um modelo comunista de bem-estar encoraja os estados capitalistas a eliminar programas de bem-estar no Ocidente. O surgimento de porta-vozes ex-comunistas e ex-social-democratas tem acrescentado "autoridade" ao argumento de que não há "alternativas" ao capitalismo de "livre mercado". As mudanças dramáticas, o descrédito das sociais-democracias anteriores e das ideologias comunistas exigem um novo discurso ideológico.

8. Os movimentos internacionais de capital têm drenado as receitas do Estado-nação e diminuído os rendimentos, gerando assim uma crise fiscal — o aumento do déficit fiscal que, por sua vez, se torna um pretexto para a redução ou eliminação de "ganhos sociais". A "superabundância" de força de trabalho *high-tech* e a economia desindustrializada se tornam um incentivo à diminuição de investimentos em educação, saúde e habitação. A exploração da economia doméstica se torna uma condição necessária para a sustentação dos impérios.

9. A reorganização dos processos produtivos tem transformado enormemente as relações entre capital e trabalho. O capital está eliminando múltiplas camadas de gerência e de administração entre os altos executivos e os trabalhadores da produção a baixos custos. Os gerentes remanescentes e os engenheiros são, crescentemente, parte da força de trabalho na produção. As diferenças de renda, poder e prerrogativas permanecem, mas a hierarquia da produção tem sido transformada e os gerentes imediatos estão mais integrados ao local de trabalho.

10. As novas tecnologias e os sistemas de informação têm transformado as relações de trabalho, o processo de trabalho e a distribuição de renda no interior do quadro e dos parâmetros definidos pelas formas dominantes do capital corporativo; e estendem e ampliam o escopo e aumenta a velocidade dos movimentos especulativos de larga escala do capital financeiro pelo mundo. Não existem como forças autônomas que definem uma nova *high-tech* ou uma "sociedade da informação". Sistemas de informação *high-tech* no contexto da ascendência das finanças, de propriedade e segurança do capital, fornecem mais brechas para a acelerada desindustrialização do trabalho, o aumento dos investimentos dos banqueiros e a baixa remuneração dos trabalhadores do setor de serviços.

11. A entrada maciça das mulheres na força de trabalho — num momento em que os ganhos estão declinando, os serviços sociais estão eliminados e a mobilidade geográfica se torna obrigatória para o emprego — elevam-se os conflitos nas famílias e redefine-se o conteúdo da agenda político-social da classe trabalhadora. A "feminização da força de trabalho" significa que a velha divisão familiar do trabalho não funciona mais: ambos os parceiros sofrem as mesmas "tensões emocionais" no trabalho, falta a ambos apoio emocional em casa. As desigualdades e a tensão no local de trabalho podem resultar em maior solidariedade e igualdade no espaço doméstico ou em rupturas mais frequentes e violentas, dependendo de a agressividade estar voltada para o exterior ou para o interior do espaço doméstico.

12. As indústrias de produtos exclusivos *high tech* (particularmente aquelas dependentes do setor militar) são extremamente vulneráveis a crises severas. Aquelas, cuja tecnologia é projetada para produzir itens muito especializados, estão sujeitas a exigências políticas dos compradores e à obsolescência dos seus produtos. A não adaptabilidade dos itens *high tech* a novos produtos comercializáveis pode levar ao encerramento de firmas inteiras e à inadequabilidade da tecnologia elaborada. O exemplo de uma empresa industrial completamente automatizada e robotizada que produzia milhões de dólares em sonares para o setor militar é um caso típico: quando o orçamento militar foi reduzido, com o fim da Guerra Fria, a demanda por sonar acabou, as fábricas foram fechadas e a força de trabalho altamente qualificada se tornou abundante. A mobilidade para baixo da força de trabalho do setor *high tech* na aeronáutica e nas indústrias militares referidas definem em parte a nova realidade de classe.

Conclusão

O *Manifesto* fornece um quadro básico para a compreensão das dinâmicas estruturais subjacentes ao capitalismo. A vinculação do processo objetivo de formação de classe à centralidade da "subjetividade política" está localizada nos movimentos políticos organizados.

O significado político do *Manifesto* encontra-se na brilhante análise da estrutura e do impacto do capitalismo sobre os trabalhadores assalariados. Daí a contínua relevância da categoria classe como uma unidade básica de análise, da luta de classes como processo transformador fundamental e do socialismo como uma alternativa lógica e coerente ao capitalismo.

O *Manifesto* não é um documento acabado — as lacunas são transparentes. O imperialismo como uma fase superior do capitalismo, polarizou o mundo, tanto ao sul quanto no interior dos países capitalistas avançados. A discussão do *Manifesto* sobre consciência de classe é extremamente dependente das consequências econômicas do capitalismo, mais do que de uma matriz social independente que gere ou negue realidades de classe.

Hoje, quando a esquerda quebra a cabeça tentando "inventar" utopias ou imputar intenção revolucionária aos setores reformistas (ecologistas etc.), um retorno às contradições básicas do capitalismo, que *o Manifesto* delineia, é essencial para fornecer uma base material para uma sociedade alternativa, coletivista e democrática.

O *Manifesto* é muito preciso no delineamento da incoerência das "alternativas democráticas radicais", muito em moda, promovidas hoje pelos "pós-marxistas". No lugar de conceitos políticos vagos flutuando sobre a crescente concentração da propriedade e da riqueza, o *Manifesto* apresenta a crescente socialização do trabalho. Oferece uma crítica ao capitalismo, em todas as suas variantes, e um sistema alternativo — o comunismo. Resta conferir se o autor intelectual pode ser incorporado e sua visão política superada.

Petras, James. "The Communist Manifesto: Is it Revant Today?" Nova York, mimeo., 1997. Traduzido por Jair Pinheiro para a revista Lutas Sociais, *nº 3. São Paulo, Xamã, novembro de 1997.*

SOBRE OS AUTORES

Osvaldo Coggiola – professor de História Contemporânea da Universidade de São Paulo, doutor em História pela Escola de Altos Estudos em Ciências Sociais de Paris e autor, entre outros, do livro *Marx e Engels na História* (São Paulo, Humanitas, 1996).

Antonio Labriola (1842-1904) – socialista e professor de Filosofia na Universidade de Roma, foi um dos maiores divulgadores do materialismo histórico nos países latinos. Escreveu o ensaio aqui traduzido em 1895, para as comemorações dos 50 anos do *Manifesto Comunista.*

Jean Jaurès (1859-1914) – político pacifista francês, fundador do Partido Socialista, desempenhou importante papel no caso Dreyfus. O ensaio aqui transcrito foi publicado em partes no jornal *Petite République*, em 1901, e reunido em um único volume nos *Cahiers de la Quinzaine* (Paris, 1901).

Leon Trótski (1879-1940) – revolucionário russo, colaborador de Lênin em 1917, foi o teórico da "revolução permanente". Exilado por Stálin em 1929, fundou a IV Internacional em 1938 e morreu assassinado em Coyoacán, México, em agosto de 1940. O texto publicado nesta coletânea – também conhecido como *A atualidade do Manifesto Comunista* – foi escrito em outubro de 1937.

Harold Joseph Laski (1893-1950) – cientista político inglês, ideólogo do Partido Trabalhista Britânico, é autor de vários livros sobre a crise das democracias e o liberalismo europeu. Escreveu o ensaio aqui reproduzido a pedido do Comitê Executivo Nacional do Partido Trabalhista, em novembro de 1947, para as comemorações do centenário do *Manifesto.*

Lucien Martin – membro do extinto grupo luxemburguista Spartacus, muito ativo na França entre os anos 1940 e 1950. Seu ensaio "Cent ans après le *Manifeste*" foi escrito para uma edição sobre o centenário do *Manifesto* da revista mensal *Spartacus*, em fevereiro de 1948.

James Petras – professor do Departamento de Sociologia da State University of New York, Binghamton, N.Y., é autor de vários livros, entre eles *Ensaios contra a ordem* (São Paulo, Scritta, 1995). O texto "The communiste Manifesto: is it relevant today?" foi escrito em 1997.

CRONOLOGIA RESUMIDA

	Karl Marx	Friedrich Engels	Fatos históricos
1818	Em Trier (capital da província alemã do Reno), nasce Karl Marx (5 de maio), o segundo de oito filhos de Heinrich Marx e de Enriqueta Pressburg. Trier na época era influenciada pelo liberalismo revolucionário francês e pela reação ao Antigo Regime, vinda da Prússia.		Simón Bolívar declara a Venezuela independente da Espanha.
1820		Nasce Friedrich Engels (28 de novembro), primeiro dos oito filhos de Friedrich Engels e Elizabeth Franziska Mauritia van Haar, em Barmen, Alemanha. Cresce no seio de uma família de industriais religiosa e conservadora.	George IV se torna rei da Inglaterra, pondo fim à Regência. Insurreição constitucionalista em Portugal.
1824	O pai de Marx, nascido Hirschel, advogado e conselheiro de Justiça, é obrigado a abandonar o judaísmo por motivos profissionais e políticos (os judeus estavam proibidos de ocupar cargos públicos na Renânia). Marx entra para o Ginásio de Trier (outubro).		Simón Bolívar se torna chefe do Executivo do Peru.
1830	Inicia seus estudos no Liceu Friedrich Wilhelm, em Trier.		Estouram revoluções em diversos países europeus. A população de Paris insurge-se contra a promulgação de leis que dissolvem a Câmara e suprimem a liberdade de imprensa. Luís Filipe assume o poder.
1831			Morre Hegel.

	Karl Marx	Friedrich Engels	Fatos históricos
1834		Engels ingressa, em outubro, no Ginásio de Elberfeld.	A escravidão é abolida no Império Britânico. Insurreição operária em Lyon.
1835	Escreve *Reflexões de um jovem perante a escolha de sua profissão.* Presta exame final de bacharelado em Trier (24 de setembro). Inscreve-se na Universidade de Bonn.		Revolução Farroupilha, no Brasil. O Congresso alemão faz moção contra o movimento de escritores Jovem Alemanha.
1836	Estuda Direito na Universidade de Bonn. Participa do Clube de Poetas e de associações de estudantes. No verão, fica noivo em segredo de Jenny von Westphalen, vizinha sua em Trier. Em razão da oposição entre as famílias, casar-se-iam apenas sete anos depois. Matricula-se na Universidade de Berlim.	Na juventude, fica impressionado com a miséria em que vivem os trabalhadores das fábricas de sua família. Escreve *Poema.*	Fracassa o golpe de Luís Napoleão em Estrasburgo. Criação da Liga dos Justos.
1837	Transfere-se para a Universidade de Berlim e estuda com mestres como Gans e Savigny. Escreve *Canções selvagens* e *Transformações.* Em carta ao pai, descreve sua relação contraditória com o hegelianismo, doutrina predominante na época.	Por insistência do pai, Engels deixa o ginásio e começa a trabalhar nos negócios da família. Escreve *História de um pirata.*	A rainha Vitória assume o trono na Inglaterra.
1838	Entra para o Clube dos Doutores, encabeçado por Bruno Bauer. Perde o interesse pelo Direito e entrega-se com paixão ao estudo da filosofia, o que lhe compromete a saúde. Morre seu pai.	Estuda comércio em Bremen. Começa a escrever ensaios literários e sociopolíticos, poemas e panfletos filosóficos em periódicos como o *Hamburg Journal* e o *Telegraph für Deutschland,* entre eles o poema "O beduíno" (setembro), sobre o espírito da liberdade.	Richard Cobden funda a Anti-Corn-Law--League, na Inglaterra. Proclamação da Carta do Povo, que originou o cartismo.
1839		Escreve o primeiro trabalho de envergadura, *Briefe aus dem Wupperthal* [Cartas de Wupperthal], sobre a vida operária em Barmen e na vizinha Elberfeld (*Telegraphfür Deutschland,* primavera). Outros viriam, como *Literatura popular alemã, Karl Beck* e *Memorabilia de Immermann.* Estuda a filosofia de Hegel.	Feuerbach publica *Zur Kritik der Hegelschen Philosophie* [Crítica da filosofia hegeliana]. Primeira proibição do trabalho de menores na Prússia. Auguste Blanqui lidera o frustrado levante de maio, na França.

	Karl Marx	Friedrich Engels	Fatos históricos
1840	K. F. Koeppen dedica a Marx seu estudo *Friedrich der Große und seine Widersacher* [Frederico, o Grande, e seus adversários].	Engels publica *Réquiem para o Aldeszeitung alemão* (abril), *Vida literária moderna*, no *Mitternachtzeitung* (março-maio) e *Cidade natal de Siegfried* (dezembro).	Proudhon publica *O que é a propriedade?* [Qu'est-ce que la propriété?].
1841	Com uma tese sobre as diferenças entre as filosofias de Demócrito e Epicuro, Marx recebe em Iena o título de doutor em Filosofia (15 de abril). Volta a Trier. Bruno Bauer, acusado de ateísmo, é expulso da cátedra de Teologia da Universidade de Bonn, com isso Marx perde a oportunidade de atuar como docente nessa universidade.	Publica *Ernst Moritz Arndt.* Seu pai o obriga a deixar a escola de comércio para dirigir os negócios da família. Engels prosseguiria sozinho seus estudos de filosofia, religião, literatura e política. Presta o serviço militar em Berlim por um ano. Frequenta a Universidade de Berlim como ouvinte e conhece os jovens-hegelianos. Critica intensamente o conservadorismo na figura de Schelling, com os escritos *Schelling em Hegel, Schelling e a revelação* e *Schelling, filósofo em Cristo.*	Feuerbach traz a público *A essência do cristianismo* [*Das Wesen des Christentums*]. Primeira lei trabalhista na França.
1842	Elabora seus primeiros trabalhos como publicista. Começa a colaborar com o jornal *Rheinische Zeitung* [Gazeta Renana], publicação da burguesia em Colônia, do qual mais tarde seria redator. Conhece Engels, que na ocasião visitava o jornal.	Em Manchester assume a fiação do pai, a Ermen & Engels. Conhece Mary Burns, jovem trabalhadora irlandesa, que viveria com ele até a morte. Mary e a irmã Lizzie mostram a Engels as dificuldades da vida operária, e ele inicia estudos sobre os efeitos do capitalismo no operariado inglês. Publica artigos no *Rheinische Zeitung,* entre eles "Crítica às leis de imprensa prussianas" e "Centralização e liberdade".	Eugène Sue publica *Os mistérios de Paris.* Feuerbach publica *Vorläufige Thesen zur Reform der Philosophie* [Teses provisórias para uma reforma da filosofia]. O Ashley's Act proíbe o trabalho de menores e mulheres em minas na Inglaterra.
1843	Sob o regime prussiano, é fechado o *Rheinische Zeitung.* Marx casa-se com Jenny von Westphalen. Recusa convite do governo prussiano para ser redator no diário oficial. Passa a lua de mel em Kreuznach, onde se dedica ao estudo de diversos autores, com destaque para Hegel. Redige os manuscritos que viriam a ser conhecidos como *Crítica da filosofia do direito de Hegel* [*Zur Kritik der Hegelschen Rechtsphilosophie*]. Em outubro vai a Paris, onde Moses Heß e George Herwegh o apresentam às sociedades secretas socialistas e comunistas e às associações operárias alemãs.	Engels escreve, com Edgar Bauer, o poema satírico "Como a Bíblia escapa milagrosamente a um atentado impudente ou O triunfo da fé", contra o obscurantismo religioso. O jornal *Schweuzerisher Republicaner* publica suas "Cartas de Londres". Em Bradford, conhece o poeta G. Weerth. Começa a escrever para a imprensa cartista. Mantém contato com a Liga dos Justos. Ao longo desse período, suas cartas à irmã favorita, Marie, revelam seu amor pela natureza e por música, livros, pintura, viagens, esporte, vinho, cerveja e tabaco.	Feuerbach publica *Grundsätze der Philosophie der Zukunft* [Princípios da filosofia do futuro].

	Karl Marx	Friedrich Engels	Fatos históricos
	Conclui *Sobre a questão judaica* [*Zur Judenfrage*]. Substitui Arnold Ruge na direção dos *Deutsch--Französische Jahrbücher* [Anais Franco-Alemães]. Em dezembro inicia grande amizade com Heinrich Heine e conclui sua "Crítica da filosofia do direito de Hegel – Introdução" [*Zur Kritik der Hegelschen Rechtsphilosophie – Einleitung*].		
1844	Em colaboração com Arnold Ruge, elabora e publica o primeiro e único volume dos *Deutsch-Französische Jahrbücher*, no qual participa com dois artigos: "A questão judaica" e "Introdução a uma crítica da filosofia do direito de Hegel". Escreve os *Manuscritos econômico-filosóficos* [*Ökonomisch-philosophische Manuskripte*]. Colabora com o *Vorwärts!* [Avante!], órgão de imprensa dos operários alemães na emigração. Conhece a Liga dos Justos, fundada por Weitling. Amigo de Heine, Leroux, Blanc, Proudhon e Bakunin, inicia em Paris estreita amizade com Engels. Nasce Jenny, primeira filha de Marx. Rompe com Ruge e desliga-se dos *Deutsch--Französische Jahrbücher*. O governo decreta a prisão de Marx, Ruge, Heine e Bernays pela colaboração nos *Deutsch-Französische Jahrbücher*. Encontra Engels em Paris e em dez dias planejam seu primeiro trabalho juntos, *A sagrada família* [*Die heilige Familie*]. Marx publica no *Vorwärts!* artigo sobre a greve na Silésia.	Em fevereiro, Engels publica *Esboço para uma crítica da economia política* [*Umrisse zu einer Kritik der Nationalökonomie*], texto que influenciou profundamente Marx. Segue à frente dos negócios do pai, escreve para os *Deutsch--Französische Jahrbücher* e colabora com o jornal *Vorwärts!*. Deixa Manchester. Em Paris torna-se amigo de Marx, com quem desenvolve atividades militantes, o que os leva a criar laços cada vez mais profundos com as organizações de trabalhadores de Paris e Bruxelas. Vai para Barmen.	O Graham's Factory Act regula o horário de trabalho para menores e mulheres na Inglaterra. Fundado o primeiro sindicato operário na Alemanha. Insurreição de operários têxteis na Silésia e na Boêmia.
1845	Por causa do artigo sobre a greve na Silésia, a pedido do governo prussiano Marx é expulso da França, juntamente com Bakunin, Bürgers e Bornstedt. Muda-se para Bruxelas e, em colaboração com Engels, escreve e publica em Frankfurt *A sagrada família*. Ambos começam a escrever *A ideologia alemã* [*Die deutsche Ideologie*] e Marx elabora "As teses sobre Feuerbach" [*Thesen über Feuerbach*]. Em setembro nasce	As observações de Engels sobre a classe trabalhadora de Manchester, feitas anos antes, formam a base de uma de suas obras principais, *A situação da classe trabalhadora na Inglaterra* [*Die Lage der arbeitenden Klasse in England*] (publicada primeiramente em alemão; a edição seria traduzida para o inglês 40 anos mais tarde). Em Barmen organiza debates sobre as ideias comunistas junto com Hesse e Kötten e profere os	Criada a organização internacionalista Democratas Fraternais, em Londres. Richard M. Hoe registra a patente da primeira prensa rotativa moderna.

	Karl Marx	Friedrich Engels	Fatos históricos
1845	Laura, segunda filha de Marx e Jenny. Em dezembro, ele renuncia à nacionalidade prussiana.	*Discursos de Elberfeld*. Em abril sai de Barmen e encontra Marx em Bruxelas. Juntos, estudam economia e fazem uma breve visita a Manchester (julho e agosto), onde percorrem alguns jornais locais, como o *Manchester Guardian* e o *Volunteer Journal for Lancashire and Cheshire*. Lançada *A situação da classe trabalhadora na Inglaterra*, em Leipzig. Começa sua vida em comum com Mary Burns.	
1846	Marx e Engels organizam em Bruxelas o primeiro Comitê de Correspondência da Liga dos Justos, uma rede de correspondentes comunistas em diversos países, a qual Proudhon se nega a integrar. Em carta a Annenkov, Marx critica o recém-publicado *Sistema das contradições econômicas ou Filosofia da miséria* [*Système des contradictions économiques ou Philosophie de la misère*], de Proudhon. Redige com Engels a *Zirkular gegen Kriege* [Circular contra Kriege], alemão emigrado dono de um periódico socialista em Nova York. Por falta de editor, Marx e Engels desistem de publicar *A ideologia alemã* (a obra só seria publicada em 1932, na União Soviética). Em dezembro nasce Edgar, o terceiro filho de Marx.	Seguindo instruções do Comitê de Bruxelas, Engels estabelece estreitos contatos com socialistas e comunistas franceses. No outono, ele se desloca para Paris com a incumbência de estabelecer novos comitês de correspondência. Participa de um encontro de trabalhadores alemães em Paris, propagando ideias comunistas e discorrendo sobre a utopia de Proudhon e o socialismo real de Karl Grün.	Os Estados Unidos declaram guerra ao México. Rebelião polonesa em Cracóvia. Crise alimentar na Europa. Abolidas, na Inglaterra, as "leis dos cereais".
1847	Filia-se à Liga dos Justos, em seguida nomeada Liga dos Comunistas. Realiza-se o primeiro congresso da associação em Londres (junho), ocasião em que se encomenda a Marx e Engels um manifesto dos comunistas. Eles participam do congresso de trabalhadores alemães em Bruxelas e, juntos, fundam a Associação Operária Alemã de Bruxelas. Marx é eleito vice-presidente da Associação Democrática. Conclui e publica a edição francesa de *Miséria da filosofia* [*Misère de la philosophie*] (Bruxelas, julho).	Engels viaja a Londres e participa com Marx do I Congresso da Liga dos Justos. Publica *Princípios do comunismo* [*Grundsätze des Kommunismus*], uma "versão preliminar" do Manifesto Comunista [*Manifest der Kommunistischen Partei*]. Em Bruxelas, junto com Marx, participa da reunião da Associação Democrática, voltando em seguida a Paris para mais uma série de encontros. Depois de atividades em Londres, volta a Bruxelas e escreve, com Marx, o *Manifesto Comunista*.	A Polônia torna-se província russa. Guerra civil na Suíça. Realiza-se em Londres, o II Congresso da Liga dos Comunistas (novembro).

	Karl Marx	Friedrich Engels	Fatos históricos
1848	Marx discursa sobre o livre-cambismo numa das reuniões da Associação Democrática. Com Engels publica, em Londres (fevereiro), o *Manifesto Comunista*. O governo revolucionário francês, por meio de Ferdinand Flocon, convida Marx a morar em Paris depois que o governo belga o expulsa de Bruxelas. Redige com Engels "Reivindicações do Partido Comunista na Alemanha" [*Forderungen der Kommunistischen Partei in Deutschland*] e organiza o regresso dos membros alemães da Liga dos Comunistas à pátria. Com sua família e com Engels, muda-se em fins de maio para Colônia, onde ambos fundam o jornal *Neue Rheinische Zeitung* [Nova Gazeta Renana], cuja primeira edição é publicada em 1º de junho com o subtítulo *Organ der Demokratie*. Marx começa a dirigir a Associação Operária de Colônia e acusa a burguesia alemã de traição. Proclama o terrorismo revolucionário como único meio de amenizar "as dores de parto" da nova sociedade. Conclama ao boicote fiscal e à resistência armada.	Expulso da França por suas atividades políticas, chega a Bruxelas no fim de janeiro. Juntamente com Marx, toma parte na insurreição alemã, de cuja derrota falaria quatro anos depois em *Revolução e contrarrevolução na Alemanha* [*Revolution und Konterevolution in Deutschland*]. Engels exerce o cargo de editor do *Neue Rheinische Zeitung*, recém-criado por ele e Marx. Participa, em setembro, do Comitê de Segurança Pública criado para rechaçar a contrarrevolução, durante grande ato popular promovido pelo *Neue Rheinische Zeitung*. O periódico sofre suspensões,mas prossegue ativo. Procurado pela polícia, tenta se exilar na Bélgica, onde é preso e depois expulso. Muda-se para a Suíça.	Definida, na Inglaterra, a jornada de dez horas para menores e mulheres na indústria têxtil. Criada a Associação Operária, em Berlim. Fim da escravidão na Áustria. Abolição da escravidão nas colônias francesas. Barricadas em Paris: eclode a revolução; o rei Luís Filipe abdica e a República é proclamada. A revolução se alastra pela Europa. Em junho, Blanqui lidera novas insurreições operárias em Paris, brutalmente reprimidas pelo general Cavaignac. Decretado estado de sítio em Colônia em reação a protestos populares. O movimento revolucionário reflui.
1849	Marx e Engels são absolvidos em processo por participação nos distúrbios de Colônia (ataques a autoridades publicados no *Neue Rheinische Zeitung*). Ambos defendem a liberdade de imprensa na Alemanha. Marx é convidado a deixar o país, mas ainda publicaria *Trabalho assalariado e capital* [*Lohnarbeit und Kapital*]. O periódico, em difícil situação, é extinto (maio). Marx, em condição financeira precária (vende os próprios móveis para pagar as dívidas), tenta voltar a Paris, mas, impedido de ficar, é obrigado a deixar a cidade em 24 horas. Graças a uma campanha de arrecadação de fundos promovida por Ferdinand Lassalle na Alemanha, Marx se estabelece com a família em Londres, onde	Em janeiro Engels retorna a Colônia. Em maio, toma parte militarmente na resistência à reação. À frente de um batalhão de operários, entra em Elberfeld, motivo pelo qual sofre sanções legais por parte das autoridades prussianas, enquanto Marx é convidado a deixar o país. Publicado o último número do *Neue Rheinische Zeitung*. Marx e Engels vão para o sudoeste da Alemanha, onde Engels envolve-se no levante de Baden-Palatinado, antes de seguir para Londres.	Proudhon publica *Les confessions d'un révolutionnaire*. A Hungria proclama sua independência da Áustria. Após período de refluxo, reorganiza-se no fim do ano, em Londres, o Comitê Central da Liga dos Comunistas, com a participação de Marx e Engels.

	Karl Marx	Friedrich Engels	Fatos históricos
	nasce Guido, seu quarto filho (novembro).		
1850	Ainda em dificuldades financeiras, organiza a ajuda aos emigrados alemães. A Liga dos Comunistas reorganiza as sessões locais e é fundada a Sociedade Universal dos Comunistas Revolucionários, cuja liderança logo se fraciona. Edita em Londres a *Neue Rheinische Zeitung* [Nova Gazeta Renana], revista de economia política, bem como *Lutas de classe na França* [*Die Klassenkämpfe in Frankreich*]. Morre o filho Guido.	Publica *A guerra dos camponeses na Alemanha* [*Der deutsche Bauernkrieg*]. Em novembro, retorna a Manchester, onde viverá por vinte anos, e às suas atividades na Ermen & Engels; o êxito nos negócios possibilita ajudas financeiras a Marx.	Abolição do sufrágio universal na França.
1851	Continua em dificuldades, mas, graças ao êxito dos negócios de Engels em Manchester, conta com ajuda financeira. Dedica-se intensamente aos estudos de economia na biblioteca do Museu Britânico. Aceita o convite de trabalho do *New York Daily Tribune*, mas é Engels quem envia os primeiros textos, intitulados "Contrarrevolução na Alemanha", publicados sob a assinatura de Marx. Hermann Becker publica em Colônia o primeiro e único tomo dos *Ensaios escolhidos de Marx*. Nasce Francisca (28 de março), quinta de seus filhos.	Engels, juntamente com Marx, começa a colaborar com o Movimento Cartista [Chartist Movement]. Estuda língua, história e literatura eslava e russa.	Na França, golpe de Estado de Luís Bonaparte. Realização da primeira exposição universal, em Londres.
1852	Envia ao periódico *Die Revolution*, de Nova York, uma série de artigos sobre *O dezoito brumário de Luís Bonaparte* [*Der achtzehnte Brumaire des Louis Bonaparte*]. Sua proposta de dissolução da Liga dos Comunistas é acolhida. A difícil situação financeira é amenizada com o trabalho para o *New York Daily Tribune*. Morre a filha Francisca, nascida um ano antes.	Publica *Revolução e contrarrevolução na Alemanha* [*Revolution und Konterevolution in Deutschland*]. Com Marx, elabora o panfleto *O grande homem do exílio* [*Die groben Männer des Exils*] e uma obra, hoje desaparecida, chamada *Os grandes homens oficiais da Emigração*; nela, atacam os dirigentes burgueses da emigração em Londres e defendem os revolucionários de 1848-1849. Expõem, em cartas e artigos conjuntos, os planos do governo, da polícia e do judiciário prussianos, textos que teriam grande repercussão.	Luís Bonaparte é proclamado imperador da França, com o título de Napoleão Bonaparte III.

	Karl Marx	Friedrich Engels	Fatos históricos
1853	Marx escreve, tanto para o *New York Daily Tribune* quanto para o *People's Paper*, inúmeros artigos sobre temas da época. Sua precária saúde o impede de voltar aos estudos econômicos interrompidos no ano anterior, o que faria somente em 1857. Retoma a correspondência com Lassalle.	Escreve artigos para o *New York Daily Tribune*. Estuda o persa e a história dos países orientais. Publica, com Marx, artigos sobre a Guerra da Crimeia.	A Prússia proíbe o trabalho para menores de 12 anos.
1854	Continua colaborando com o *New York Daily Tribune*, dessa vez com artigos sobre a revolução espanhola.		
1855	Começa a escrever para o *Neue Oder Zeitung*, de Breslau, e segue como colaborador do *New York Daily Tribune*. Em 16 de janeiro nasce Eleanor, sua sexta filha, e em 6 de abril morre Edgar, o terceiro.	Escreve uma série de artigos para o periódico *Putman*.	Morte de Nicolau I, na Rússia, e ascensão do czar Alexandre II.
1856	Ganha a vida redigindo artigos para jornais. Discursa sobre o progresso técnico e a revolução proletária em uma festa do *People's Paper*. Estuda a história e a civilização dos povos eslavos. A esposa Jenny recebe uma herança da mãe, o que permite que a família mude para um apartamento mais confortável.	Acompanhado da mulher, Mary Burns, Engels visita a terra natal dela, a Irlanda.	Morrem Max Stirner e Heinrich Heine. Guerra franco-inglesa contra a China.
1857	Retoma os estudos sobre economia política, por considerar iminente nova crise econômica europeia. Fica no Museu Britânico das nove da manhã às sete da noite e trabalha madrugada adentro. Só descansa quando adoece e aos domingos, nos passeios com a família em Hampstead. O médico o proíbe de trabalhar à noite. Começa a redigir os manuscritos que viriam a ser conhecidos como *Grundrisse der Kritik der Politischen Ökonomie* [Esboços de uma crítica da economia política], e que servirão de base à obra *Para a crítica da economia política* [*Zur Kritik der Politischen Ökonomie*]. Escreve a célebre *Introdução de 1857*. Continua a colaborar no	Adoece gravemente em maio. Analisa a situação no Oriente Médio, estuda a questão eslava e aprofunda suas reflexões sobre temas militares. Sua contribuição para a *New American Encyclopaedia* [Nova Enciclopédia Americana], versando sobre as guerras, faz de Engels um continuador de Von Clausewitz e um precursor de Lênin e Mao Tsé-tung. Continua trocando cartas com Marx, discorrendo sobre a crise na Europa e nos Estados Unidos.	O divórcio, sem necessidade de aprovação parlamentar, se torna legal na Inglaterra.

	Karl Marx	Friedrich Engels	Fatos históricos
	New York Daily Tribune. Escreve artigos sobre Jean-Baptiste Bernadotte, Simón Bolívar, Gebhard Blücher e outros na *New American Encyclopaedia* [Nova Enciclopédia Americana]. Atravessa um novo período de dificuldades financeiras e tem um novo filho, natimorto.		
1858	O *New York Daily Tribune* deixa de publicar alguns de seus artigos. Marx dedica-se à leitura de *Ciência da lógica* [*Wissenschaft der Logik*] de Hegel. Agravam-se os problemas de saúde e a penúria.	Engels dedica-se ao estudo das ciências naturais.	Morre Robert Owen.
1859	Publica em Berlim *Para a crítica da economia política.* A obra só não fora publicada antes porque não havia dinheiro para postar o original. Marx comentaria: "Seguramente é a primeira vez que alguém escreve sobre o dinheiro com tanta falta dele". O livro, muito esperado, foi um fracasso. Nem seus companheiros mais entusiastas, como Liebknecht e Lassalle, o compreenderam. Escreve mais artigos no *New York Daily Tribune.* Começa a colaborar com o periódico londrino *Das Volk*, contra o grupo de Edgar Bauer. Marx polemiza com Karl Vogt (a quem acusa de ser subsidiado pelo bonapartismo), Blind e Freiligrath.	Faz uma análise, junto com Marx, da teoria revolucionária e suas táticas, publicada em coluna do *Das Volk.* Escreve o artigo "Po und Rhein" [Pó e Reno], em que analisa o bonapartismo e as lutas liberais na Alemanha e na Itália. Enquanto isso, estuda gótico e inglês arcaico. Em dezembro, lê o recém-publicado *A origem das espécies* [*The Origin of Species*], de Darwin.	A França declara guerra à Áustria.
1860	Vogt começa uma série de calúnias contra Marx, e as querelas chegam aos tribunais de Berlim e Londres. Marx escreve *Herr Vogt* [Senhor Vogt].	Engels vai a Barmen para o sepultamento de seu pai (20 de março). Publica a brochura *Savóia, Nice e o Reno* [*Savoyen, Nizza und der Rhein*], polemizando com Lassalle. Continua escrevendo para vários periódicos, entre eles o *Allgemeine Militar Zeitung.* Contribui com artigos sobre o conflito de secessão nos Estados Unidos no *New York Daily Tribune* e no jornal liberal *Die Presse.*	Giuseppe Garibaldi toma Palermo e Nápoles.
1861	Enfermo e depauperado, Marx vai à Holanda, onde o tio Lion Philiph concorda em adiantar-lhe uma quantia, por conta da herança de sua mãe. Volta a Berlim e projeta com Lassalle um novo periódico. Reencontra velhos amigos e visita		Guerra civil norte-americana. Abolição da servidão na Rússia.

	Karl Marx	Friedrich Engels	Fatos históricos
	a mãe em Trier. Não consegue recuperar a nacionalidade prussiana. Regressa a Londres e participa de uma ação em favor da libertação de Blanqui. Retoma seus trabalhos científicos e a colaboração com o *New York Daily Tribune* e o *Die Presse* de Viena.		
1862	Trabalha o ano inteiro em sua obra científica e encontra-se várias vezes com Lassalle para discutirem seus projetos. Em suas cartas a Engels, desenvolve uma crítica à teoria ricardiana sobre a renda da terra. O *New York Daily Tribune*, justificando-se com a situação econômica interna norte-americana, dispensa os serviços de Marx, o que reduz ainda mais seus rendimentos. Viaja à Holanda e a Trier, e novas solicitações ao tio e à mãe são negadas. De volta a Londres, tenta um cargo de escrevente da ferrovia, mas é reprovado por causa da caligrafia.		Nos Estados Unidos, Lincoln decreta a abolição da escravatura. O escritor Victor Hugo publica *Les misérables* [Os miseráveis].
1863	Marx continua seus estudos no Museu Britânico e se dedica também à matemática. Começa a redação definitiva de *O capital* [*Das Kapital*] e participa de ações pela independência da Polônia. Morre sua mãe (novembro), deixando-lhe algum dinheiro como herança.	Morre, em Manchester, Mary Burns, companheira de Engels (6 de janeiro). Ele permaneceria morando com a cunhada Lizzie. Esboça, mas não conclui, um texto sobre rebeliões camponesas.	
1864	Malgrado a saúde, continua a trabalhar em sua obra científica. É convidado a substituir Lassalle (morto em duelo) na Associação Geral dos Operários Alemães. O cargo, entretanto, é ocupado por Becker. Apresenta o projeto e o estatuto de uma Associação Internacional dos Trabalhadores, durante encontro internacional no Saint Martin's Hall de Londres. Marx elabora o Manifesto de Inauguração da Associação Internacional dos Trabalhadores.	Engels participa da fundação da Associação Internacional dos Trabalhadores, depois conhecida como a Primeira Internacional. Torna-se coproprietário da Ermen & Engels. No segundo semestre, contribui, com Marx, para o *Sozial-Demokrat*, periódico da social-democracia alemã que populariza as ideias da Internacional na Alemanha.	Dühring traz a público seu *Kapital und Arbeit* [Capital e trabalho]. Fundação, na Inglaterra, da Associação Internacional dos Trabalhadores. Reconhecido o direito a férias na França. Morre Wilhelm Wolff, amigo íntimo de Marx, a quem é dedicado *O capital*.

	Karl Marx	Friedrich Engels	Fatos históricos
1865	Conclui a primeira redação de *O capital* e participa do Conselho Central da Internacional (setembro), em Londres. Marx escreve *Salário, preço e lucro* [*Lohn, Preis und Profit*]. Publica no *Sozial-Demokrat* uma biografia de Proudhon, morto recentemente. Conhece o socialista francês Paul Lafargue, seu futuro genro.	Recebe Marx em Manchester. Ambos rompem com Schweitzer, diretor do *Sozial-Demokrat*, por sua orientação lassalliana. Suas conversas sobre o movimento da classe trabalhadora na Alemanha resultam em artigo para a imprensa. Engels publica *A questão militar na Prússia e o Partido Operário Alemão* [*Die preubische Militärfrage und die deutsche Arbeiterpartei*].	Assassinato de Lincoln. Proudhon publica *De la capacité politique des classes ouvrières* [A capacidade política das classes operárias]. Morre Proudhon.
1866	Apesar dos intermináveis problemas financeiros e de saúde, Marx conclui a redação do primeiro livro de *O capital*. Prepara a pauta do primeiro Congresso da Internacional e as teses do Conselho Central. Pronuncia discurso sobre a situação na Polônia.	Escreve a Marx sobre os trabalhadores emigrados da Alemanha e pede a intervenção do Conselho Geral da Internacional.	Na Bélgica, é reconhecido o direito de associação e a férias. Fome na Rússia.
1867	O editor Otto Meissner publica, em Hamburgo, o primeiro volume de *O capital*. Os problemas de Marx o impedem de prosseguir no projeto. Redige instruções para Wilhelm Liebknecht, recém-ingressado na Dieta prussiana como representante social-democrata.	Engels estreita relações com os revolucionários alemães, especialmente Liebknecht e Bebel. Envia carta de congratulações a Marx pela publicação do Livro I de *O capital*. Estuda as novas descobertas da química e escreve artigos e matérias sobre *O capital*, com fins de divulgação.	
1868	Piora o estado de saúde de Marx, e Engels continua ajudando-o financeiramente. Marx elabora estudos sobre as formas primitivas de propriedade comunal, em especial sobre o *mir* russo. Corresponde-se com o russo Danielson e lê Dühring. Bakunin se declara discípulo de Marx e funda a Aliança Internacional da Social--Democracia. Casamento da filha Laura com Lafargue.	Engels elabora uma sinopse do Livro I de *O capital*.	Em Bruxelas, acontece o Congresso da Associação Internacional dos Trabalhadores (setembro).
1869	Liebknecht e Bebel fundam o Partido Operário Social--Democrata alemão, de linha	Em Manchester, dissolve a empresa Ermen & Engels, que havia assumido após a morte do	Fundação do Partido Social-Democrata alemão. Congresso da

	Karl Marx	Friedrich Engels	Fatos históricos
	marxista. Marx, fugindo das polícias da Europa continental, passa a viver em Londres, com a família, na mais absoluta miséria. Continua os trabalhos para o segundo livro de *O capital*. Vai a Paris sob nome falso, onde permanece algum tempo na casa de Laura e Lafargue. Mais tarde, acompanhado da filha Jenny, visita Kugelmann em Hannover. Estuda russo e a história da Irlanda. Corresponde-se com De Paepe sobre o proudhonismo e concede uma entrevista ao sindicalista Haman sobre a importância da organização dos trabalhadores.	pai. Com um soldo anual de 350 libras, auxilia Marx e sua família; com ele, mantém intensa correspondência. Começa a contribuir com o *Volksstaat*, o órgão de imprensa do Partido Social-Democrata alemão. Escreve uma pequena biografia de Marx, publicada no *Die Zukunft* (julho). Lançada a primeira edição russa do *Manifesto Comunista*. Em setembro, acompanhado de Lizzie, Marx e Eleanor, visita a Irlanda.	Primeira Internacional na Basileia, Suíça.
1870	Continua interessado na situação russa e em seu movimento revolucionário. Em Genebra instala-se uma seção russa da Internacional, na qual se acentua a oposição entre Bakunin e Marx, que redige e distribui uma circular confidencial sobre as atividades dos bakunistas e sua aliança. Redige o primeiro comunicado da Internacional sobre a guerra franco-prussiana e exerce, a partir do Conselho Central, uma grande atividade em favor da República francesa. Por meio de Serrailler, envia instruções para os membros da Internacional presos em Paris. A filha Jenny colabora com Marx em artigos para *A Marselhesa* sobre a repressão dos irlandeses por policiais britânicos.	Engels escreve *História da Irlanda* [*Die Geschichte Irlands*]. Começa a colaborar com o periódico inglês *Pall Mall Gazette*, discorrendo sobre a guerra franco-prussiana. Deixa Manchester em setembro, acompanhado de Lizzie, e instala-se em Londres para promover a causa comunista. Lá continua escrevendo para o *Pall Mall Gazette*, dessa vez sobre o desenvolvimento das oposições. É eleito por unanimidade para o Conselho Geral da Primeira Internacional. O contato com o mundo do trabalho permitiu a Engels analisar, em profundidade, as formas de desenvolvimento do modo de produção capitalista. Suas conclusões seriam utilizadas por Marx em *O capital*.	Na França são presos membros da Internacional Comunista. Nasce Vladímir Lênin.
1871	Atua na Internacional em prol da Comuna de Paris. Instrui Frankel e Varlin e redige o folheto *Der Bürgerkrieg in Frankreich* [A guerra civil na França]. É violentamente atacado pela imprensa conservadora. Em setembro, durante a Internacional em Londres, é reeleito secretário da seção russa. Revisa o Livro I de *O capital* para a segunda edição alemã.	Prossegue suas atividades no Conselho Geral e atua junto à Comuna de Paris, que instaura um governo operário na capital francesa entre 26 de março e 28 de maio. Participa com Marx da Conferência de Londres da Internacional.	A Comuna de Paris, instaurada após revolução vitoriosa do proletariado, é brutalmente reprimida pelo governo francês. Legalização das *trade unions* na Inglaterra.

	Karl Marx	Friedrich Engels	Fatos históricos
1872	Acerta a primeira edição francesa de *O capital* e recebe exemplares da primeira edição russa, lançada em 27 de março. Participa dos preparativos do V Congresso da Internacional em Haia, quando se decide a transferência do Conselho Geral da organização para Nova York. Jenny, a filha mais velha, casa-se com o socialista Charles Longuet.	Redige com Marx uma circular confidencial sobre supostos conflitos internos da Internacional, envolvendo bakunistas na Suíça, intitulado *As pretensas cisões na Internacional* [*Die angeblichen Spaltungen in der Internationale*]. Ambos intervêm contra o lassalianismo na social-democracia alemã e escrevem um prefácio para a nova edição alemã do *Manifesto Comunista*. Engels participa do Congresso da Associação Internacional dos Trabalhadores.	Morrem Ludwig Feuerbach e Bruno Bauer. Bakunin é expulso da Internacional no Congresso de Haia.
1873	Impressa a segunda edição de *O capital* em Hamburgo. Marx envia exemplares a Darwin e Spencer. Por ordens de seu médico, é proibido de realizar qualquer tipo de trabalho.	Com Marx, escreve para periódicos italianos uma série de artigos sobre as teorias anarquistas e o movimento das classes trabalhadoras.	Morre Napoleão III. As tropas alemãs se retiram da França.
1874	Negada a Marx à cidadania inglesa, "por não ter sido fiel ao rei". Com a filha Eleanor, viaja a Karlsbad para tratar da saúde numa estação de águas.	Prepara a terceira edição de *A guerra dos camponeses alemães*.	Na França, são nomeados inspetores de fábricas e é proibido o trabalho em minas para mulheres e menores.
1875	Continua seus estudos sobre a Rússia. Redige observações ao Programa de Gotha, da social-democracia alemã.	Por iniciativa de Engels, é publicada *Crítica do Programa de Gotha* [*Kritik des Gothaer Programms*], de Marx.	Morre Moses Heß.
1876	Continua o estudo sobre as formas primitivas de propriedade na Rússia. Volta com Eleanor a Karlsbad para tratamento.	Elabora escritos contra Dühring, discorrendo sobre a teoria marxista, publicados inicialmente no *Vorwärts!* e transformados em livro posteriormente.	Fundado o Partido Socialista do Povo na Rússia. Crise na Primeira Internacional. Morre Bakunin.
1877	Marx participa de campanha na imprensa contra a política de Gladstone em relação à Rússia e trabalha no Livro II de *O capital*. Acometido novamente de insônias e transtornos nervosos, viaja com a esposa e a filha Eleanor para descansar em Neuenahr e na Floresta Negra.	Conta com a colaboração de Marx na redação final do *Anti-Dühring* [*Herrn Eugen Dühring's Umwälzung der Wissenschaft*]. O amigo colabora com o capítulo 10 da parte 2 ("Da história crítica"), discorrendo sobre a economia política.	A Rússia declara guerra à Turquia.
1878	Paralelamente ao Livro II de *O capital*, Marx trabalha na investigação sobre a comuna rural russa, complementada com estudos de geologia. Dedica-se	Publica o *Anti-Dühring* e, atendendo a pedido de Wolhelm Bracke feito um ano antes, publica pequena biografia de Marx, intitulada *Karl Marx*. Morre Lizzie.	Otto von Bismarck proíbe o funcionamento do Partido Socialista na Prússia. Primeira

	Karl Marx	Friedrich Engels	Fatos históricos
	também à *Questão do Oriente* e participa de campanha contra Bismarck e Lothar Bücher.		grande onda de greves operárias na Rússia.
1879	Marx trabalha nos Livros II e III de *O capital*.		
1880	Elabora um projeto de pesquisa a ser executado pelo Partido Operário francês. Torna-se amigo de Hyndman. Ataca o oportunismo do periódico *Sozial-Demokrat* alemão, dirigido por Liebknecht. Escreve as *Randglossen zu Adolph Wagners Lehrbuch der politischen Ökonomie* [Glosas marginais ao tratado de economia política de Adolph Wagner]. Bebel, Bernstein e Singer visitam Marx em Londres.	Engels lança uma edição especial de três capítulos do *Anti-Dühring*, sob o título *Socialismo utópico e científico* [*Die Entwicklung des Socialismus Von der Utopie zur Wissenschaft*]. Marx escreve o prefácio do livro. Engels estabelece relações com Kautsky e conhece Bernstein.	Morre Arnold Ruge.
1881	Prossegue os contatos com os grupos revolucionários russos e mantém correspondência com Zasulitch, Danielson e Nieuwenhuis. Recebe a visita de Kautsky. Jenny, sua esposa, adoece. O casal vai a Argenteuil visitar a filha Jenny e Longuet. Morre Jenny Marx.	Enquanto prossegue em suas atividades políticas, estuda a história da Alemanha e prepara *Labor Standard*, um diário dos sindicatos ingleses. Escreve um obituário pela morte de Jenny Marx (8 de dezembro).	Fundada a Federation of Labour Unions nos Estados Unidos. Assassinato do czar Alexandre II.
1882	Continua as leituras sobre os problemas agrários da Rússia. Acometido de pleurisia, visita a filha Jenny em Argenteuil. Por prescrição médica, viaja pelo Mediterrâneo e pela Suíça. Lê sobre física e matemática.	Redige com Marx um novo prefácio para a edição russa do *Manifesto Comunista*.	Os ingleses bombardeiam Alexandria e ocupam Egito e Sudão.
1883	A filha Jenny morre em Paris (janeiro). Deprimido e muito enfermo, com problemas respiratórios, Marx morre em Londres, em 14 de março. É sepultado no Cemitério de Highgate.	Começa a esboçar *A dialética da natureza* [*Dialektik der Natur*], publicada postumamente em 1927. Escreve outro obituário, dessa vez para a filha de Marx, Jenny. No sepultamento de Marx, profere o que ficaria conhecido como *Discurso diante da sepultura de Marx* [*Das Begräbnis von Karl Marx*]. Após a morte do amigo, publica uma edição inglesa do Livro I de *O capital*; imediatamente depois, prefacia a terceira edição alemã da obra, e já começa a preparar o Livro II.	Implantação dos seguros sociais na Alemanha. Fundação de um partido marxista na Rússia e da Sociedade Fabiana, que mais tarde daria origem ao Partido Trabalhista na Inglaterra. Crise econômica na França; forte queda na Bolsa.

	Karl Marx	Friedrich Engels	Fatos históricos
1884		Publica *A origem da família, da propriedade privada e do Estado* [*Der Ursprung der Familie, des Privateigentum und des Staates*].	Fundação da Sociedade Fabiana de Londres.
1885		Editado por Engels, é publicado o Livro II de *O capital*.	
1887		Karl Kautsky conclui o artigo "O socialismo jurídico", resposta de Engels a um livro do jurista Anton Menger, e o publica sem assinatura na *Neue Zeit*.	
1889			Funda-se em Paris a II Internacional.
1894		Também editado por Engels, é publicado o Livro III de *O capital*. O mundo acadêmico ignorou a obra por muito tempo, embora os principais grupos políticos logo tenham começado a estudá-la. Engels publica os textos *Contribuição à história do cristianismo primitivo* [*Zur Geschischte des Urchristentums*] e *A questão camponesa na França e na Alemanha* [*Die Bauernfrage in Frankreich und Deutschland*].	O oficial francês de origem judaica Alfred Dreyfus, acusado de traição, é preso. Protestos antissemitas multiplicam-se nas principais cidades francesas.
1895		Redige uma nova introdução para *As lutas de classes na França*. Após longo tratamento médico, Engels morre em Londres (5 de agosto). Suas cinzas são lançadas ao mar em Eastbourne. Dedicou-se até o fim da vida a completar e traduzir a obra de Marx, ofuscando a si próprio e a sua obra em favor do que ele considerava a causa mais importante.	Os sindicatos franceses fundam a Confederação Geral do Trabalho. Os irmãos Lumière fazem a primeira projeção pública do cinematógrafo.

Composto em Palatino Linotype, este livro foi publicado pela Boitempo em março de 1998.

www.ingramcontent.com/pod-product-compliance
Lightning Source LLC
LaVergne TN
LVHW101914220826
846093LV00008B/243

* 9 7 8 8 5 8 5 9 3 4 2 3 1 *